통합심신치유학 시리즈 4

나선동역학 · 마음챙김 기반

역동적 통합치유변용 리더십

[이론 및 적용 가이드]

Spiral Dynamics & Mindfulness-based DIHT Leadership *Theory and Application Guide*

조효남 저

학지사

3

　인류 역사상 21세기만큼 과학기술이 인간의 삶의 양식과 경제·사회·문화·사상·
예술 등 모든 것을 하루하루 급격하게 변화시키는 역동적 변화의 시대는 결코 없었
다. 이러한 변화는 20세기에 3대(양자/물질, 컴퓨터/ 정보, DNA/생명) 과학기술혁명
과 함께 시작되었지만, 이는 20세기 고도 산업화시대, 포스트모던 광풍의 시대를 지
나 21세기 탈포스트모던 IT 정보화시대의 하이테크 융복합 기술시대가 되면서 더욱
더 가속화되고 있고, 곧 인공지능(AI)과 사이보그가 인간의 뇌인지 지능을 능가하는
시대가 오고 있다. 이는 레이 커즈와일(Kurzweil, R.)의 "특이점이 온다(Singularity is
Near)."라는 말에 상징적으로 잘 표현되어 있다.
　이와 같이 인류 역사상 가장 특이한 시대적 특성으로 인해 과학기술의 혁명적 급격
한 변화가 모든 것을 변화시키고 있다. 더구나 최근의 코로나 19로 인한 포스트코로
나 AC 팬데믹시대가 시작되고 지구 온난화와 환경 생태 파괴로 인한 자연 재앙이 급
증하게 된 결과, 그리고 인간의 사회적 생존·실존 의식, 자아의식, 심층 가치의식도
이러한 과학기술이 만드는 사회·경제·문화적 삶의 조건의 역동적 변화와 개인적·
사회적·전 지구적 환경의 변화에 지배받고 있는 까닭에, 인류의 미래와 인간의 생존
과 삶은 더욱더 불확실하고 불안해지고 있다. 이에 따른 인종차별·종교 간 갈등 혐

오, 정치 이념의 극한 대립, 지역·국가 우선주의의 발흥과 함께 이를 악용하는 위선자, 가진 자들의 민낯이 드러나면서 인류는 더욱더 물질적 소유의 끊임없는 탐욕과 중독으로 인해 인간의 의식은 자칫하면 진화보다는 고착, 퇴행으로 미끄러져 내려가 인류의 문명은 디스토피아적으로 파멸의 길을 걷기 쉽게 되어 가고 있다.

이러한 위기의 시대적 상황하에 모든 분야의 각급 리더가 역동적으로 변하는 복잡계적이고 유기체적인 양자사회에서 개인과 조직의 생명력·생존력·경쟁력을 지속적으로 유지시키기 위해 그들의 심층 가치의식을 변화시키고 잠재력을 발현시키는 역동적 통합적 변화와 치유변용의 리더십을 제대로 발휘하기란 어려운 문제이다. 그러나 그럴수록 더욱더 절실하게 필요한 과제임을 실감하게 된다. 더구나 지금까지의 거의 모든 기존의 리더십 담론은, 유기체적 조직의 통합적 단위 생명체와도 같은 구성원의 가치의식 중심이 아니라, 리더의 특성·자질·능력에 따라 집단이나 조직의 성패가 좌우되는 리더의 특성·능력 중심의 리더십 담론이었다고 해도 과언이 아니다. 그중에는 성공한 리더들의 자질·특성·덕목들을 분석하여 체계화한 靜的인 리더십 이론이나 강론들이 대부분이다. 특히 21세기 급변하는 복잡한 양자사회에서의 생태적 유기체인 인간 존재의 복잡계적 본성에 대한 이해와 역동적 인간의 사회심리와 사회적 실존의식에 대한 통찰에 근거한 의식의 치유와 변화·변용의 기제를 갖추고 있는 역동적 리더십 이론과 실제는 찾아보기 어렵다.

이 책은 리더가 갖추어야 할 금언, 자질, 덕목 위주의 기존의 어느 리더십 이론, 강론 관련 교재나 담론적 이론서들과는 달리, 그레이브스(C. W. Graves)의 인간의 사회적 심층 가치의식과 벡과 코완(Beck & Cowan)의 '나선동역학(Spiral Dynamics)'에 따른 사회적 자기의 '가치밈'에 지배받는 자아중심적 가치 추구에 갇히기 쉬운 개인과 조직 구성원의 나선역동적 마음의 변화나 성장을 유도하기 위한 마음챙김 기반 치유와 변용의 이론과 실제 도구에 관한 리더십 책이다. 대부분의 기존의 리더십 책에서는 간과하고 있지만 이 책에서는 치유변용 리더십에서 가장 중요한 측면으로서 리더나 치유자 스스로 마음챙김·자각에 의한 의식의 변화와 함께 치유대상 그룹이나 조직 구성원의 사회적 마음과 의식의 변화를 상담치유나 집단치유교육적 치유에 의해 자발적으로 유도하는 확고한 이론적 프레임 모형과 구체적 적용 지침을 갖추고 있다. 이

것을 바탕으로 이 책은 모든 분야의 리더십에 적용 가능한 '도구 상자Tool kit'를 강조하면서 역동적 치유변용 리더십 이론과 적용 가이드의 적용 방법, 실무에서의 적용 지침을 위주로 다루고 있다.

무엇보다 개개인의 삶의 조건과 사회·문화, 자연 환경에 의해 형성된 내면의 의식·무의식과 자아가 지배하는, 인간의 생물·심리·사회·문화적 BPSC적(Bio-Psycho-Socio-Cultural) 실존의식·심층 가치의식인 '가치밈' 의식의 자발적인 변화를 이끌어 내는 기존의 리더십은 없다고 해도 과언이 아니다. 더구나 오늘날 AC 펜데믹시대, AI 중심의 디지털 융복합 과학기술이 불확실성 속에 급변하는 수평적, 글로벌 네트워크 양자사회에서 목표에 대한 강한 동기 부여와 확고한 비전 제시와 함께 비지시적, 자발적·자율적 변화를 유도하는 리더가 되는 건 지극히 어렵다. 그렇게 되려면, 먼저 각 분야의 전문가인 리더들 스스로 마음챙김에 의한 성찰적 자각의식과 치유에 의해 역동적 '가치밈' 의식의 나선적 변화 스펙트럼의 달인이 되어야 한다. 뿐만 아니라 스스로 존재적·웰라이프적 삶을 추구하면서 조직의 구성원이나 교육 대상자들의 의식을 모든 수준에서 열려 있는 건강한 가치밈의식의 홀라키적 스펙트럼 구조로 전환시키고 자발적으로 성장·변화시키는 지혜를 가진 나선 달인 리더가 되어야 한다.

이상에서 간략하게 고찰한 바와 같이 21세기의 통합적·역동적·유기체적 양자사회의 특성으로 인해 오늘날에는 인간의 사회적 실존의식, 심층 가치의식이 나선밈적 스펙트럼 구조의 제1층의(생존 본능 중심, 권력/물질/소유 중심의) 오래된 낮은 수준의 실존 패러다임에서 제2층의(의미/존재 중심의) 새로운 높은 수준의 실존 패러다임으로 성장 변화(전개·발달)하는 역동적 통합치유변용 리더십 같은 새로운 리더십 패러다임이 요구된다.

그리고 무엇보다도 어느 분야의 무슨 목적의 조직/단체/모임의 리더십이거나 간에, 모든 조직과 단체는 모두가 살아 있는 인간 생태계의 유기체적 조직이므로 모든 유기체의 생체 조직을 건강하게 활성화시키고 성장 진화시키는 일이 리더십의 가장 우선적인 과제이다. 이렇게 하려면 유기체로서의 조직·구성원들에게 장애가 있거나 불건강하거나 그런 의식에 갇혀 있거나 사로잡혀 있는 경우, 치유 교육·훈련·수련을 통해 유기체적 조직·구성원을 건강한 성장을 향해 열린 상태로 변화시키고 생명력·생존력·경쟁력의 발현을 극대화시켜야 한다. 그리고 조직의 목표를 향해 유기체적 조직의 모든 구성원이 스스로 변화하고 또 그들에게 의식의 치유와 변용이 일어나도록 유도해야 한다.

따라서 5장으로 구성된 이 역동적 통합치유변용 DIHT(Dynamic Integral Healing-Transformation) 리더십 책에서는, 먼저 제1장에서 DIHT 리더십의 원리와 특성을 기존 리더십과 비교하여 개관하고 나선동역학의 기초 개념도 간략하게 요약·기술하였다. 제2장에서는 인간의 나선역동적·BPSC(Bio-Psycho-Socio-Cultural)적 심층 가치의식의 가치밈 스펙트럼과 사회심리적 실존의식 특성에 대한 확실한 이해가 가능하도록 벡과 코완의 나선동역학(Spiral Dynamics)의 가치밈 체계의 특성과 원리를 중심으로 쉽게 요약·기술하였다. 제3장에서도 나선밈 스펙트럼 구조 전체에 통달한 나선변화의 달인이 되어 자기 전문 분야의 전문가로서 역동적 통합치유변용 DIHT 리더십을 실제로 적용할 수 있는 리더십 달인의 능력을 갖추도록 나선 변화의 원리와 나선역동적 변화 리더십의 원리를 중심으로 기술하였다.

제4장에서는, 먼저 나선동역학 모형과 켄 윌버의 AQAL 통합 패러다임 모형을 결합한 통합적 나선동역학 SDi(Spiral Dynamics Integral)에 대한 이해를 위해 켄 윌버의 AQAL 통합 패러다임과 통합적 나선동역학 SDi의 핵심 개념을 요약·기술하였다. 이를 기반으로 하여 SDi를 바탕으로 하는 DIHT 리더십으로서 마음챙김 기반 통합적 치유변용 리더십의 원리에 대해 중점적으로 기술하였다. 그러나 제4장의 내용은 켄 윌버의 통합사상에 대한 이해를 필요로 하는 보다 전문적인 내용이므로 일반 강좌에서는 그냥 넘어갈 수 있다. 그러나 21세기 IT 정보화시대 고도 과학기술이 모든 것의 역동적이고 통합적인 변화를 주도하는 양자사회의 새로운 패러다임에 따라 조직과 구성원들의 자발적인 변화와 치유변용이 일어나도록 유도하는 새로운 마음챙김 기반 치유 리더십 패러다임에 대해서는 중점적으로 강조하며 요약·기술하였다.

마지막으로 제5장에서는 먼저 각 분야 전문가들, 특히 조직의 리더와 상담치유 전문가들이 DIHT 리더십을 자기 분야의 리더십으로 적용하는 기법을 스스로 터득할 수 있도록 하는 데 역점을 두어 DIHT 리더십의 실무 적용 가이드로서의 적용 도구 상자와 적용 일반 지침과 조직의 리더십과 치유교육 리더십 중심으로 DIHT 리더십의 적용 지침에 대해 중점 기술하였다.

 결론적으로 이 책은, 5장으로 구성된 나선역동적 치유·변용 리더십 SDi-DIHT 내용에 대한 확실한 이해를 바탕으로, 또한 각 분야의 전문가·리더로서 각자의 경험과 체험을 바탕으로, 리더십 적용 워크숍을 통해 DIHT 리더십 이론과 적용 아이디어를 더욱 심화시킬 수 있는 내용과 형식으로 구성되어 있다.

 끝으로, 이 책은 예전에 출판한 저자의 DIHT 리더십을 바탕으로, 그간 각 분야의 사회 지도 계층 리더들과 조직/기업의 리더와 치유교육 전문가들을 대상으로 수년간 강의해 온 나선동역학과 마음챙김 기반 리더십 강의 자료를 바탕으로 보완 정리하여 다시 내놓게 된 것이다. 무엇보다 이 책은 이 포스트코로나 AC시대와 AI 중심의 디지털 양자사회의 각 분야 조직의 리더와 심신치유 전문가들을 위한 리더십 패러다임을 담은 조직·구성원의 치유변용에 적합한 최초의 전문 리더십 도서라는 데 의미가 있다. 따라서 그간 저자의 『통합심신치유학』 시리즈 이론·실제·치유기제 편에 이은 시리즈 4로서(나선동역학·마음챙김 기반 역동적) 통합치유변용 리더십 편으로, 심리학·심리치료·심신치유·정신건강 분야의 최고의 명문 출판사인 학지사에서 대폭 개정 증보하여 출판하게 된 것이다. 국내의 어려운 출판 상황에서도 이 책의 출판을 격려해 주신 학지사 김진환 대표님의 후의에 감사드리며 현장 편집 실무진의 노고에도 고마운 마음을 전하는 바이다.

서울 불교대학원대학교

심신통합치유학과 석좌교수

심신치유교육학 전공 주임교수 조효남

나선동역학 · 마음챙김 기반
역동적 통합치유변용 리더십

제 **1** 장

역동적 변화 시대의
새로운 리더십 패러다임

나선동역학 · 마음챙김 기반
역동적 통합치유변용 리더십

I

들어가는 말

웬만한 조직의 경영·관리자나 전문가라면 누구나 리더십에 대해 나름대로의 소신을 갖고 말한다. 하지만 오늘날은 극소수의 리더들을 제외하고는, 포스트코로나 AC 팬데믹시대, AI와 가상현실의 디지털 스마트 미디어 중심으로 격변하는 21세기 양자사회의 시대적 상황에 맞는 패러다임을 자기의식화하여 조직을 역동적으로 변화·치유변용시키며 조직의 살아 있는 유기체적 생명력을 극대화시키는 성공적인 리더십을 발휘하는 리더들은 거의 찾아보기 힘들다. 대개의 경우 아직도 지난 20세기 리더의 권위를 어느 정도 보장하던 가부장적 리더 중심의 리더십으로 인해 먹고 살기 위해, 성공하기 위해 할 수 없이 복종하며 마지못해 따르거나 일에 대한 강박과 스트레스·번아웃에 시달리며 자기착취적으로 온 힘을 다해 일하고 있는 것이 대다수 보통 사람들의 현실이다. 그러나 단지 이러한 조직 구성원들이 만들어 낸 눈앞의 생산성만 보고서 자신이 성공적으로 조직을 이끌고 있다고 착각하고 있는 사회 각 분야의 각급 리더들이 우리 사회에 아직도 넘치고 있다. 그렇다 보니 지금 우리 사회는 오늘날 21세기 불확실성의 격동의 양자시대에 아직도 적응하거나 변화하지 못하고 혼돈과 갈등 속에서 헤매고 있다고 해도 과언이 아니다. 그만큼 기업은 물론 사회 각 분야의 바람직한 경쟁력과 개인의 행복지수는 점점 더 떨어지고 있다는 위기감이 높아지고 있다. 더구나 AC팬데믹시대에 대부분의 조직과 사회의 구성원들은 스트레스, 번아웃, 강박증, 우울증 등으로 정신신경증적 질환에 시달리며, 심각한 '피로사회'와 '위험사회'의 징후 속으로 점점 더 깊이 빠져들고 있다. 특히 소외된 서민 계층과 농어민, 영세상인, 중소기업의 경우 그 실태는 너무나 심각하다.

무엇보다도 중간급이나 상위급 리더가 많은 기성세대들은 이 시대의 시대적 특성을 막연하게는 알고 있지만 제대로 깨닫지 못하고 있는 경우가 많은 까닭에, 소수의 리더들을 제외하고는 자신의 의식을 21세기 새 시대의 새 패러다임에 맞게 제대로 변화시키지 못하는 데 리더십의 근본 문제가 있다. 수십 년간 지난 시대의 수직적·위계

13

적으로 고착화되고 경직화된 기성세대의 의식·무의식과 이시대의 수평적 디지털 사고와 정신 사이의 괴리, 즉 '의식의 간극' 현상이 리더십의 문제를 더욱더 어렵게 만들고 있다. 다시 말해, 오늘날 21세기는 AI 중심의 IT스마트 정보화·글로벌·모바일 SNS 시대, 융복합 양자과학시대로 진입하면서 초연결 수평 네트워크사회, 복잡계적 양자사회화되어 가고 있기 때문에 지난 20세기와는 달리, 정치·경제·사회·교육·문화·기업·예술 등 모든 분야의 패러다임이 급격하게 바뀌고 있다. 하지만 기성세대의 고착화된 의식이 이런 급격한 변화를 뒤따라가지 못하고 있어서 이 시대에 맞는 리더십 부재의 문제는 모든 분야에서 더욱더 심각해지고 있다.

양자사회(quantum society)란?

다나 조하르(Zohar, S. D.)가 그녀의 동명의 저서에서 최초로 사용한 용어로 21세기 후기 산업사회의 특성을 20세기 산업사회와 대비시켜 설명하기 위해 사용한 것이다. 말하자면, 양자사회란 종래의 원자적·기계적·집단적 사회 개념에서 탈피하여 양자적 불확정성/상보성, 양자장의 비국소성/비환원적 전일성, 역동적인 통일성, 상호 의존성, 양자도약적 진화의 창발적 속성 등을 21세기 디지털 정보화시대의 복잡한 사회 현상에 적용한 신과학적 전일주의적 (holistic) 사회관에서 나온 사회 모형이다. 이러한 양자적 사회 모형 속에는 자연의 본성에 어긋나는 20세기 산업사회의 자본주의의 위계적·관료적·지배적 사회 구조 그리고 20세기 후반의 포스트모던사회의 상극과 분열, 해체를 타파하고 자연의 본성에 따라 모든 것이 참여적 관찰자적으로 연결된 양자사건적·양자원리적으로 포스트모던 열린사회에서의 사회 인식과 가치를 변화시키고 탈포스트모던사회의 사회 구조와 개인의 의식을 통합적이고 창조적으로 변화시키기 위한 확고한 비전을 제시하고 있다.

무엇보다도 IT 정보화시대의 스마트 모바일 SNS에 의해 수평적·평등적·민주적·소통적·참여적 사회로 진입하면서 국가 권력·지배 계층·산업 자본가를 비롯한 소수의 가진 자들에 의해 억눌려 있던 개인의 수평적 디지털의식이 점차로 깨어나고 있다. 그 결과 SP·SM, 유튜브·SNS 등 가상세계에 익숙한 디지털 세대를 중심으로 자주적·민주적·평등적 의식이 전 세계적으로 확산 보편화되고 있다는 사실을 기성세대의 리더라면 누구나 현실의 문제로 깨달아야 한다. 따라서 이제는 리더십도 지난 시대의 '리더 중심의' 권위적·수직적·위계적 리더십으로부터 '구성원 중심'의 민주적·수평적·평등적 소통의 리더십으로의 '코페르니쿠스적 전환'이 이루어져야 한다.

그래서 오늘날은 21세기 '새로운 시대 새로운 사고'가 요구되는 리더십 패러다임으로, (자율적·자발적) 자기 리더십, 통합 리더십, 마음챙김(자각 기반) 치유변용 리더십, 창조 리더십 등과 함께 평등·소통·현려·지혜·행복·한마음 등의 다양한 리더십 패러다임이 강조되고 있다. 무엇보다도 인류 역사상 가장 특이한, '모든 것'이 빛의 속도로 변하는 획기적인 시대인 이 시대에 전 세계 모든 민중이 20세기까지의 지배 계층, 산업 자본 계층, 가진 자 계층들의 '억압' '수탈'의 미몽에서 깨어나는 수평적 평등의 시대가 되어 가고 있다는 사실이 중요하다. 그래서 앞에서 언급한 이러한 시대적 패러다임의 전환과 함께 이에 따른 리더십 패러다임의 전환의 'What'과 'Why'는 누구나 쉽게 이해하고 공감할 수 있고, 그것은 너무나 당연한 필연적인 전환이다. 하지만 우리의 사회적 현실에서는 이러한 전환은 아직도 요원하다. 왜 그런가? 무엇이 문제인가? 그 해결책은 무엇인가?

그 결과, 그 해답을 찾기 위해 오늘날 여러 분야의 수많은 사회·공공·교육 기관과 전문가들에 의해 제공되고 있는 AI 중심의 디지털 제4차 고도 정보화 산업혁명시대, AC 팬데믹시대의 무수한 리더십 이론·담론·강론들이 넘쳐 나고 있다. 그래서 일부 지난 시대의 리더 중심의 강력한 리더십에 IT 정보화시대, AC·AI 시대의 특색을 가미하여 강조하는 잘못된 리더십 이론·담론들을 제외하고는, 대부분 이 시대에 맞는 'What' 'Why' 변화의 리더십의 '옳은 말' '좋은 말'로 공감을 불러일으키고 있다.

문제는, 아무리 공감이 가고 설득력 있는 좋은 내용을 담고 있는 리더십 강좌의 이론·담론·강론이라 해도 이 시대의 특수한 역동적 삶의 조건, 정치·경제·사회·문화… 환경의 급변하는 상황에 제대로 대처하면서 유기체적 조직의 생명력·경쟁력을 지속적으로 극대화할 수 있는 'How to'의 리더십기법을 가르치고 있는 리더십 콘텐츠들은 별로 찾아볼 수 없다는 데 있다. 특히 이 위험하고 복잡한 시대의 양자사회적 환경에 처한 인간들의 사회적 본성(생존·실존 의식, 사회적 자아, 심층 가치의식, 마음챙김 치유·명상 수련 등)에 대해서는 잘 알지 못하거나 외면한 채, '무엇을 변화해야 하나(What)' '왜 변화해야 하나(Why)' 식의 담론을 아무리 강조해도 변화하지 않는다. 그래

15

서 사회적 안전망이 부재한 과도한 사회적 불안, 위험사회환경, '피로사회'의 생존 경쟁으로 인한 스트레스·강박, 이상심리에 고착 퇴행되거나 사로잡힌 사람들의 의식을 건강하게 열린 의식으로 전환시키고 깨어 있는 의식으로의 성장 변형(변용)을 가져올 수 있는 리더십 이론·담론은 별로 없다고 해도 과언이 아니다. 왜냐하면 그렇게 하려면 리더부터 먼저 마음챙김 명상 수련과 함께 성찰적 각성 자각의식으로 깨어나서 진정한 삶의 가치, 행복, 웰라이프가 무엇인지에 대한 내면적 성찰이 있어야 하기 때문이다. 그리고 진정한 웰라이프적 행복한 삶의 심층 가치에 대한 각성자각과 이에 따른 의식의 변화·변용이 없이는 구성원들의 의식을 어떻게 하면 밝고 건강하게 변화시키고 성장 변형시킬 수 있는가에 대해 알 수가 없기 때문이다.

반면에, 이 '역동적 통합치유변용 리더십(DIHTL)'은 바로 이러한 문제에 대한 'How to change'의 노하우적 해답을 확실하게 보여 주고 있다. 왜냐하면 DIHTL은 우선 리더와 구성원 또는 치유자와 치유대상자들의 사회적 자아의식, 심층 가치의식, 성찰적 자각의식의 자발적 변화를 유도하기 위한 인간의 사회적 본성에 대한 올바른 이해를 바탕으로 하고 있기 때문이다. 그리하여 어떻게 하면 각급의 리더와 구성원들이 자발적으로 변화(성장·변형·변용)하는 여건·조건·환경을 만들 수 있는가에 대해 이론과 도구 상자 및 실무 적용기법에 대해 확실하게 답하면서 보여 주고 있기 때문이다. 이를 위해 이 책은 그레이브스, 벡과 코완의 '나선동역학(Spiral Dynamics)'의 사회심리학적인 심층 가치의식/가치밈 이론 모형과 켄 윌버의 통합심리학적 의식 변형 이론 모형을 결합한 '통합적 나선동역학(Spiral Dynamics Integral)'을 이론적 기본 얼개로 하고 있다. 이를 바탕으로, 그 어느 때보다도 마음챙김 기반 리더십이 요구되는 시대적 특성과 우리 동양의 지혜를 가미하고 우리 고유의 정서를 고려한 통합적 나선동역학 및 마음챙김 기반 '역동적 통합치유변용 리더십 이론' 및 실무 지침을 체계적으로, 그리고 가급적 구체적으로 제시하였다. 특히 이 책은 DIHT 리더십 이론 모형을 리더나 치유자 자신의 의식과 구성원이나 치유대상자의 의식을 자발적으로 변화시키기 위해 '어떻게(How)' 단계적으로 적용하는가와 이를 위한 구체적 적용 지침을 담고 있는 '도구 상자(Tool Box)'를 제시하고 있다. 그리하여 기업은 물론, 정치권·정부·지자체와 공공 분야 등의 조직의 리더십, 그리고 사회, 교육 분야, 상담·치유·코칭 분야의 전문가 리더십 등, 새 시대의 새로운 리더십이 필요한 거의 사회 모든 분야에 적용이 가능하도록 제시하였다.

밈meme이란?

『이기적인 유전자The Selfish Gene』의 저자 리처드 도킨스(Dowkins, R.)가 그리스어의 문화적 모방이란 의미를 갖고 있는 mimeme이란 말에서 만든 용어로, 그는 유전자(gene)가 정자와 난자를 통해 하나의 신체를 건너뛰며 유전자 풀에 퍼지는 것과 같이, 문화는 모방의 과정을 통해서 한 사람의 뇌에서 다른 사람의 뇌로 비유전적 방법으로 전달되면서 복제되고 진화한다고 했는데, 이와 같이 '밈'이란 뇌에서 뇌로 모방을 통해 뇌에 복제되어지는 것으로 여겨지는 문화 요소를 일컫는다. 그러나 여기서 가치밈이란 『나선동역학Spinal Dynamics』의 저자 벡과 코완(Beck & Cowan)이 인간의 사회적 실존의식, 신념, 세계관 등을 그레이브스(C. W. Graves)의 역동적 이중 나선 BPS(Bio-Psycho-Social) 모형에 바탕을 두고 심층 가치의식을 나타내는 가치밈(vMEMEs) 의식을 생존/소유 중심의 1층 구조, 존재/실존 중심의 2층 구조, 자아초월 중심의 3층 구조로 된 역동적 나선 발달 구조 모형으로 일반화시킨 개념이다. 가치밈은 이 책의 DIHT 리더십을 이해하기 위한 핵심 용어이고 이 책 제2장의 내용이 모두 나선 가치밈의식의 개념, 체계, 특성, 나선역동적 리더십 원리에 대한 것이다.

이 책을 읽는 독자나 DIHT 리더십 강의를 수강하는 수강자들에게 다시한번 강조하자면, 이 책은 'What'과 'Why' 담론 위주의 기존의 리더십 책과는 전혀 다르다. 이 책은 성인成人의 역동적 심층 가치의식의 변화에 대한 나선동역학적 사회심리학 이론과 마음챙김(각성자각의식) 기반 치유에 의한 리더와 구성원의 의식의 변용을 가져오는 'How to'에 대한 이론과 적용 지침·기법에 대해 중점적으로 다루고 있다. 반면, 대부분의 경우 다음 절에서 보여 주듯이 지난 시대의 기존의 재래적 정적靜的 리더십 이론은 당연히 이 시대에 맞지 않는다. 하지만 리더가 갖추어야 할 자질, 덕목, 지침, 법칙에 대한 이 시대에 맞는 담론이나 강론은 'What'과 'Why'의 내용이므로 거의 다 옳고 그대로 따르면 된다. 그리고 앞에서 이미 언급한 최근의 리더십 패러다임으로 강조되는 구성원 중심의 리더십 패러다임들도 무엇이든 간에 다 공감이 가는 'What' 'Why'의 옳은 지침이기 때문에 그대로 따라야 한다. 그러나 이들 기존의 리더십 이론의 근본

문제는, 담론의 지식이나 관념 수준이 아닌 의식화나 자각/각성의 수준으로 '어떻게 (How)' 구성원들이나 치유대상자들을 자발적으로 치유변화(변용·변혁)시킬 수 있는 가에 대해서는 거의 다루지 않고 있다는 데 있다. 즉, 인간의 복잡하고 불건강하거나 닫혀 있는 사회적 본성에 대한 이해가 없기 때문에 조직이나 구성원의 자발적 성장·변화의 방법론('How to')이나 기법이 없다는 데 문제가 있는 것이다. 그러나 무엇보다, 다시 강조하자면, 보다 근본적인 문제는 그러한 리더십 패러다임·담론·강론들은 누구나 단순한 지식이나 관념을 넘어 쉽게 '자기의식화'하고 자기성찰·마음챙김/알아차림·깨우침에 의해 자기 것으로 의식화·체화體化할 수 있는 방법론과 그 적용 도구 상자와 실무 적용기법이 거의 없다는 데 있다. 반면, DIHT 리더십에서는 인간의 사회적 본성과 다양한 수준의 의식의 불건강한 고착 상태, 삶의 조건, 사회적 환경에 대해 스스로 깨달아 알게 하고, 구성원의 사회적 본성과 자아의식, 마음챙김 자각의식, 심층 가치의식이 자발적으로 열린 의식으로 전환되도록 유도한다. 이렇게 하면 의식의 성장 변화와 함께 모든 이 시대적 리더십 이론·담론의 지침들도 자연스레 그대로 자기 것으로 의식화된다는 것을 보여 준다.

II

기존 리더십 이론의 문제와 한계

이 절의 내용은 기존의 전통적 리더십이나 최근의 리더십 이론, 담론을 잘 아는 리더나 전문가들은 그냥 넘어가도 되는 기존 리더십의 열쇠말만 요약한 내용이다.

1. 기존의 전통적 리더십 이론의 특성 및 한계

인터넷에서 리더십 관련 도서, 담론, 강론, 논문을 검색해 보면 국내에서만도 수백 종 이상이 나오고 '리더십 교육·훈련·연구 관련 사이트도 무수하게 많다는 것을 쉽게 알 수 있다. 오늘날 리더십은 실제로 기업에서, 그리고 민간·공공 부문의 모든 단체 사회 조직에서 중요한 이슈가 되어 있고 각급 학교와 기업 그리고 각종 사회단체들에서는 다양한 리더십교육 훈련을 하고 있다.

그렇지만 그 무수한 리더십 이론, 강론, 담론을 담은 교재나 도서, 교육 훈련 프로그램들을 보면 아직도 전통적인 리더/지도자들(위대한 CEO, 정치가, 영적 지도자, 사회 개혁가…), 예수·부처 같은 인류의 성현이나 세종 같은 뛰어난 성군의 위대한 리더십의 신화, 그들의 자질, 덕목을 예찬하여 위대한 리더가 되는 길을 제시하고 있다. 더구나 그들은 위대한 리더에 관한 사례들을 미화시켜 그들의 뛰어난 리더십으로부터 배워야 할 점들을 나열하면서 뛰어나고 위대한 리더 중심의 리더십을 여전히 예찬하고, 그들의 뛰어난 덕목과 자질을 배우고 갖추기를 요구하고, 위대한 리더가 되려면 "…해야 한다."라고 리더로서 요구되는 자질·덕목·규범을 배우고 따르기를 강조한다.

그런가 하면 최근에는 21세기 IT 정보화 초연결 네트워크시대가 되면서 지난 산업화시대의 수직적·위계적·권위적 정치, 경제, 사회, 문화가 수평 네트워크적·탈권위적으로 해체되면서 평등, 소통, 공감, 상생, 연대, 평화, 자유 같은 21세기의 시대적 패러다임이 오늘날 모든 분야의 리더십 패러다임의 기반이 되고 있다. 이미 지난 시대에도 일부 리더십 이론가들이 이러한 개념의 중요성을 이해는 하고 있었다. 그래서 통합적 리더십, 치유변용/변혁적 리더십, 창조적 리더십… 같은 일부 기존의 리더십 이론이 있었다. 이 이론들이 21세기 시대적 패러다임과 맞물리면서 이에 수반하는 자기 리더십/슈퍼 리더십, 현려/현자 리더십, 임파워링/ 능력 부여 리더십, 서번트/봉사 리더십, 신뢰·행복·감성·소통 리더십 등 시대적 패러다임의 어느 한 가닥을 강조하는 리더십 이론·담론·강론, 교육 훈련 프로그램들로서 이러한 이론들은 기존의 리더십과 차별화하면서 새 시대의 새로운 리더십으로 강조되고 있다.

그러나 대부분의 기존의 리더십 이론이나 새로운 리더십 이론·담론들은, 스티븐 코비(Covey, S. R.)나 보다 최근의 피터 센게(Senge, P. M.)를 비롯한 리더십 구루들이나 하워드 가드너(Gardner, H.), 에이브러햄 매슬로(Maslow, A.) 같은 석학들의 리더십 관련 저서들을 보면 잘 알 수 있듯이, 무엇이 뛰어난 리더의 자질, 요건이고, 왜 그렇게 변해야 그런 리더가 될 수 있는가에 대한, 누구나 대체로 공감이 가는 좋은 말로 가득한 담론적 주장 중심으로 되어 있다. 그렇지만 이들이 간과하거나 빠트리고 있는 것은, '어떻게 하면 리더와 구성원의 마음과 의식을 변하게 할 수 있는가'에 대한 이론·방법이나 그 적용 도구들이다. 그래서 아무리 감동을 받을 만한 내용이라도, 보통 사람들의 의식이 깨어나서 변화/변용이 일어나면서 자기 것으로 의식화/체화体化하기 전에는, 며칠이 지나면 관념지觀念知로는 남아 있지만 어느새 본래의 자기로 돌아가서 현실에서, 일터에서, 조직에서 예전과 똑같이 일하고 있는 자신의 모습을 발견하게 된다는 사실이다.

그래서 아무리 좋은 말, 공감이 가는 내용으로 가득 찬 리더십 이론이나 강론이라 해도, 리더 스스로의 의식을 성장 변화시키고 보통의 구성원들의 마음/의식을 살아남기 위한 변화가 아니라 자발적으로 변화시키는 이론과 방법, 변용적 변화를 위한 적용 지침이나 도구 상자를 갖고 있지 않는 한, 변화에는 무력한 것이다. 즉, 어느 리더십 이론이든 간에 리더 자신과 구성원들의 마음의 성장 변화의 원리와 변화를 유도하는 확고한 이론, 실질적 적용 도구/방법론 없이는 진정한 리더십 이론, 교육 훈련 도구가 될 수 없는 것이다.

따라서 여기서는 이러한 기존의 지난 시대의 정적靜的 리더십 이론이나 리더십 강론·담론에 대해서는 상식 수준에서 열쇠말만 언급하고, 리더가 갖추어야 할 특성, 자질, 덕성, 성품에 관해서는 관련 문헌의 중요 정의적 개념만 간략하게 소개할 것이다. 이 모든 자료는 거의 다 On-line으로나 Off-line으로 쉽게 구해서 소설책보다 더 쉽게 빨리 알 수 있는 내용들이 거의 대부분이기 때문이다.

기존의 리더십 이론을 보면 정치 지도력, 기업 경영·조직 관리, 군 지휘 등의 다양한 정적인 리더십 위주로 리더의 바람직한 성향/스타일, 자질/특성에 대한 이론·담론들은 무수하게 있다. 그러나 공인된 보편적 이론의 얼개/틀이나 그 실제 적용 도구 (Tool Box)를 갖춘 것들은 찾아보기 힘든 게 문제이고 그 한계이다. 기존의, 그리고 최근의 리더십 이론·담론의 한계와 문제는 다음과 같이 요약할 수 있다.

- 대부분의 기존의 리더십 이론은 역동적인 이론적 틀이나 적용 도구보다는 사례의 통계적 분석에 근거한 정적 이론 모형에 따른 리더십 이론 연구나 실천 지침

위주의 다양한 이론이 대부분이다.

- 역사상 그리고 오늘날, 동서고금의 뛰어난 리더들의 특성·자질 요건으로부터 리더가 갖추고 배워야 할 덕목 지침에 대한 강론·담론이 대부분이다.

- 대부분의 리더십 강론이나 담론들은, 지난 시대나 오늘날 각 분야에서 위대한 리더들이 갖춘 리더로서의 특성, 자질, 덕성, 지혜 같은 것에 대한 사례를 통해, 그와 같이 '…해야 한다' '…를 따라야 한다' 식의 규범을 주문하고 있다.

- 하지만 리더가 그런 자질과 지혜를 발휘할 수 있도록 마음/의식을 변화시켜야 한다고 말하고는 있지만 어떻게 구성원의 마음을 자발적으로 변화시킬 수 있는지에 대해서는 거의 언급이 없다.

- 그렇다 보니 아무리 좋은 금과옥조 같은 말도 기껏해야 관념지로만 남아 있게 된다. 그래서 스스로 깨어 있지 않은 경우 무의식이 지배하며 자동으로 반응하는 습관에 따라 언행을 하게 되어 있는 인간의 의식의 변화를 가져올 수 는 없고, 며칠이 지나면 감동받은 좋은 리더십 이론 강론·담론도 기억으로만 남아 있게 되는 것이다.

기존의 재래적인 리더십 이론이나 비전·통합·창조·치유변용 리더십 같은 최근의 리더십 이론들도 대부분이 21세기적 리더십이라고 말하고 있다. 하지만 이들 중에는 여전히 지난 20세기 산업화시대의 위계적 지위가 뒷받침하는 뛰어난 리더가 되기 위한 지시적 리더십 이론이나 담론이 허다하다. 반면에 최근의 자기 리더십·슈퍼 리더십, 비전/창조적 리더십, 봉사/헌신 리더십, 현려/지혜 리더십… 같은 21세기적 패러다임을 강조하는 리더십조차도, 비록 구성원 중심의 리더십을 강조하고 리더와 구성원 사이의 수평적 소통·참여·교류적 관계 측면을 강조하고는 있지만, 어떻게 구성원의 마음을 자발적으로 움직여 조직의 목표를 달성하기 위해 자신의 잠재력을 최대한으로 발휘시키는지에 대한 이론과 적용 방법/도구에 대해서는 거의 다루고 있지 않다.

2. 일반 리더십 이론의 개요

1) 기존의 리더십 이론에서의 리더의 역할

리더십이란 무엇인가? 자명하면서도 리더의 의미, 기능과 역할을 어떻게 보느냐에 따라 다양한 정의가 나올 수 있다. 그렇지만 기존의 리더 중심의 리더십 이론에서 리더십을 발휘하는 리더들의 기능과 역할은 자명하다. 당연한 말이지만, 기업과 같은 영리 조직이든, 정치 · 경제 · 산업 · 문화 · 교육 · 사회 등 여러 분야의 민간 혹은 공공의 목적을 위한 조직이든 간에 리더들이 이끄는 모든 조직은 조직의 목표 달성을 위해 전문적 · 기술적 측면의 전문 경영 관리와 이를 수행하는 주체인 구성원의 조직 · 인간 경영 관리로 크게 대별할 수 있다. 따라서 이러한 조직의 경영 관리에서 CEO나 기관장뿐 아니라 각급의 리더/책임자/관리자의 전문적 역량과 조직 구성원의 잠재 역량을 최대한으로 이끌어 내기 위한 각급 리더들의 리더십이 조직의 목표 달성을 위한 모든 경영 관리의 성패를 좌우한다고 해도 과언이 아니다.

결국 오늘날 수평적 초연결 네트워크사회, 양자사회의 바람직한 리더십을 좀 길게 정의하자면,

- "유기체 조직의 지속 가능한 성장과 경쟁력을 위해, 조직의 단기 · 중장기 목표와 현안 문제의 최적의 해결을 위해 조직 구성원들이 지닌 잠재 능력을 최대한으로 이끌어 내고
- 전문가적 역량을 지속적으로 계발하고 발휘하도록 하면서도 그들이 행복하고 신명 나는 일터로 느끼게 하는 조직 · 인간 경영 관리를 위한 교육 · 훈련의 최적 의사 결정 역량과
- 구성원의 자발적 변화를 유도하는 강력한 동기 부여와 목표 · 비전을 제시하며 코칭/멘토링/길라잡이 역할과 기능을 발휘하는 것"

이라고 정의할 수 있다. 다시 종합하여 말하자면 리더십이란,

- "각급의 리더들이 자기 조직의 구성원들이 행복하고 신명 나고 활기찬 조직 환경 속에서 그들의 자율적·자발적 업무 수행 역량을 최대한 제대로 발휘할 수 있도록
- 구성원들에게 명확하게 목표와 비전을 제시하고, 강력한 동기를 부여하고, 이와 같은 과업을 수행하기 위한 여건과 요건을 조성하고, 이에 따른 책임과 권한을 부여하고
- 기술적·전문적 업무 수행을 멘토링/코칭하면서 조직을 이끌고, 그들의 노력을 통합 조정하는 역할과 기능을 성공적으로 발휘하고 수행하면서
- 전문적·과학기술적 전문 경영 관리와 조직·인간 경영 관리의 과정에서 순간순간 최적의 의사 결정을 하는 총체적 역량과 기법을 의미한다."

라고 말할 수 있을 것이다.

그러나 이러한 뛰어난 리더의 리더십을 발휘하기 위한 오늘날 21세기 역동적 변화의 시대에 모든 게 빛의 속도로 변하는 정보·지식·과학기술 기반 후기 산업사회, 수평적 초연결 네트워크 양자사회에서의 구성원 중심의 리더십은 지난 시대의 수직적·위계적·근대적 산업사회의 리더 중심의 정적靜的인 리더십과는 분명 다르다는 것을 앞으로 이 책의 SDi-DIHT 리더십을 통해 알게 될 것이다.

하지만 여기서는 우선 기존의 리더십 이론의 열쇠말을 중심으로 다음과 같은 리더의 기능과 역할을 살펴 볼 것이다.

(1) 리더는 목표를 설정하고 방향을 잡아 주는 사람
- 목표를 향해 조직을 이끌어 갈 수 있는 사람
- 조직의 목표를 명확히 해 주며 구체적 동기 유발을 이끌어 낼 수 있는 사람
- 미래의 비전을 향해 방향을 잡아 줄 수 있는 사람

(2) 리더는 조직의 구성원들이 과업 수행을 효율적으로 하고 목표로

하는 최대의 성과를 달성하기 위한 적절한 업무 수행 지침과 함께 이에 따른 업무의 기획·실행 방법·성과 측정·분석 평가 등 업무 수행 역량을 지휘·감독·평가하는 역량을 갖추어야 한다. 따라서 구성원의 과업 수행 역량이나 과업 수행을 위한 열정, 헌신, 몰입 의욕 같은 긍정적 성향은 모두 리더의 역량과 리더십에 의해 좌우된다.

지난 시대의 기존의 리더십에서 리더로서의 이러한 기능과 역할을 수행하는 리더의 유형은 방임형에서 (솔선수범)참여형, 독재형, 민주형, 카리스마형 등 다양하다. 그들의 리더십은 어디까지나 위계적 지위를 바탕으로 리더로서의 지시·지휘·감독의 기능에 그치는 경우가 대부분이다. 반면에 구성원들이 잠재 역량을 자발적으로 최대한으로 발휘할 수 있도록 유도하기 위해 구성원들이 행복하고 신명 나고 모두가 한가족같이 생각하게 만드는 근무 환경의 여건과 요건을 조성하는 지혜를 발휘하거나 멘토링하거나 길라잡이 역할을 하는 경우는 기존의 리더십에서는 거의 찾아보기 힘들다.

2) 기존의 리더십 이론

역사적으로 보면 19세기까지는 리더(지도자)란 주로 뛰어나고 위대한 정치 지도자, 사회혁명가, 영적 지도자들을 의미하였지만, 20세기 고도 산업화시대로 진입하면서 서구에서는 소규모로 창업한 기업을 거대 기업으로 성장시킨 창업주/CEO들의 성공신화로 인해 19세기까지의 위대한 위인 리더십 이론은 리더십의 '특성 이론(Traits Theory)'으로 정립되어 1940년대 말까지 지배적인 리더십 이론이 되었다. 그 이후 성공한 정치·경제산업계의 위대한 리더들의 다양한 행동 양식, 기질 등에 착안한 행태(행동)이론이 나왔다. 이어서 리더의 특성과 행태를 종합한 다양한 리더십 유형에 대한 연구가 1960년대 말까지 리더십 연구를 주도하였다. 그러나 20세기 산업화시대는 과학기술의 급격한 발전과 함께 이데올로기의 대립과 종교적 대립, 이에 따른 지역적, 국지적 문명·자원 갈등, 그로 인한 수많은 전쟁, 그 결과 야기되는 환경과 정치·경제 상황 등의 급변하는 요인으로 인하여 리더십에서도 1970년대까지는 상황 적응적 접근이 주도하였다. 1980년대 이후에는 전 지구적으로 급변하는 정치·경제·산업·사회·문화 환경에 따라 변화하며 적응하기 위한 치유변용적 접근 이론이 나왔다. 따라서 스티븐 코비(Covey, S.)에 의하면, 상황적·환경적 요소 외에 사람과 상황, 심리분석, 역할 달성, 변화 목표를 중심으로 한 다양한 통합적·치유변용적 이론이 나왔다고 보고 있다. 또한 그는 1980년대 이후에는 이 다섯 가지 가운데 하나를 중심으로 리더십 이론이 전개되었다고 말하고 있다. 스티븐 코비가 제시하는, 24가지 주요 리더십 이론과 관련 주요 문헌은 〈표 1-1〉에 제시한 바와 같다. 여기서는 이러한 기존의 리더십 이론들 중에 널리 알려진 주요 리더십에 대해서 간략하게 소개만 하였다.

〈표 1-1〉 리더십 이론 문헌 고찰(스티븐 코비, 『성공하는 사람들의 8번째 습관』, pp. 472-478)

이론	대표적인 인물과 연도	요약
1. 위인 이론 (Great-Man Theories)	다우드(Dawd, 1936)	역사와 사회 제도는 위인들(이를테면, 모세, 마호매트, 잔다르크, 워싱턴, 간디, 처칠 등)의 리더십에 의해 만들어진다. 다우드는 "대중들에 의한 리더십이란 없다. 어느 사회나 개인들은 서로 다른 지능, 에너지, 도덕적 힘을 갖고 있으며, 대중들이 어떤 방향으로 인도되든, 그들은 항상 뛰어난 소수의 리더에 의해 인도된다."라고 주장했다.
2. 특성 이론 (Trait Theories)	L. L. 바나드(1926), 빙햄(1927), 킬번(1935), 커크패트릭과 로크(1991), 코스 & 일레(Kohs & Irle, 1920), 페이지(1935), 테드(1929)	리더는 따르는 사람들과는 다른 우수한 특성과 특징을 갖고 태어난다. 이 이론은 '리더와 다른 사람들을 구분짓는 특징은 무엇인가?' '그 차이는 어느 정도인가?'란 두 가지 문제에 대해 접근한다.
3. 상황 이론 (Situational Theories)	보가더스(Bogardus, 1918), 허시와 블랜차드(1972), 호킹(1924), 퍼슨(1928), H. 스펜서	리더십은 상황의 산물이다. 타고난 능력보다는 상황적 요소가 리더로 부상할 인물을 결정한다. 위대한 리더의 출현은 시간, 장소, 상황의 결과이다.

4. 특성- 상황 이론 (Personal- Situational Theories)	바나드(1938), 바스(Bass, 1960), J. F. 브라운(1936), 케이스(1933), C. A. 기브 (C. A. Gibb, 1947, 1954), 젠킨스(1947), 라피에르 (Lapiere, 1938), 머피(1941), 웨스트버그(Westburgh, 1931)	특성-상황 이론은 위인 특성 상황이론을 조합한 이론이다. 리더십 연구는 감정적·지적·행동적 특징과 함께 개인이 처한 구체적 상황을 대상으로 해야 한다고 주장한다. 상황에는, (1) 성격적 특징, (2) 집단과 구성원들의 성격, (3) 집단이 직면한 사건들이 포함된다.
5. 심리분석 이론 (Psychoanalysis Theories)	에릭슨(Erikson, 1964), 프랭크(Frank, 1939), 프로이트(Freud, 1913, 1922), 프롬(Fromm, 1941), H. 레비슨(H. Levison, 1970), 울먼(Wolman)	리더는 아버지의 기능을 한다. 슈퍼에고로서 사랑과 두려움의 근원이며, 따르는 사람들의 좌절과 파괴적 공격성의 감정적 분출구이다.
6. 인본주의 이론 (Humanistic Theories)	아그리스(Argris, 1957, 1962, 1964), 블레이크와 마우턴(Blake & Mouton, 1964, 1965), 허시와 블랜차드 (1969, 1972), 리케르트 (1961, 1967), 매슬로(1965), 맥그리거(1960, 1966)	인본주의 이론은 효과적이고 단결력 있는 조직에 속한 개인의 개발을 다룬다. 인간은 원래 동기가 부여된 존재이며, 조직은 원래 구조화되고 통제되게 되어 있다고 가정한다. 이 이론에 따르면, 리더십은 개인이 최대한의 능력을 발휘하고 조직에 기여하도록 조직의 모든 제약을 풀어 개인에게 자유를 부여하는 것이다.
7. 리더-역할 이론 (Leader-Role Theory)	호먼스(Homans, 1950), 칸과 퀸(1970), 커와 제르미어(1978), 민츠버그(1973), 오스번과 헌트(1975)	개인의 특징과 상황의 요구가 상호작용하여 소수의 개인들이 리더로 부상한다. 집단은 구성원들의 상호작용에 기초하여 구조화되며, 집단은 서로 다른 역할과 위치에 따라 조직화된다. 리더십은 분화된 역할 가운데 하나이며, 리더의 위치에 있는 사람은 다른 구성원들과는 다르게 행동한다. 리더는 자신이 인식하는 역할과 다른 사람들이 기대하는 역할에 부응하여 행동한다. 민츠버그는 리더십의 역할로 조직의 얼굴, 리더, 연락병, 감시자, 전파자, 대변인, 도전가, 질서유지인, 자원배분자, 협상자를 꼽았다.

8. 경로-목표 이론 (Path-Goal Theory)	M. G. 에반스(1970), 게오르고풀러스, 마호니 존스(Georgopoulos, Mahoney Jones, 1957), 하우스(1971), 하우스와 데슬러(1974)	리더는 사람들에게 보상을 얻을 수 있는 행동양식(경로)을 보여 줌으로써 그들의 변화를 촉진시킨다. 리더는 또한 사람들의 목표를 분명히 하고, 그들이 일을 잘 하도록 격려한다. 상황적 요소는 리더가 이러한 경로-목표 목적을 달성하는 방식을 결정할 것이다.
9. 우연 이론 (Contingency Theory)	피들러(1967), 피들러, 체머스, 마하(1976)	업무 지향적 리더 혹은 관계 지향적 리더의 효과성은 상황에 따라 달라진다. 이 이론을 모델로 한 리더십교육 프로그램은 리더가 자신의 성향을 확인하고, 유리한 상황이나 불리한 상황에 잘 적응하는 데 도움을 준다.
10. 인위적 리더 :21세기의 위인 (Conitive Leadership)	H. 가드너(1995) J. 콜린스(2001)	리더는 '말이나 본보기로 많은 동료의 행동, 사고, 감정에 현저한 영향을 미치는 사람'이다. 리더와 따르는 사람들의 정신의 성격을 이해하면, 리더십의 성격에 대한 통찰을 얻을 수 있다.
11. 쌍방향 프로세스 이론과 모델: 다중 연결 모델, 다중 스크린 모델, 수직쌍 연결, 교환 이론, 커뮤니케이션 이론(Theories and Models of interactive Processes)	데이비스와 루탄스(1979), 피들러와 레이스터(1977), 풀크와 웬들러(1982), 그랜(Graen, 1976), 그린(1975), 유키(1971)	리더십은 쌍방향 프로세스이다. 리더의 구조 주도성, 리더의 지능과 그의 성과 혹은 집단 성과와의 관계, 리더와 집단이 아닌 리더와 각 개인과의 관계, 교환 형태 혹은 가변적 행동으로서의 사회적 상호작용에 대한 이론들이 여기에 포함된다.
12. 권력- 영향력: 참여적 리더십 (Power-Influence: Participative Leadership)	콕과 프렌치(1948), J. 가드너(1990), 레빈, 리핏, 화이트(1939), 브룸 & 예턴 (Vroom & Yetton, 1974)	권력-영향력 이론에는 참여적 리더십 이론이 포함된다. 권력-영향력 이론은 리더가 얼마나 많은 권력을 갖고 행사하는지 연구하며, 단방향 인과율을 가정한다. 참여적 리더십 이론은 권력 공유와 사람들의 임파워먼트를 다룬다. 브룸과 예턴은 리더는 지시하고 부하는 수동적으로 따르는 리더십 처방 이론을 내놓았다. 그러나 부하가 더 많은 지식을 갖고 있으면, 그들의 역할은 보다 참여적으로 변해야 한다. 가드너는 '리더십은 개인 혹은 리더 팀이 리더가 갖고 있거나 리더와 그 동료들이 공유하고 있는 목표를 집단이 추구하도록 유도하는 설득 혹은 본보기의 과정"이라고 생각한다. 그는 리더십은 빈틈없이 수행되어야 할 역할이므로 리더는 그들이 이끌어 가는 시스템에서 완전한 역할을 수행한다고 말한다.

13. 규정된 속성, 정보 처리, 열린 시스템 (Attribution, Information Processing, and Open Systems)	브라인언 & 켈리(Bryon & Kelly, 1978) 카츠와 칸(1966), 로드(1976, 1985), 로드, 비닝, 러시, 토마스(1978), 미첼, 라슨, 그린(1977), 뉴웰 & 사이먼(1972), H. M. 바이스(1977)	리더십은 사회적으로 구축된 현실이다. 미첼 등에 따르면, "관찰자와 집단 구성원에 의해 규정된 리더십의 속성은 그들 개인의 사회적 현실에 의해 편향성을 갖는다." 또한 개인, 프로세스, 구조, 환경 변수는 상호 인과적 현상이다. 즉, 이 변수들 간에 원인과 결과를 구분하는 것이 어렵다.
14. 통합: 변화적 가치 기반 리더십 (Integrative Transformational, Values-Based)	바스베니스(Bass Bennis, 1984, 1992, 1993), 번즈(1978), 다운턴(1973), 페어홀름(1991), 오둘(1995), 디프리(1992), 티치와 디바나, 리네쉬	번즈에 따르면, 변화적 리더십은 '리더와 따르는 사람들이 서로 도덕성과 동기 부여를 더 높은 수준으로 끌어올리는' 과정이다. 따르는 사람들은 그룹을 위해 자신의 이해를 포기하고, 장기적인 목표를 생각하고, 중요한 것을 알고 있다고 가정한다. 베니스에 따르면, 효과적인 리더는 방향정력, 창조, 임파워해 주기의 3가지 기능을 수행한다. 리더는 인적 자원과 기타 자원을 정해진 방향에 맞추고, 아이디어를 자유롭게 발표할 수 있는 조직 문화를 창조하고, 사람들이 조직에 기여하도록 임파워해 줌으로써 조직을 변화시킨다. 베니스는 관리와 리더십을 구분한 것으로 유명한다. 한마디로 말해서 "리더는 옳은 일을 하는 사람이고, 관리자는 일을 옳게 하는 사람이다".
15. 카리스마적 리더십 (Charismatic Leadership)	콘저 & 캐넌거(Conger & Kanungu, 1987), 하우스(1977), 케츠 드브리스(Kets de Vries, 1988), J. 맥스웰(1999), 마인들(1990), 샤미르, 하우스, 아더(1993), 웨버(1947)	리더는 부하들에 의해 특별한 자질을 갖고 있는 것으로 인식된다고 가정한다. 리더의 영향력은 권위나 전동이 아닌 추종자들의 인식에 기초한다. 카리스마적 리더십을 설명하는 이론으로는 규정된 속성, 객관적 관찰, 자아상 이론, 심리분석, 사회적 전염 이론이 있다.
16. 역량 기반 리더십 (Compertency-Based Leadership)	베니스(1993), 보야티지스, 카멜론, 퀸	사람은 유능한 사람(리더)과 보통 사람의 차이점을 예측 가능케 해 주는 중요한 역량을 배우고 향상시킬 수 있다.

17. 비전과 포부의 리더십 (Aspirational and Visionary Leadership)	번즈, 쿠제스와 포스너 (1995), 피터스, 워터맨 (1990), 리처즈와 잉글(1986)	쿠제스와 포스너에 따르면, 리더는 부하들의 열정에 불을 붙이고, 사람들을 인도하는 나침반의 역할을 한다. 그들은 '리더십은 다른 사람들이 함께 나누고 있는 포부를 펼치도록 하는 기술'로 정의한다. 사람들의 기여하고자 하는 욕구와 사람들이 행동하도록 동기를 부여할 수 있는 리더의 능력에 역점을 둔다. 리더는 고객들에게 반응하고, 비전을 창조하고, 직원들에게 활력을 불어넣고, 급변하는 '혼돈의' 환경 속에서 성장한다. 리더십은 비전을 만들고, 가치를 구체화하고, 일을 완수할 수 있는 환경을 조성하는 것이다.
18. 관리적·전략적 리더십 (Manageria and Stragegic Leadership)	드리커(1999), 제이콥스 & 자크(Jaoobs & Jaques, 1990), 자크 & 클레먼트(Jaques & Clement, 1991), 코터(1998, 1999), 버킹엄과 코프먼(1999), 버킹엄과 클리프턴(2001)	리더십은 내부 파트너십과 외부 파트너십을 통합하는 것이다. 드리커는 통합의 3가지 요소인 재정, 성과, 개인을 강조한다. 그는 리더는 조직의 성과와 전체 사회에 책임이 있다고 생각한다. 리더는 역할을 수행하는 특징이 있다. 코터에 따르면, 리더는 비전과 방향을 알려 주고, 사람들을 정해진 방향에 맞게 정렬하고, 동기를 부여하고, 영감을 주고, 활력을 불어넣는다. 또한 리더는 변화의 주체이며 사람들을 임파워해 준다. 리더십은 사람들에게 목적(의미 있는 방향)을 주고, 목적 달성을 위해 자발적으로 노력하게 하는 과정이다. 또한 효과적인 관리적 리더는 효과적인 관리 업무를 양산한다. 이 연구자들은 시간과 장고, 개인과 상황에 따라 달라지는 필수적 리더십을 지지한다.
19. 결과 기반 리더십 (Results-Based Leadership)	울리치 젱어 스몰우드 (Ulrich·Zenger·Small-wood, 1999), 노리아, 조이스 로버트슨(2003)	울리치 등은 '리더가 얻은 분명한 결과를 설명하고' 결과를 성품과 연결시키는 리더십을 제안한다. 리더는 전문 지식과 전략적 사고와 함께 도덕성, 성실성, 에너지를 갖고 있다. 또한 조직의 성공을 촉진하는 효과적인 행동 양식을 보여 준다. 리더십의 결과가 측정 가능하기 때문에 리더 역시 배우고 얻을 수 있다.

20. 교사로서의 리더십 (Leader as Teacher)	드프리(DePree, 1992) 티치(1998)	리더는 교사이다. 리더는 '가르칠 수 있는 관점'을 정한다. 리더십은 이야기를 통해 사람들에게 동기를 부여하는 것이다. 티치는 효과적인 리더십은 효과적인 교습이라고 주장한다.
21. 공연예술 감독으로서의 리더십 (Leadership as a Performing Art)	드프리(DePree, 1992) 민츠버그(1998) 베일(Vail, 1989)	리더십은 리더가 동기 부여와 코칭과 같은 리더십 행동을 드러내지 않고 모든 일을 눈에 띄지 않게 실행한다는 측면에서 보면, 리더십은 연극 무대의 감독과 같다. 리더십은 종종 오케스트라 지휘자와 재즈 앙상블에 비유된다.
22. 문화와 전체로서의 리더십 (Cutural Holistic Leadership)	페어홀름(1994), 셍게(1990), 샤인(1992), 휘틀리(1992)	리더십은 문화 밖으로 나와서 보다 적응력이 높은 진화 과정을 시작할 수 있는 능력이다. 리더십은 중요한 이해당사자들을 포함시키고, 사람들이 따르게 하고, 사람들을 임파워할 수 있는 능력이다. 휘틀리의 전체론적 접근 방법은 리더십이 상황과 시스템을 다룬다고 가정한다. 리더는 개인, 조직, 환경 간에 시너지적 관계를 만들어 낸다. 리더는 5가지 규율을 통해 학습 조직을 장려한다. 셍게에 따르면, 리더는 디자이너, 청지기, 교사의 3가지 역할을 수행한다.
23. 봉사형 리더십 (Servant Leadership)	그린리프(1996), 스피어와 프릭(1992)	봉사형 리더는 기본적으로 직원, 고객, 지역 사회에 대한 봉사를 통해 조직을 이끈다. 봉사형 리더의 특징은 경청, 공감, 치유, 인식, 설득, 개념화, 선견지명, 다른 사람들의 성장을 위한 노력, 지역사회 건설 등이다.
24. 정신적 리더십 (Spiritual Leadership)	드프리(DePree, 1989), 에치오니(Etzioni, 1993), 페어홀름(1997), 그린리프(1977), 하울리(Howley, 1993), 키퍼(Keifer, 1992), J. 맥스웰, 베일(1989)	리더십은 행동을 통제하는 것이 아니라 사람들의 정신에 영향을 미치는 것이다. 페어홀름은 리더십은 다른 사람들과 연결되는 것이라고 생각한다. 또한 "리더는 전인적 인간을 보살피는 데 헌신할 때, 정신적인 보살핌도 함께 고려해야 한다… 새로운 세기의 리더는 먼저 자기 자신이 적극적으로 다른 사람들과 연결되고 다음에 따르는 사람들이 연결되는 것을 도와줘야 한다. 리더의 영향력은 조직의 문화, 관습, 가치, 전통을 이해하는 데서 나온다."라고 밝히고 있다.

(1) 특성 리더십 이론(Trait Leadership Theory)

(2) 형태(행동주의) 리더십 이론(Behavior Leadership Theory)

① 미시간대학교 연구: 조직 구성원 지향적/생산 지향적 리더십

② 오하이오주립대학교 연구: 구조 주도성/배려성 리더십

(3) 우발 상황 리더십 이론(Contingency Leadership Theory)

－피들러의 3단계 리더십 이론 모형

① 리더의 리더십 스타일이 어디에 속하는가?

: 관계 지향형/업무 지향형

② 상황 분석

• 리더－구성원 간의 관계

• 업무의 체계와 정도

• 리더에게 주어진 권한

③ 리더 스타일－상황 짝짓기(1－, 2－번의 매칭)

(4) 상황적 리더십 이론(Situational Leadership Theory)

① 조직 멤버들의 자발적 참여 의지 정도에 따라 리더십 스타일을 맞추어 가며 좋은 성과 얻음

• 구성원들의 동기 유발 정도와 작업 수행 능력 정도에 따라 리더의 성패 좌우됨

② 리더십 스타일의 업무 지향형/관계 지향형 정도에 따라 4가지로 세분화(1단계 리더십 스타일 분류)－피들러 이론의 확장

• 지시형(Telling: high task-low relationship)

• 판매형(Selling: high task-high relationship)

• 참여형(Participating: low task-high relationship)

• 위임형(Delegating: low task-low relationship)

③ 2 단계 상황 구분 역시 구성원들의 자발성 정도에 따라 성숙한 상황, 중정도 상황, 미성숙한 상황으로 세분함

- R1: 자발적이지 않고, 업무 수행 능력도 별로 없고, 자신감도 부족한 경우
- R2: 업무 능력은 좀 부족하지만 의욕은 넘치는 경우
- R3: 업무 수행 능력은 있지만 의욕이 별로 없는 경우
- R4: 업무 수행 능력도 갖추고 있고, 사기 또한 충전한 경우

④ 다음 단계로 리더십 스타일과 상황을 짝짓기함

- R1-지시형
- R2-판매형
- R3-참여형
- R4-위임형

(5) LMX 이론(Leader-Member Exchange Theory)

① 리더-구성원 간의 상호작용을 중심으로 교환/거래 관계에 중점 두는 리더십

- 리더는 모든 구성원을 동일한 태도로 대한다는 전제
- 리더의 스타일상의 특징에만 주목, 구성원들과의 맺는 관계-차별화되어 있지 않다는 전제
- 리더와 특정 구성원 사이의 관계는 일종의 쌍(dyad) 형성
  - 리더와 구성원은 서로 의사 교환, 영향력 행사
  - : 내집단(ingroup)과 외집단(outgroup)으로 분류

② 리더와 구성원 사이의 쌍 관계(dyad)에 집중, 리더십 발휘에 커뮤니케이션의 중요성 강조

(6) 경로-목표 이론(Path-goal Theory)

① 동기 부여 이론 중 기대 이론과 높은 관련성 있고, 상황 쪽에 더 무게를 두는 리더십 이론

- 리더의 스타일 분류 + 조직 구성원의 특성에 따른 상황 요소 + 환경적 상

황 요소를 함께 고려하여 어떤 경우에 구성원들의 만족도와 성과가 높아지
는지 설명함

- 기대 이론적으로 자신의 투입 노력이 분명한 성과로 이어질 것으로 기대하
고 믿을 때 그 성과가 자신의 목표와 잘 부합할 때 높은 동기 유발됨
- 노력−성과(Expectancy), 성과−개인적 목표(Valency) 사이의 관계를 리더가
얼마나 명확히 해 줄 수 있는가에 따라 달라짐
- 조직 구성원들에게 목표(goal)로 가는 경로(path)을 명확히 해 주는 리더십
중요

② 좋은 리더십은 상황에 따라 달라져야 하고 리더십 스타일은 고정적이지 않고
유연하게 바뀜

- 네 가지 리더십 스타일
  −지시적 리더(directive leader)
  −지원적 리더(supportive leader)
  −참여적 리더(participative leader)
  −성취 지향적 리더(achievement−oriented leader)
- 두 가지 상황 변수
  −환경적 상황 요소
  −조직 구성원 상황 요소
- 상황과 케이스에 따른 적합한 리더에 대한 가설

③ 종합 요약

- 환경적 변수와 구성원 성격적인 변수 측면에서 부족한 면을 채워 줄 수 있
는 리더십이 가장 좋은 성과와 높은 직업 만족도를 가져다준다는 가정에 바
탕을 둔 리더십 이론

(7) 리더 참여 모형(Leader-Participation Model)

① 업무 구조에 따라 리더의 의사 결정에 참여 정도가 달라져야 한다는 점에 집
중하는 이론

- 12가지 상황 변수를 이용해서 상황을 구분한 다음 각 상황에 맞는 다섯 가지의 리더 행동 양식 제안
- 리더의 스타일은 유연하게 바뀔 수 있고 상황에 집중해서 상황에 따라 리더가 어떤 행동을 취할지 의사 결정 양식이 달라져야 한다는 점 중시
- 리더의 의사 결정 툴 제시

② 결론
- 상황이 혼란스럽고 체계화가 덜 되어 있을수록 직접 주도적 유형의 리더가 적합함
- 상황이 잘 정돈되어 있고 동기 부여가 잘 되어 있는 경우 뒷받침 유형의 리더가 더 높은 직업 만족도와 더 높은 성과 가져옴

(8) 최근의 주요 리더십 이론

① 리더십 귀인 이론(Attribution theory of leadership)
- 조직의 성공이나 실패, 조직의 성과나 직업 만족도 등의 원인을 모두 리더십으로 돌린다는 이론
- 상황에 대한 고려는 거의 하지 않고 리더의 자질이나 특성이 그런 결과를 초래했다고 봄

② 리더십이 하나의 환상일 수 있다는 리더십 허무주의 이론

③ 카리스마적 리더십 이론(Charismatic leadership theory)

④ 치유변용적 리더십 이론(Transformational Leadership Theory)
- 조직 내외부의 제반 문제, 장애물, 급변하는 환경 상황에 대응하기 위해 경영 관리의 조직의 근본적인 혁신과 구성원의 의식의 성장 변혁을 통해 모든 문제를 극복하고 조직의 성장 변화를 이끄는 리더십
- 구성원의 성장 욕구를 자극하고 동기화시킴으로써 구성원의 의식(가치관, 태도, 신념)을 성장 변화시켜 더 많은 잠재력과 헌신을 이끌어 내는 리더십
- 구성원의 자긍심, 개개인의 존중, 창조적 사고와 영감을 이끌어 내고 창의적 사고와 열정과 몰입을 위한 자유·행복·만족의 조직 문화, 여건, 요건의

조성이 리더십의 핵심임

- 조직의 일상적인 모든 문제와 장애물, 위해 요소의 근본적인 해결을 위해 장기적이며 미래 지향적 치유변용을 도모함
- 의사소통은 다방향성을 띠고 의사 결정도 위계적 일방적·하향적이 아닌 상향적·분산적이고 변화에는 적극적인 대응 태도 보임
- 구성원의 자기욕구 수준을 자기실현 수준으로 높이고, 내재적 동기, 자유·평등·정의·평화 등의 높은 도덕적 동기와 욕구에 초점을 두고 구성원의 가치·신념·욕구의 변화를 유도함

⑤ 비지너리 리더십 이론(Visionary theory of Leadership): 비전 리더십

- 장기적이고 미래 지향적으로 강한 비전을 제시하며 조직과 구성원의 치유 변용을 이끌어 내는 리더십
- 리더의 비전과 치유변용에 대한 신뢰가 리더십의 성패를 좌우함

(9) 주요 리더십 담론

① 하워드 가드너(Gardner, H.)의 『미래마인드Five Minds for the Future—미래를 성공으로 이끌 다섯 가지 마음의 능력』(pp. 11-12)

- 훈련된 마음(disciplined mind)
- 종합하는 마음(synthesizing mind)
- 창조하는 마음(creating mind)
- 존중하는 마음(respectful mind)
- 윤리적인 마음(ethical mind)

※ 기타 주요 미래 마인드—과학기술적 마음(technological mind)

　　—디지털적 마음(digital mind) — 시장적 마음(market mind)

　　—유연한 마음(flexible mind) — 전략적 마음(strategical mind)

　　—감성적 마음(emotional mind) — 영적인 마음(spiritual mind)

② 하워드 가드너의 『체인징 마인드Changing Mind—사람의 마음을 움직이는 7가지 (7R) 지렛대(80/20 법칙)』

- 이성(Reason)

- 연구 조사(Research)

- 동조(Resonance)

- 표상의 재구성(Representational Redescription)

- 자원과 보상(Resource & Reward)

- 실제 사건들(Real World Events)

- 저항(Resistance)

※ 마음의 주요 내용들(생각, 개념, 이야기, 이론, 기술skills), 마음의 형식(뇌, 다중지능, 그리고 마음의 변화)

③ 에이브러햄 매슬로(Maslow, A. H.)의 『인간 욕구를 경영하라Maslow on Management』

- (자기)욕구의 위계: 생리적 욕구→안전 욕구→사회적 욕구→자기존중 욕구 →자기실현 욕구

- 깨어 있는 경영(Y이론 경영)을 이해하기 위한 36가지 가정
  : 깨어 있는 경영에서는 ~가정한다.

1. ~ 모든 사람이 신뢰를 받는다고 ~

2. ~ 모든 사람이 가급적 많은 사실과 진실에 대해 가급적 완벽하게 정보를 제공받는다고 ~

3. ~ 직원들이 모두 성취하고자 하는 충동은 지니고 있다고 ~

4. ~ 정글 세계 같은 권위주의적인 또는 비비원숭이식의 지배~복종의 위계 서열이 없다고 ~

7. ~ 작업에 참여하는 개개인이 충분히 건강하다고 ~

11. ~ 자기실현을 향한 적극적 성향이 있다고 ~

15. ~ 직원들이 개선될 수 있다고 ~ (개인의 승리)

19. ~ 모든 사람이 수동적 조력자가 아닌 주체적인 주동자가 되고 싶어 한다고 ~ (대인 관계의 승리: 상호 의존의 패러다임)

25. ~ 개성, 독특함, 정체성을 선호한다고 ~

29. ~ 우리는 모든 사람이 정당하고 공평하게 인정받고 싶어하며 공적으로 인정받는 것을 선호한다고 ~

31. ~ 모든 사람이 대부분 의존성과 수동성보다는 책임감을 선호한다고 ~

33. ~ 상당한 수준으로 발달한 사람들은 창조하려는 경향이 있다 ~

④ 스티븐 코비(Covey, S. R.)의 『성공하는 사람들의 7가지 습관』

　— 내면으로부터 시작하라: 리더가 갖추어야 할 자질 덕목

　　• 습관 1: 자신의 삶을 주도하라.

　　• 습관 2: 끝을 생각하며 시작하라.

　　• 습관 3: 소중한 것을 먼저 하라.

　　• 습관 4: 승—승을 생각하라.

　　• 습관 5: 먼저 이해하고 다음에 이해시켜라.

　　• 습관 6: 시너지를 내라.

　　• 습관 7: 끊임없이 쇄신하라(자기쇄신).

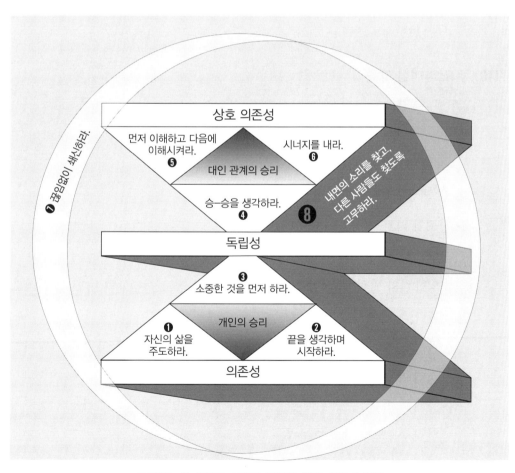

[그림1-1] 7가지 습관의 새로운 실체, 8번째 습관
(스티븐 코비, 『성공하는 사람들의 8번째 습관』, p. 24)

⑤ 스티븐 코비의 『성공하는 사람들의 8번째 습관』

　• 8번째 습관: '자기 내면의 소리를 찾아내고 다른 사람들도 찾도록 고무하라'

　　-개인의 가능성을 찾을 수 있는 마음 자세와 기술을 제공한다.

　• 리더의 네 가지 역할(pp. 372-373)

1. 모범 보이기(개인, 팀): 기대하지 않아도 신뢰가 형성된다(개인의 도덕적 권위).

2. 방향 설정: 명령하지 않고도 질서를 만들어 낸다(비전의 도덕적 권위).

3. 한 방향 정렬: 구조, 시스템, 프로세스를 한 방향으로 정렬한다는 것은 신뢰, 비전, 임파워 먼트를 정착시키는 것(제도화된 도덕적 권위)

4. 임파워해 주기: 다른 세 가지 역할의 결과이고, 의무의 동기 없이 인간의 잠재 능력을 끄집어낸다(문화의 도덕적 권위).

(10) 주요 리더십 강론

　① 존 맥스웰(Maxwell, J.)의 리더십(『리더십 21가지 법칙』 『리더십 골드』)

　　ⓐ 리더의 7가지 특성: 성품, 관계, 지식, 직관, 경험, 과거의 성공, 능력이 조화롭게 표출된 사람

　　ⓑ 리더십 법칙: 21가지 법칙

　• 신뢰가 바로 리더십의 기반

　　-수준의 법칙: 리더십 능력이 그 사람의 전체적인 성공 수준을 결정한다.

　　-영향력의 법칙: 리더십을 측정하는 진정한 척도는 영향력이다. 그 이상도 그 이하도 아니다.

　　-과정의 법칙: 리더십은 매일매일 개발하는 것이지 하루아침에 개발되는 것이 아니다.

　　-항해의 법칙: 누구나 배를 조종할 수 있다. 그러나 선박의 항로를 정하기 위해서는 리더가 필요하다.

　　-허튼의 법칙: 진정한 리더가 말을 하면 사람들은 듣는다.

　　-굳건한 기초의 법칙: 신뢰가 바로 리더십의 기반이다.

－존경의 법칙: 사람들은 본능적으로 자신보다 강한 사람을 따른다.

－직관의 법칙: 리더는 직관을 통해서 사물을 평가한다.

－자력의 법칙: 당신이 어떤 사람인가에 따라서 당신 주위에 어떤 사람들이 모일지 결정된다.

－관계의 법칙: 리더는 도움을 요청하기 전에 먼저 마음의 문을 두드린다.

－이너 서클의 법칙: 리더의 잠재력은 리더와 가장 가까운 사람들에 의해서 결정된다.

－임파워먼트의 법칙: 자기 자신을 신뢰하는 리더만이 권한을 다른 사람에게 위임할 수 있다.

－재생산의 법칙: 훌륭한 리더가 훌륭한 리더를 기른다.

－수용의 법칙: 구성원들은 먼저 리더를 수용하고 다음에 비전을 수용한다

－승리의 법칙: 리더는 팀이 승리할 수 있는 길을 찾아낸다.

－모멘텀의 법칙: 모멘텀은 리더에게 최고의 친구이다.

－우선순위의 법칙: 열심히 한다고 해서 반드시 성과가 나는 것은 아니다.

－희생의 법칙: 성장하려면 리더는 희생을 치러야 한다.

－타이밍의 법칙: 리더에게 있어서 때(When)를 아는 것은 해야 할 일(What to do)과 가야 할 목적지(Where to go)를 아는 것 못지않게 중요하다.

－폭발적 성장의 법칙: 작은 성장을 이루려면 추종자(follower)들을 리드하라. 그러나 정말 큰 성장을 이루고자 한다면 리더들을 리드하라.

－유산의 법칙: 장기적인 관점에서 리더의 가치는 승계(succession)에 의해서 측정된다.

ⓒ 26가지 리더십 원칙: '함께하는 힘'

• 리더가 갖추고, 배워야 할 리더의 자질, 덕목 제시

－정상에 있다고 외롭다면 당신이 뭔가를 잘못하고 있는 증거이다.

－올바른 길로 인도하기에 가장 힘든 사람은 언제나 리더 자신이다.

－결정적 순간에 당신의 리더십이 결정된다.

－뒤를 걷어차이면 앞서고 있다는 증거이다.

39

−평생 단 하루도 일하지 마라, 그저 일을 즐겨라.

−최고의 리더는 잘 듣는 사람이다.

−강점을 찾아 강점에 집중하라.

−리더의 첫 책임은 현실을 직시하는 데 있다.

−조직원들을 보면 리더의 됨됨이가 보인다.

−오리를 독수리 학교에 보내지 마라.

−중요한 것에 집중하라.

−가장 큰 잘못은 어떤 잘못을 하고 있는지 묻지 않는 것이다.

−시간을 관리하지 마라, 삶 자체를 관리하라.

−리더의 역할을 유지하기 위해서는 계속 배워야 한다.

−유능한 리더는 힘든 시기에 더욱 빛난다.

−사람은 사람을 떠나는 것일 뿐, 회사를 떠나는 것은 아니다.

−경험이 최고의 스승은 아니다.

−회의를 효율적으로 끌어가는 비결은 회의 전 회의에 있다.

−수직적 관계만이 아니라 수평적 관계도 생각하라.

−어떤 결정을 내리느냐에 따라 우리 미래가 달라진다.

−영향력은 빌리는 것이지 거저 받는 것이 아니다.

−모두를 가질 수 없다, 포기할 줄 알아야 한다.

−여행을 함께 시작한 사람들이 다 함께 여행을 끝내지는 않는다.

−많은 사람이 성공을 바라지 않는데 성공한 리더는 없다.

−묻지 않은 질문에는 누구도 답해 주지 않는다.

−결국 당신의 삶은 한 문장으로 정리된다.

② 필 도라도(Dorado, P.)의 리더십 에센스 – 잭 웰치에서 톰 피터스까지

　ⓐ 개인과 조직을 승리로 이끄는 리더십의 실체와 정수

　　• 개인적 리더십(Personal Leadership)

　　−실패에서 배워라.

　　−숨은 지식에서 직관을 발견하라.

　　−현명하게 결정하라.

　　−연결하라, 그리고 공감하라.

　　−긍정적인 태도로 운을 계발하라.

　　−현실을 직시하라

• 조직을 이끄는 리더십(Leading Organization)

　　−융통성을 발휘하여 전략을 수립하라.

　　−유일무이한 존재가 되라.

　　−해야 할 일을 구분하라.

　　−실행에 집중하라.

　　−관리자이자 리더가 되라.

　　−조직에 변화에 본능을 불어넣어라.

• 사람을 이끄는 리더십(Leading People)

　　−명령하지 말고 질문하라.

　　−먼저 관심을 보여라.

　　−리더와 조직의 이야기를 퍼뜨려라.

　　−통제와 보상보다 마음을 움직여라.

　　−진심으로 몰입하게 만들어라.

　　−평가 목표를 단순화하라.

• 현장에서 이끄는 리더십(Distributed Leadership)

　　−새로움에서 혁신을 이끌어 내라.

　　−기업 문화의 특성을 파악하라.

　　−계급 피라미드에서 벗어나라.

　　−고객을 참여시켜라.

　　−고객에게 가까이 다가가라.

　　−족적을 남겨라.

• 탁월함을 넘어 위대한 리더십으로(Great Leadership)

　　−자아를 내려놓아라.

−지배하지 말고 섬겨라.

−믿음과 사람으로 두려움을 극복하라.

−리드하려면 사랑하라.

−진화하는 리더십에 적응하라.

−추종자가 아닌 또 다른 리더를 키워라.

ⓑ 위대한 리더십: 위대한 리더로 거듭나는 길

• 자아, 겸손, 두려움, 사랑, 리더십 양성

3) 21세기 새로운 시대의 새로운 리더십 패러다임: 정의적 개념

(1) **통합의 리더십**−21세기 탈포스트모던 양자사회에서 '통합'은 시대의 가장 핵심 패러다임 중의 하나이다. 아직 기존의 리더십 이론에서는 이론이 체계화되어 있지 않아, '열린 대화로 새로운 혁신을 창조하는 문제 해결법' 정도로 이해하고 있으나 21세기 탈포스트모던 통합의 시대의 진정한 통합 패러다임을 구현하는 DIHT 리더십이 전형적인 체계적 통합 리더십

• 모든 조직의 경영 관리 문제에 대한 통합적 접근을 기본 전제로 하여 이 시대를 대표하는 통합사상가 켄 윌버의 AQAL Matrix 통합 패러다임을 이론적 바탕으로 모든 조직의 경영 관리의 역동적 의사 결정 문제를 AQAL Matrix적으로 통합적 비전, 통합적 조망, 통합적 시각에서 접근하고 해결하는 리더십

• 통합적 접근에 의해 모든 의사 결정 과정이 이루어지므로 자연스레 21세기 IT 정보화 수평적 초연결 네트워크시대에 구성원 중심의 자발적, 자율적 평등·소통·공감… 이 리더십의 기본 전제이므로 가장 21세기적 리더십 패러다임

• DIHT의 통합 리더십에서는 벡과 코완의 『나선동역학Spiral Dynamics』의 심층 가치의식·가치밈의식의 변화 스펙트럼 모형을 역동적 (마음챙김, 성찰적 자각) 치유변용 리더십의 기본 모형으로 하여 통합 리더십과 결합시킨 통합적 나선동역학 SDi 리더십이 역동적 통합치유변용 리더십의 이론적 바탕임

(2) **창조의 리더십**—21세기 IT 정보화 융복합 과학기술혁명의 시대, 불확실하고 불확정적인 모든 것이 양자도약적으로 변하는 양자사회에서는 '창의성' '창의적 아이디어'가 과학기술의 혁신과 혁명을 주도하기 때문에, 특히 기업의 경우 구성원의 '창조적 역량'이 기업의 존망을 좌우한다.

- 그러므로 앞으로 21세기 과학기술혁명이 이끄는 양자사회, 창조사회에서는 조직과 구성원의 창조성을 최대로 발현시키는 리더십 패러다임이 이에 수반되는 통합, 비전, 지혜, 현려…의 리더십 패러다임과 함께 가장 중요한 핵심 리더십 패러다임임

- 21세기 오늘날 이미 진행되고 있는 융복합 과학기술시대, 통합·통섭·통융의 시대에 요구되는 창조의 리더십의 열쇠 개념만 일부 열거함(김광웅, 『창조! 리더십』, pp. 292-293)

  - 구성원들과 권한과 책임을 '공유하는 리더십'
  - 권한과 책임을 되도록 위임하는 '배분적 리더십'
  - 중심이 따로 없는 대등한 리더십(※이것은 잘못된 생각, 리더는 대등하나 멘토링·코칭·상담·길라잡이를 하는 구심적 역할을 해야 함)
  - 과학기술의 변화를 미리 알고 미래를 바로 볼 줄 아는 '미래 리더십'
  - 아름다움을 알고 더 의미 있게 꾸밀 줄 아는 '디지그노' 리더십
  - 관계의 리더십
  - 경계를 넘어 네트워크화하고 체계화하고 우주화하는 리더십
  - 단편적이 아니고 복잡성을 인지하고 융합적 사고를 하는 리더십
  - '감성의 리비도'로 공존하려 하는 '현자의 리더십'

(3) **자기 리더십**—구성원 개개인이 자기주도적으로 자발적·자율적으로 스스로 자신의 사고와 행동에 긍정적 영향을 미치고 조직의 구성원들과 소통·협력하는 적극적인 리더적 자세와 정신을 갖는 자기 자신의 리더십

- 마음챙김·성찰적 자각 기반 자기 치유에 의한 개인의 의식의 변화와 성장에 초점을 둠

• 개인의 책임 있는 태도와 행동에 중점을 둠

• 개인의 마음챙김에 의한 자기동기화, 자기효능감, 자기관리, 자기창조적 삶을 추구함

• 긍정적이고 분석적인 사고와 행동의 지속적 실천을 강조함

(4) **슈퍼 리더십**-구성원들의 내면에 있는 자기 리더십의 잠재력을 발휘할 수 있도록 자극하는 임파워링, 멘토링, 지혜를 발휘하는 리더십

• 구성원들이 스스로 자기 리더십으로 스스로를 자율적·자발적으로 이끌어 나갈 수 있도록 유도하는 수평적 지혜의 리더십

• 구성원들이 리더로서의 자질과 능력을 갖추도록 비지시적으로 도와주고 가이드하며 이끌어 주는 리더십

• 21세기 수평적 초연결 네트워크사회의 비지시적 평등·소통·공감·참여·민주적 의사 결정 프로세스의 의한 코칭, 멘토링, 가이드에 적합한 리더십

(5) **봉사/서번트 리더십**-타인을 위한 봉사에 초점을 두고 구성원·고객·공동체의 욕구를 균형 있게 만족시키기 위해 헌신하는 리더십

• 종교 지도자나 공공 부문의 공직자 리더십에 적합한 섬기는 자세와 정신을 가진 리더십

• 권위나 힘(권력) 면에서 우위에 있는 것이 전제되는 기존의 리더십과는 달리 조직, 구성원, 고객을 위해 봉사, 헌신, 섬기는 정신으로 일관함

• 주요 덕목은 께어 있음/깨우침, 비전 제시, 소통, 치유, 공감, 통합, 경청, 헌신, 열정, 지킴이 정신 등

(6) **우뇌좌뇌 리더십**-21세기 창조적 지식 기반 전뇌사회에서 구성원들의 독창적이고 예술적인 우뇌와 논리적이고 분석적인 좌뇌를 통합적으로 적절하게 사용하는 균형적인 발전을 자극하고 유도하는 리더십

(7) **현려/현자 리더십**—리더로서 군림하고 지시하는 자세가 아닌 봉사/ 서번트 리더십, 지혜의 리더십, 창조의 리더십, 윤리적 리더십, 통합/통전의 리더십을 바탕으로 조직의 목표와 비전을 실현하기 위해 구성원의 잠재 능력을 자발적으로 이끌어 내는 깨어 있는 리더십

3. 기존 리더십 교육의 문제와 한계

지금까지 기존의 재래적 리더십 패러다임과 최근의 리더십 패러다임의 정의적 개념 소개에서 보는 바와 같이, 아직도 특출한 리더가 되기 위한 리더 중심의 전통적인 리더십에서 강조하는 위대한 리더의 특성, 자질, 덕성을 갖춘 리더를 닮기를 요구하는 기존의 리더십 교육이 기업 현장, 각급 학교, 각종 기관 단체에서 여전히 교육 훈련되고 있는 실정이다.

오늘날, 디지털 IT 정보화시대의 하루하루 변하는 융합 컨버전스 기술이 낳은 AI 중심의 위력적인 스마트 미디어 기기를 중심축으로 한 초연결 네트워크·SNS 사회가 되고 수평의 평등·소통의 시대가 되면서 전 지구적·초지역적으로 모든 분야의 모든 조직이 점점 더 유연하고 살아 있는 거대한 생태계 내의 유기체적 조직으로 되어 가고 있다. 따라서 모든 구성원이 유기체의 자율적·자발적인 세포 조직같이 자기 리더십을 발휘해야 하고, 각급의 리더도 위계상 지위에 의한 권위가 부여되는 리더십이 아닌 유기적인 기능과 책임에 의해 슈퍼·메타·구심·창조·멘토·지혜… 리더십을 발휘해야 한다. 지난 시대의 리더 중심의 LMX 리더십, 목표·경로 리더십, 변혁 리더십 이론… 같은 기존의 리더십은 더 이상 리더십 교육 훈련의 주된 내용이 될 수 없다.

최근의 리더십 패러다임인, 통합·지혜·비전·현려·서번트·창조·행복… 같은 리더십 패러다임에 의한 교육도 리더 중심의 특출한 위대한 리더십 교육을 목표로 교육 훈련한다면 조직의 구성원의 진정한 평화·소통·참여·민주·자유·연대·평화… 를 실천하는 생명력이 넘치는 유기체와 같은 창조적 잠재력을 최대한으로 발현시키는 리더십의 실현은 불가능하게 될 것이다.

모든 교육이 다 마찬가지이지만 교육의 주체인 기성세대들의 의식이 위계적으로 경직화되어 있어 21세기 IT 정보화 초연결 수평 네트워크사회, 첨단 융복합 과학기술 지식 기반 사회, 모든 것의 불확정성·불확실성·비국소성 속에 양자도약적으로 역동적으로 급변하는 양자사회에서 리더 중심의 위계적 리더십은 군대 조직과 같은 특수한 위계 조직을 제외하고서는 민간 부문과 공공 부문의 어느 분야에서도 더 이상 이 시대의 리더십이 될 수 없다.

리더십 교육이 치유변용·통합·행복·소통·창조·지혜·섬김·비전… 같은 좋은 패러다임을 내걸고 이 중의 어느 한두 가지를 실현한 오늘날이나 지난날의 위대한 리더들을 예찬하며 피교육자들을 감동시키는 것은 좋다. 그러나 그러한 감동으로 자기 의식의 변화를 이루어 위대한 리더가 되는 사람은 거의 찾아보기 어렵다. 왜냐하면 인간은 감동만으로는 의식이 거의 변하지 않고, 현재의 의식이 '열린' '건강한' 의식 상태가 되어 있지 않으면 감동이 사라지는 순간 원래 자기 '습관'에서 벗어나지 못하고 원래의 자기로 돌아가게 된다. 그러므로 인간의 '마음'이 왜 변하거나 변하지 않고 무엇이 변화의 조건이고, 어떻게 해야 변하는가에 대하여 '인간의 사회적 본성' '심층 가치의식' '사회적 자아/실존 의식'에 대해 알아야 하고 변화를 위한 치유와 치유를 위한 마음챙김 교육·훈련·수련이 있어야 가능한데, 이런 이론과 적용 방법·도구 상자를 갖춘 리더십 이론이나 교육 훈련·수련 방법은 거의 찾아볼 수 없기 때문이다.

따라서 기업이나 공공 조직을 막론하고 모든 조직을 살아 있는 유기체 조직으로 이해하고, 구성원을 유기체의 단위세포 같은 자율적 단위 생명체로서 유기체적 생명력을 최대한으로 발현시킬 수 있는 각급 유기체 조직의 핵심 신경세포 조직적·구심적·메타적으로, 마치 자율신경계·중추신경계·뇌신경계적 기능을 수행하는, 자기 리더십·슈퍼 리더십을 바탕으로 하는 유기체의 홀론/홀라키적 리더십이 되어야 한다.

Ⅲ

21세기 역동적 변화 시대의 새로운 리더십 패러다임

　전 세계적으로 대략 1만 년 전에 인류의 역사시대, 문명화시대가 막 시작되었던 시대에는 인간의 인지人知와 인지認知밈 능력이 낮았고, 생존 본능과 종족 보존 본능이 위주였던 단순한 시대였다. 이와는 달리 전 세계적으로 철기문화와 농경사회가 발달했던 2,500년 전 소위 차축시대/기축시대(Axial Age)의 영적 개화의 시대 이후에는 인지人知가 급속하게 발달되고, 지배 계층·피지배 계층·천민 계층 간의 사회적 계급이 분화되고 복잡화되면서 이에 따라 인간의 사회적 본성도 점점 더 복잡해지게 되었다. 특히 중세의 암흑시대를 지나 르네상스 이후 16세기 과학의 발흥과 함께, 서구의 경우 인간의 의식이 '신神' 중심에서 인간 중심의 '이성'과 '자아' 의식에 눈을 뜨게 되었다. 더 나아가, 18세기 산업혁명 후 18, 19세기에 걸친 근대사회의 급격한 변화 발전과 이에 따른 20세기 과학기술혁명과 함께 고도 산업화시대가 도래하면서 인간의 사회적 심리, 사회적 가치의식은 더욱더 복잡성을 띠게 되었다.

　문제는 20세기 양자상대성 물리학의 획기적인 발전이 초래한 3대 과학혁명, 즉 물질(양자)혁명·정보(컴퓨터)혁명·생명(DNA)혁명의 시작과 함께 근대 과학기술이 현대의 고도 산업화시대를 촉발시켰다는 데 있다. 무엇보다, 다른 모든 학문·사상 분야의 고도 과학화나 과학적 평원화와 이에 따른 모든 현대 과학기술 문명의 과학에 의한 지배나 과학에의 종속화로 인해, 사회·경제·문화·예술 등 인지人知의 모든 분야가 과학주의의 지배 아래 의식·정신 세계의 실재를 부인하는 환원주의에 의해 평원화되어 왔다. 더구나 20세기 이후 현대 과학기술혁명이 초래한 고도 산업사회에서는 전 세계적으로 정치·경제·사회·문화⋯ 환경의 급변과 글로벌 경쟁 체제의 심화로 인해 21세기 후기 산업사회의 소유와 물질 중심의 무한경쟁 문명사회의 '위험사회' '피로사회', 가진 자 위주의 '신계급사회'의 징후가 더욱더 심화되어 왔다. 그 결과, 특히 오늘날 AC 팬데믹시대 상황하에서 스트레스·우울증 등의 병리 현상의 만연과 함께 현대인의 생물학적 본성과 사회적 본성은 더욱더 거칠어지며 복잡해지고 있다.

이에 따라 인간의 생존이나 실존 문제는, 더욱더 복잡해진 사회적 생존의식·실존의식, 심층 가치의식의 복잡성으로 인해, 단순히 사회심리학이나 심층심리학이나 정적靜的 현전(frontal) 발달심리학의 이해만으로는 쉽게 해결할 수 없을 정도로 역동적이며 불확실하다. 즉, 기존의 사회심리학이나 에릭슨(Erikson, E.)의 생애주기 심리사회적 발달 이론의 정적인 인간이해 수준을 넘어서는 뇌신경과학, 인지심리학, 심층심리학, 사회심리학, 문화심리학에 기초한 복합적 생물·심리·사회·문화(bio-psycho-socio-cultural) BPSC 모형에 의해 통합적·역동적으로 접근해야만 어느 정도 온전하게 이해할 수 있을 정도로 인간의 심층 가치 추구적 본성, 의식·무의식은 블랙홀 심연같이 난해하고 복잡하다.

더구나 현실적으로, 21세기 AI 중심의 초고도 IT 정보화의 스마트화·자동화·유비쿼터스 문명시대, 고도 융복합 과학기술시대, 탈포스트모던 대통합·대통섭의 시대가 본격적으로 열리고 있는 오늘날, 아직도 지난 20세기 고도 산업화시대를 지배해 왔던 정치·경제·사회·종교·문화적으로 강대국의 패권주의와 종교근본주의, 인종차별·민족주의가 끊임없이 전쟁·분쟁·갈등을 지속시키고 있다. 민중의 빵·인권·자유를 억압하고 유린하는 전제 독재국가들이 개도국과 제3세계에 여전히 건재하고 있는 게 현실이다. 그 결과, 포스트코로나 AC시대가 되어서도 아직도─전 근대·근대·탈근대 이념, 사상·의식의 지역 간, 인종 간, 계층 간, 세대 간의 첨예한 갈등 대립 속에 지역적·전 지구적으로 인간의 민낯인 생물학적 본성과 집단 이기적·자아중심적 정치·종교·사회적 권력 중독·이념 중독 본성이 드러나면서─인류는 혼돈 속에서 벗어나지 못하고 있다.

그러나 다른 한편으로는 앞으로 10~20년 이내에 범용 AI 중심의 보다 스마트하고 위력적인 디지털 모바일 기술의 급격한 발전과 전 지구적 보급으로 인해 신인류의 가치밈의식의 진화와 함께 지금과 같은 혼돈의 시대는 지나갈 것이다. 그래서 대부분의 전 세계 전제·독재 정권과 탐욕스런 가진 자, 지배 계층들의 광기는 거의 다 사라지고 점차적으로 평등적·민주적·변화적 소통의 시대가 올 것이라는 긍정적 전망도 대두하고 있다.

따라서 고도 AI 중심의 디지털 양자정보화시대로 진입하면서 앞으로 고도의 첨단 융복합 양자과학기술은 전 지구적으로 정치·경제·사회적 혁명을 가능하게 하는 수단이 될 수도 있다. 그래서 이제는 평범한 진리가 되어 버린 '과학기술이 인간의 삶의 모든 것을 바꾼다'는 격언은 다시 한번 전 세계 모든 정치·경제 지도자, 기업 CEO, 모든 분야의 전문가, 리더들에게 경각심을 불러일으키고 있다. 왜냐하면 21세기 초고도 디지털 네트워크 정보화시대의 첨단 과학기술혁명과 그 혁명을 이끈 IT·AI·양자과학 패러다임으로 인해 급격하게 변화된 수평적 초연결 네트워크 통합시대, 양자사회의 패러다임인 소통·공감·자유·평화·연대·배려·나눔… 이라는 인류 공동체의 의미와 존재 중심의 하나되는 삶의 패턴과 양식이 전 지구적으로 확산되면서 전 세계 젊은 세대와 민중의 의식을 급격하게 바꾸고 있기 때문이다. 따라서 지난 산업화시대의 물질·소유 중독에 고착된 기성세대 리더들의 가부장적·위계적·권위적 소유 중심의 리더십 의식에서 벗어나 앞에서 언급한 21세기 패러다임에 맞는 리더십 의식으로의 변화가 절실하게 요청되고 있다. 이를 위해서는 현재의 탐욕적 소유 중심의 삶에서 벗어나 존재 중심의 웰빙·웰라이프적 삶이 조화를 이룬 진정한 '선소유善所有·선존재善存在'의 행복한 삶으로의 심층 가치의식의 진화가 불가피한 상황이 되어 가고 있다.

다른 한편으로는, 21세기 초고도 과학기술 물질 문명을 초래한 첨단 과학기술에 도취된 뇌과학자, 인지과학자, 사회생물학자, 진화심리학자를 중심으로 하는 과학주의자들이 인간의식을 평원화로 몰고 가서 인간의 의식·마음·정신의 실재를 인정하지 않고 이 모두를 뇌기능의 인지 과정의 부수 현상으로 보거나 영성·종교 같은 것은 인간성의 유치한 망상 정도로 보는 과학주의적·유물론적·환원주의적 시각으로 인해 점점 더 인류가 영적 본성과 신과학시대의 통합 영성을 잃어 가게 만들고 있다.

더구나 위에서 언급한 IT인터넷·SNS 정보화 시대의 스마트 모바일 기기들의 순기능적인 면과는 달리 자라나는 세대들은 '묻지마식'의 무차별 잔혹한 살상을 일삼는 사이버게임이나 무분별한 자극적 유튜브나 온라인 동영상, 가짜뉴스, 댓글 같은 포털·SNS 미디어와 스마트폰에 점점 더 중독되어 가고 있다. 물론 기성세대도 유튜브·SNS·스마트폰 중독으로 인해 확증 편향적 이념의 노예화되어 가는 사회 현상도 IT·SNS 시대의 심각한 사회병리적 문제 중의 하나이다. 게다가 사이버와 현실을 구별 못 하는 뇌의 인지 기능으로 인해 점점 더 충동적 살인을 서슴지 않는 생명 경시 현상이 심화되면서 이는 심각한 병리적 사회 현상으로 되어 가고 있다.

따라서 이와 같이 좋은 면과 어두운 면을 동시에 지닌 야누스적인 21세기 현대 과학기술을 올바르게 사용하려면, 물질·소유 중독에 빠진 현재의 인류의 잘못된 가치의식과 충동적·파괴적 불건강한 병리적 사회심리의 치유에 의한 사회적 실존의식과 심층 가치의식의 건강한 성장 발달이 중요하다. 이를 위해서는 정치·경제·기업·사회·교육·문화·예술 등 전 분야의 전문가·리더들이 스스로 물질·소유 중심의 가치의식에서 벗어나 의미·존재 중심으로서 의식의 자각·각성, 마음챙김에 의한 치유 변화와 함께 새로운 시대의 리더로서 시대의 변화에 따른 의식의 변화를 선도하는 위치에 있어야 한다.

한마디로 요약해, 누구나 21세기 역동적 불확실성의 시대에 요구되는 새로운 리더십 패러다임에 따른 리더가 되려면, 무엇보다도 우선 리더 스스로 인간의 복잡한 사회적 본성, 심층 가치의식을 꿰뚫어 아는 지혜의 달인(Wizard)이 되어야 한다. 21세기의 시대 패러다임에 맞는 수평적·평등적·자발적·자율적 조직 문화 속에서 마음챙김 치유 명상과 성찰적 각성자각에 의한 자기치유를 통해 평등·소통·공감·배려·나눔…의 열려 있고 깨어 있는 의식으로의 영성과 실존적 자기(혼)의 자발적 성장·변용이 일어날 수 있어야 한다. 그런 다음에 구성원들이 자기주도적으로 적극적으로 리더와 같은 자세로 모든 일을 할 수 있는 자기 리더십을 발휘할 수 있도록 개인과 조직의 의식이 병리적이거나 불건강한 닫힌 의식에서 건강한 열린 의식으로 자발적으로 전환되고 유기체로서의 조직의 경쟁력과 성장 잠재력을 극대화할 수 있는 여건, 조건, 환경을 조성하는 역할을 할 수 있어야 한다.

따라서 이 책에서는 상담·치유·코칭 분야의 전문가들은 물론이고, 모든 분야의 모든 조직의 구성원과 각급 리더들, 그리고 최고 CEO에 이르기까지 누구나 이러한 나선역동적 인간의식의 마음챙김 기반 치유변용 리더십을 실제로 발휘할 수 있는 체계적 기본 이론 모형에 대한 이해와, 이를 바탕으로 마음챙김 치유 훈련 및 수련, 성찰적 자각의식의 발현 지침과 함께 실무에서 실제로 적용 가능한 SDi-DIHT 리더십 이론과 그 적용 지침을 담은 도구 상자와 그 적용기법에 대해 중점적으로 다루게 될 것이다.

IV

나선동역학 · 마음챙김 기반 역동적 통합치유변용 리더십

20세기 산업화시대의 위계적 · 지시적 권위 중심의 조직사회와는 달리 오늘날 21세기 디지털 스마트 정보화시대, 첨단 융복합 과학기술혁명의 시대, 초지능 AI 중심의 양자과학시대의 수평적 초연결 네트워크사회, 열린 평등사회, 양자사회에서는 구성원 개개인의 사회적 심리, 사회적 본성, 사회적 욕망에 대한 올바른 이해가 없는 리더의 리더십은 기업이나 공공 조직이거나 심지어 가정의 가부장 리더십이거나를 막론하고 어느 조직이거나 집단이거나 간에 성공할 수 없다는 것은 자명한 일이다.

이에 따라 최근에 와서 이전보다 리더십과 리더십교육의 필요성에 대한 인식이 높아지고 있고 실제로 각급 학교나 기업이나 사회단체에서 다양한 리더십교육이 행해지고 있다. 그리고 앞 절에서 고찰한 바와 같이 뛰어난 리더십 이론가나 연구자들에 의한 기존의 또는 최근의 다양한 리더십 이론이나 수많은 리더십 구루들을 모델로 한 리더십 담론이나 강론들도 무수하게 많다. 이러한 기존의 리더십 이론 · 강론들은 거의 모두가 기업이나 조직의 내 · 외적 상황과 환경에 따라 리더 중심으로 조직에 강한 동기 부여나 비전 제시와 함께 조직을 이끄는 리더가 갖추어야 할 특성, 스타일, 행태, 행동 조건 등에 대한 금언이나 조언들로 되어 있다. 이들은 대개 너무나 평이하고, 쉽게 공감할 수 있는 내용 위주이거나, 어떤 면에서는 너무나 당연한 내용들 중심으로 사례나 금과옥조식의 변화에 대한 'What' 'Why' 규범적 조언 위주로 되어 있는 담론이기 때문에 대부분 가벼운 책 독서보다 더 쉽게 이해하고 알 수 있는 것이고, 그중에 마음에 이끌리는 내용들은 당연히 한번 읽어 볼 만한 것들이다.

그러나 그러한 리더십 책을 수백 권 읽는다고 해서 뛰어난 리더가 되는 것은 결코 아니다. 더구나 21세기 역동적 변화의 시대, AC 팬데믹 양자적 불확실성의 시대에 인간의 사회적 본성, 가치의식의 스펙트럼이 너무나 광범위하여, 디지털 가상세계 정보에 오염된 다양한 사회적 병리 현상과 스마트 미디어 중독으로 인해 디지털의식으로 고착 퇴행하여 '꼴통' 'CAVE(Citizens Against Virtually Everything)'처럼 꽉 닫힌 의식으로

51

사는 구성원이나, 병리적이거나 불건강한 비윤리적인 하위적 의식 수준들에 사로잡혀 있는 신세대와 기성세대가 급증하고 있다. 어느 조직이나 기업에서 이와 같은 구성원들이 많은 경우, 이들의 사회심리·본성, 생존 본능·실존의식에 대한 이해나 통찰이 없이 과거의 리더십 이론이나 금언을 모두 다 안다고 해서 조직과 구성원들을 스스로 역동적 상황에 따라 변화시키며 뛰어나게 이끌 수 있는 리더가 되는 것은 아니다.

왜 그런가? 그것을 '탐구'하고 '깨닫고' 배우는 것이 이 '역동적 통합 치유변용 리더십'의 가장 기본이 되는 핵심 내용 중의 하나이기도 하다. 그러나 먼저 기존의 리더십 책에서 강조하는 강론이나 금언이 거의 모두 옳고 좋은 말들이고 읽을 때도 '공감'은 가지만 책을 읽고 며칠 지나면 자기도 모르게 본래의 자기로 돌아가게 되는 이유부터 아는 것이 중요하다.

첫째는, 거의 모든 기존의 리더십이론들이 조직의 내외 환경의 상황이나, 리더의 스타일 유형에 따른 다양한 정적靜的 이론 모형에 의한 교류(LMX), 참여, 카리스마, 변혁/변용, 비전 등을 강조하는 'What' 'Why' 이론들인지라 리더로서 참고는 할 만한 내용들이다. 하지만 다양하고 역동적이고 복잡한 조직과 구성원 내부의 이해 갈등, 분열, 침체 상황이나 오늘날 역동적으로 급변하는 복잡한 내·외적 환경 상황에서 결코 그대로 반복되지 않는 이들 사례나 이론 모형을 그대로 따라서 적용한다고 해서 리더로서 반드시 성공한다고 말할 수 없다는 것은 너무나 당연한 이치이다.

둘째는, 거의 모든 기존의 리더십 금언과 강론들이 역사적·시대적으로 기존의 뛰어난 지도자, 경영 구루들의 리더십 특성이나 덕목을 추출하여 리더십 법칙으로서, 개인·조직·사람들을 현장에서 이끄는 리더십 규범으로서 신뢰·직관·소통·공감·지혜·관심·혁신·사랑·섬김 등의 덕목을 강조하고 있다. 물론 이 모든 것들 하나하나는 리더의 자질로서 꼭 필요한 것들을 열거한 것이지만 이 모든 것을 갖춘 리더는 없고, 그런 특성을 갖추었다고 해서 반드시 특정 조직의 특수한 상황에 적합한 뛰어난 리더가 되는 것도 아니다.

셋째는, 아무리 좋은 리더십 이론, 공감이 가는 리더의 덕목, 특성에 대한 공부나 학습을 아무리 많이 한다고 해도 그것들을 자신의 의식으로 체화시켜 자기의식의 일부로 만들지 않는 한 그것은 기껏해야 관념적 지식에 불과한 것이다. 따라서 자신의 리더십은 현재 자기의 '의식' '기질' '언행' '마음'(무의식)의 틀에서 거의 벗어나지 못한다. 문제는 리더의 현재의 의식의 수준, 즉 자아·가치관·세계관·신념·도덕성 등의 수준이 어디에 걸려 있나, 갇혀 있느냐가 그 리더의 리더로서의 역량을 결정하고, 리더십의 성패를 결정짓는다는 데 있다.

그러므로 리더의 바람직한 덕목과 자질은 제대로 발휘할 수만 있다면 조직을 이끄는 데 당연히 결정적인 도움을 준다. 하지만 지난 시대의 그리고 현재의 여하한 정적 靜的인 리더십 이론도 그대로 적용할 때 성공할 수 있는 리더십은 거의 없다고 해도 과언이 아니다. 왜냐하면 오늘날 어느 기업, 어느 단체, 어느 조직도 역동적으로 급변하는 내외적 상황과 환경하에서 특정 리더십 이론, 담론·강론을 그대로 적용해서 문제를 해결하고 조직을 지속적으로 발전시켜 나갈 수 있는 그런 이상적인 조건이나 또는 반복 가능한 그런 환경·조건·상황은 없기 때문이다.

21세기 과학기술이 주도하는 IT 정보화시대에 기존의 리더십이 실패할 수밖에 없는 또 다른 근본 이유는 자명하다. 무엇보다도 기존의 리더십이 위계적 조직에서의 리더 중심의 리더십, 즉 리더의 뛰어난 특성·자질·능력에 따라 기업이나 집단이나 조직의 성패가 좌우되는 특출하고 위대한 리더 중심의 리더십이기 때문이다. 특히 21세기 과학기술의 혁명적 변화에 따라, 그리고 지구 온난화·환경 생태 파괴까지 가속화·AC 팬데믹 재앙의 급증에 따라, 인간의 삶의 모든 것이 급변하기 때문이다. 그러나 지금까지는 이와 같이 혼돈적·복잡계적인 양자사회의 복잡한 인간 생태계에서 상극·상생을 통해 생존 경쟁하는 유기체인 인간 존재의 심층적 본성에 대한 이해와 역동적 인간의 사회심리와 사회적 실존의식에 대한 통찰에 근거하여 구성원의 마음을 자발적으로 변화시키고 잠재력을 최대한으로 '어떻게(How)' 발현시키는가에 대한 방법을 제시하는 역동적 리더십 이론은 거의 찾아보기 어렵다. 무엇보다 삶의 조건과 사회환경, 내면의 무의식의 욕망과 자아가 지배하고 있는 가치 추구적 존재인 인간의 생물·심리·사회·문화(Bio·Psycjo·Socio·Cultural: BPSC)적 실존의식·심층 가치의식의 자발적인 변화를 이끌어 내는 리더십은 거의 없다고 해도 과언이 아니다.

인류 역사상 최초의 후천개벽의 시대가 시작되고 있는 21세기와 같은 획기적인 시대는 모든 상황이 양자적 비국소성·전일성, 불확정성·불확실성 속에 양자도약을 하며 순간순간 변화하고 온 세계가 하나의 '온생명'과도 같이 살아서 움직이는 유기체적 양자사회화되어 가고 있다. 따라서 인류사회 자체가 인간 생태계이고 그 생태계의 유기체 조직의 일부가 어느 국가, 사회, 단체 조직의 유기체이므로 오늘날의 역동적 리더십은 유기체적 조직의 통합적 단위 생명체로서 다양한 기능의 세포와도 같은 구성원들의 유기체적 생존 능력을 통합적으로 최대한 발현할 수 있는 리더십이어야 한다. 이를 위해서는 유기체적 구성원을 중심으로 유기체 시스템의 생명력을 발현하기 위해 자발적·자율적으로, 수평적·평등적으로 목표 성취를 해 가도록 각급 유기체 조직의 리더는 전체 유기체의 살아 있는 자발적 생명력 발현을 유도하고 통합 조정하는 역할을 해야 한다. 한마디로, 21세기의 모든 리더십은 기존의 리더 중심의 리더십에서 유기체적 조직의 생명력을 지속적으로 발현하기 위한 단위 생명체, 단위 유기체인 각급 구성원의 의식의 치유와 변용·변혁 중심의 역동적·통합적 치유변용 리더십으로 변화되어야 한다는 것이다.

먼저, 앞 절에서 정의적으로만 요약 소개한 기존의 리더십 이론의 정적靜的 리더십 패러다임과는 전혀 다른 21세기 리더십의 새로운 역동적 패러다임으로 모든 새로운 리더십 패러다임(통합·치유변용·창조·자기·슈퍼·비전·현자·섬김…)을 모두 포괄하고 내포하는 통합나선동역학SDi(Spiral Dynamic Interal)·마음챙김 기반 역동적 통합 치유변용(Dynamic Integral Healing-Transformation Leadership: DIHT) 리더십과 기존 리더십의 차이는 〈표 1-2〉와 같이 요약할 수 있다.

따라서 제2장에서 본격적으로 다루는 미국의 사회심리학자 그레이브스와 그의 제자 벡과 코완의 나선동역학적 심층 가치 추구적인 인간 본성의 사회적 실존의식/심층 가치의식, 가치밈(vMEMEs)의식에 대한 Bio(생물적), Psycho(심리적), Social(사회적) 복합 모형에다 추가하여 제4장에서 소개하는 켄 윌버의 AQAL(All Quadrant All Level) 통합 패러다임에 따라 C(문화적) 요인을 추가한, 저자가 제안하는 [그림 1-2]와 같은 보다 확장된 BPSC 모형을 바탕으로 개발된 DIHT 리더십의 원리 및 특성은 다음과 같이 요약할 수 있다.

• 21세기 수평적 글로벌 초연결 네트워크 양자사회에서 목표에 대한 강한 동기 부

〈표 1-2〉 기존 리더십과 DIHT 리더십의 비교

구분	기존 리더십	DIHT 리더십
리더십 모형	정적 실천 지침	통합나선동역학 SDi 이론 · 마음챙김 기반 역동적 실제 적용 지침
조직의 이해	리더 중심	리더 · 구성원 중심
인간과 사회의 이해	추상적 인간 존재 관념적 인간심리 개인적 실존의식	생태적 인간 존재의 심층적 본성 역동적 인간의 사회심리 사회적 실존의식의 통찰
리더십 이론적 배경	상황적 리더십 경로−패스 이론 리더십 귀인 이론 카리스마 리더십 교류적 변혁적 리더십 통합의 리더십 창조 리더십 존 맥스웰 리더십 스티븐 코비 리더십 담론 하워드 가드너 리더십 담론	• 이론적으로 검증된 사회심리학 −백과 코완의 나선역동론/가치밈 (vMEMEs) 켄 윌버 AQAL 통합 패러다임 통합적 나선동역학 BPSC 모형 • 마음챙김 기반 치유 교육 훈련 · 수련 • 모든 21세기 리더십 패러다임 포함 (자기 · 슈퍼 · 통합 · 변혁 · 창조 · 비전 · 헌려…)
변화의 이해와 도구	Why/What −변화 마인드 −지침, 경구, 금언	Why/Wht+How −구성원 · 조직의 실제적 변화(의식의 변용 · 조직 변혁) −실제적 적용 도구 상자(Tool Kit)

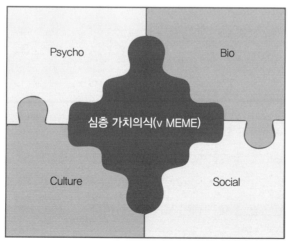

[그림 1-2] BPSC 통합모형

여와 비전 제시와 함께 비지시적·자발적·자율적 변화를 유도하는 리더가 되려면, 먼저 각 분야의 전문가인 리더들 스스로 인간 본성의 역동적 '가치밈의식(제2장의 주 내용인 사회적 생존·실존 의식, 사회적 자아의식, 심층 가치의식, 가치밈의식)' 스펙트럼의 달인이 되어야 하고, 스스로 존재적·웰라이프적 삶을 추구하면서 모든 구성원의 의식을 열려 있는 건강한 가치밈의식의 스펙트럼 구조로 전환시키고 성장·변화시키는 지혜의 달인(나선 달인Spiral Wizard)이 되어야 한다.

• 21세기의 역동적·통합적·유기체적 양자사회의 특성으로 인해 21세기에는 인간의 가치밈의식의 스펙트럼 구조의 제1층 가치밈의(생존 본능 중심, 권력·물질·소유 중심의) 오래되고 낮은 생존밈의식에서 제2층의 가치밈(의미·존재 중심의) 새로운 높은 통합적 실존밈의식으로 성장 진화(변화·전개·발달)해야 한다. 따라서 이러한 인간의 복잡한 사회적 본성, 심층 가치의식에 대한 올바른 이해와 이를 바탕으로 구성원과 조직의 지배적 의식을 자율적·자발적으로 건강한 열린 의식으로 전환시킨 후에 성장 변화를 유도하는 새로운 리더십 패러다임 이론 그리고 현장에서의 리더십의 실제 적용기법이 요구된다. 이러한 요구에 부응하는 BPSC 통합이론 모형과 실무 적용 지침을 담은 도구 상자를 갖춘 새로운 리더십이 바로 역동적 통합치유변용 DIHT 리더십이다.

홀론 · 홀라키란?

아서 케스틀러(Koestler, A)는 그리스어의 '전체'라는 의미를 가진 'holos'와 조각이나 부분을 말하는 접미어 'on'의 합성어로 '홀론holon'이란 말을 만들었다. 그 의미는 모든 존재는 더 하위의 존재에 대해서는 자기종속적 전체로 기능하지만 동시에 더 상위의 한 전체 존재에 대해 수동적 종속적 한 부분이 되는 전체/부분적 아누스 속성을 갖는 것을 지칭한다. 또한 모든 상위의 홀론은 더 하위의 홀론을 초월하면서 내포하고 포섭하는 홀리스틱 역량이 증가하면서 계층(hierarchy)적으로 등급화되어 있는 것을 지칭하기 위해 '홀라키holarchy'라고 일컬었다. 켄 윌버(Wilber, K.)는 모든 존재는 무수한 아홀론(subholon)으로 구성된 계층적 구조이고 온우주와 모든 실재는 홀론으로 구성된 홀라키라고 본다.

- 다시 말하자면, 21세기 새로운 리더십 패러다임으로서 역동적 통합치유변용 DIHT 리더십은 나선역동적 인간 본성의 홀론·홀라키적, 생존적·존재적 심리 체계의 이해를 바탕으로 혼돈적·심층적·복잡계적·나선역동적 인간 본성의 통찰에 근거한 마음챙김 기반 역동적·통합적(통전적) 치유변용/변혁 리더십 이론 모형 및 응용 도구를 제공한다.

- 특히 SDi-DIHT 리더십은, [그림 1-3]의 상징 모형에서 보듯이, DIHT 리더십 이론의 핵심 근거를 제공하는 (제4장에서 상술하고 있는) 벡과 코완의 『나선동역학 Spiral Dynamics』과 켄 윌버의 'AQAL 통합 패러다임'의 결합을 이론적 바탕으로 하고 있다. 무엇보다 21세기 IT 정보화시대에 고도 융복합 과학기술시대의 모든 것이 불확정적이며 비국소적이고 양자도약적으로 역동적·통전적(통합적·전일적)으로 변화하는 양자사회의 유기체적 조직과 구성원들의 새로운 치유 리더십 패러

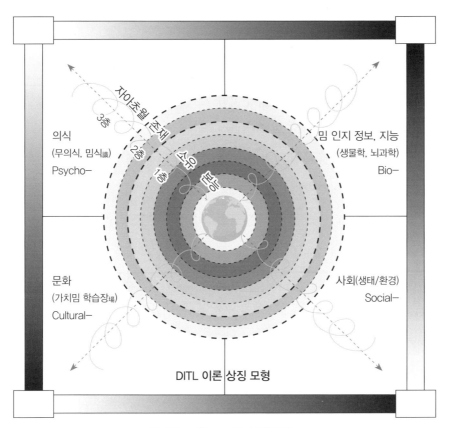

[그림 1-3] DIHTL 상징 도표

다임으로 적합한 마음챙김 기반 교육·훈련·수련에 따라 자발적인 변화와 치유 변용·변혁이 일어나도록 유도하는 새로운 리더십 패러다임이다.

- 따라서 DIHT 리더십은, 통합적 나선동역학 SDi(Spiral Dynamic Integral)에서 강조하는 나선역동적·혼돈적·양자도약적·창발적 인간 본성의 BPSC적 모형([그림 1-3] 참조)에서 보듯이―제1층밈(생존/소유)·제2층밈(존재/의미)·제3층밈(자아초월)의 가치밈의식 패러다임으로 가치관·세계관·신념·사고방식 등이 구조화·조직화되어 있는―가치밈의 2중 나선(double helix) 구조 체계와 그 나선역동적 변화(전개, 진화, 발달) 과정을 마스터하게 함으로써 마음챙김 기반 인지밈 자각·각성, 교육·훈련·수련에 의해 역동적 통합치유변용 DIHT 리더십 지혜의 달인이 되게 하는 가장 강력한 리더십 이론 및 응용 도구를 제공한다.

- 또한 DIHT 리더십은, 외적(자연·사회·문화적) 환경과 삶의 조건에 적응하려는 사회적 욕구와 내면의 자아중심적 욕구 사이의 마음(사회적 자아, 내면적 자아)의 변화에 따른 2중 나선 스펙트럼적 가치밈의식 구조의 나선역동적 변화의 원리와 인간의식의 고착·퇴행·장애·도약의 특성, 그리고 인지적 자각치유, 마음챙김 훈련·수련에 의한 자기치유 및 변화(변용, 변혁) 유도의 원리와 그 적용 기법을 마스터함으로써 기업/조직은 물론이고 모든 치료/치유/코칭/교육 등 전문 분야의 전문가 리더십의 달인이 되게 한다.

- 보다 일반적으로 말하자면, DIHT 리더십은 모든 분야―예컨대, 민간 부문의 기업이나 공공 부문의 조직의 경영 관리의 리더십, 정치·경제·사회단체 리더십, 정치 지도자 리더십, 정부기관 공직자 리더십, 상담·심리치료·치유·의식코칭 리더십, 심신치유교육 리더십, 각종 리더십교육, 교육관리 리더십, 사회치유 변혁을 위한 창조·캠페인 리더십, 예술·문화 단체의 경영 관리 리더십 등―민간이나 공공 부문의 조직·단체·사회의 구성원의 사회적 심리와 본성을 대상으로 하는 모든 종류, 모든 형태의 리더십에 적용 가능한 메타리더십 이론 모형 및 적용 도구(Tool Box)를 제공한다.

따라서 20세기 산업화시대 위계적 조직사회의 '위대한' '뛰어난' 리더 중심의 리더십

시대는 끝났다고 언명할 수 있다. 이제 21세기 위기의 AC 팬데믹시대와 디지털 정보화 SNS·스마트 모바일·융복합 양자과학기술 문명시대로 급격하게 변화되면서, 수평적 초연결 네트워크사회화된 시대, 통합·통섭·통전·융합의 시대, 모든 것이 빛의 속도로 변하는 양자과학시대, 평등·소통·창조·치유·변용의 시대의 리더십은 '코페르니쿠스적 전환'에 의해 리더 중심이 아닌 유기체 조직의 '구성원 중심의 깨어 있는 역동적 통합치유변용 리더십이 되어야 한다. 따라서 존재적·실존적 수준으로 의식(사회적 자기·자아, 세계관, 가치, 이념)이 (닫히거나 병리장애적으로 갇혀 있지 않고) 어느 정도 깨어 있고 열려 있는 경영 관리·과학기술 전문가나 치유 전문가라면 누구나 뛰어난 자기 리더십·슈퍼 리더십을 발휘하는 리더가 될 수 있는 시대가 되었다. 다시 말해, 누구나 마음챙김으로 깨어나기만 하면 소양자우주인 영적 존재로서의 '사람'을 존중하고 그들의 역동적 마음을 이해하고, 조직을 살아 있는 양자사회의 역동적 유기체로 알고, 유기체 구성원 하나하나를 역동적 양자우주의 '동체대비同體大悲'적으로 깨어 있는 마음으로 대하고 '일심동체一心同體가 되어 급변하는 '외부 환경'에 잘 적응하고 '내부 갈등'을 모두 소멸시켜 조화롭게 유기체적 조직의 생명력을 발현시키는 리더가 될 수 있다. 누구나 대통합의 디지털 양자문명시대에 자기 분야의 통합·통섭·통전적 전문가적 역량과 신뢰, 열린 의식, 그리고 이러한 데서 나오는 권위를 가지고 있다면 누구나 뛰어난 리더가 될 수 있는 시대가 되었다는 것을 깨닫는 게 무엇보다 가장 중요하다.

결론적으로 이 책에서는 기존의 리더십과는 전혀 다르게 '유기체적 조직의 생명력을 최대한으로 발현시키는 방향으로 내담자·치유대상자·고객·구성원·피교육자의 마음을 자발적으로 변화시키며 수평적 평등적 조직 문화의 끈끈한 문화 속에서 모두가 열정과 몰입으로 한마음으로 일하고 행복과 삶의 보람을 느끼는 한 가족의식의 일터의 감성이 넘치게 하도록 내담자·치유대상자의 의식의 변용과 조직의 구성원들의 의식의 변혁/변화를 끌어내는, 통합적 나선동역학과 마음챙김에 기반한 자기치유에 의한 의식의 치유변용 리더십의 원리와 이론 모형, 그리고 그 적용 도구 상자와 적용 가이드, 그리고 모든 분야의 메타리더십으로서의 적용기법에 대해 상술하였다.

나선동역학 · 마음챙김 기반
역동적 통합치유변용 리더십

인간의 사회적 본성과
나선동역학

나선동역학 · 마음챙김 기반
역동적 통합치유변용 리더십

I

나선동역학과 가치믺

1. 시대적 배경

근대화 이후, 사회적 계층 구조가 고정되어 있던 근대 이전의 가부장적·억압적 지배의 시대와는 달리, 사회적 신분의 태생적인 고정된 구조 체제가 와해되는 대신, 경제적 지배와 피지배의 계층 구조는 근대 산업화와 함께 더욱 심화되었다. 이에 따라 신분 상승과 소유 욕망에 사로잡힌 인간의 심리와 사회적 본성이 근대화와 함께 더욱 복잡해지게 되면서 자아와 개인성에 눈을 뜬 인간의 사회적 심리, 사회적 본성 또한 더욱 복잡해지고 있다. 특히 현대 산업화시대의 소유를 향한 무한 경쟁사회 체제하에서 병리적 사회 현상과 이를 부추기는 사회 구조가 심화되면서, 생존과 소유를 갈망하는 인간의 사회적 심리는 무법적·불법적·이기적 의식, 흑백적 진리에 대한 광적인 믿음, 이기주의적·개인주의적 의식, 전 인습적·인습적·후 인습적 심리에 사로잡힌 인간들을 점점 더 병리적 심리, 불건전한 가치의식에 빠져들게 하고 있다. 그 결과, 현대인의 우울증·자존감 상실·신경증·스트레스·번아웃·강박증·분노화 조절장애 등 병리적 불건전한 정신병리 현상이 심화되고 있다. 이러한 현상은 21세기가 시작된 지 20년이 지난 ICT·SNS 초고도 스마트 미디어 디지털 정보화 양자사회, 포스트 AC 펜데믹시대인 오늘날에 와서도 더욱더 심화되고 있는게 현실이다.

따라서 자연스레 사회심리학적으로 조직이나 집단 내에서 다양하고 복잡한 태도와 행동, 사회 지향적 자기와 내면의 이기적 자기 사이의 갈등으로 인한 인지적 혼란, 가치의식의 혼돈과 감정의 부조화 때문에 개인이나 조직의 생존의식, 가치의식이 병리적이거나 고착화되고 닫혀 있게 되는 현상이 점점 더 복잡해지고 있는 게 현실이다. 이것은 오늘날 21세기 글로벌 후기(초고도 정보화) 산업사회에서도 부인할 수 없는 주요 사회적 병리현상 중의 하나이다.

게다가 21세기 디지털 정보화시대의 글로벌 초연결 네트워크사회가 되면서 지난

20세기 산업화시대 조직사회에서의 리더의 가부장적 권위나 카리스마에 의한 강력한 계층적·지시적 리더십도 가부장적 권위의 해체와 함께 더 이상 통하지 않는 사회가 된 지 이미 오래되었다.

반면에 스마트폰, 태블릿 PC, 인터넷, 각종 스마트 미디어들을 중심으로 한 IT 정보화 기기가 가져온(비대면 가상세계 중심의) 수평적·소통적·평등적 사회로의 전환을 주도하고 있는 융복합 양자과학기술의 혁명적 변화가 시대의 변화를 이끌어 가고 있는 현실 속에 정치·경제·사회·기업의 체제와 문화는 AI 기반 스마트 디지털 미디어 중심으로 급변하고 있다. 그러나 기성세대의 기존의 리더들은 부지불식간에 지난 시대의 관습·인습적 사고의 경직성, 의식의 관성慣性으로 인해 아직도 지난 산업화 아날로그 시대의 리더십을 기업이나 조직에 그대로 적용하고 있는 경우가 여전히 적지 않게 상존하고 있다. 그렇다 보니 60대 이상 기성세대의 이러한 낡은 지난 시대의 리더십은 전 지구적으로 아직도 정치·경제·사회·문화적으로 지역 간, 국가 간, 종교 간, 계층 간의 전환기적 갈등과 혼돈·혼란 속에서 벗어나지 못하게 하는 주요 원인 중의 하나가 되고 있다.

다시 말해, 혼돈적이고 복잡계적으로 복잡한 글로벌 정치·사회·경제·문화 환경하에서 (21세기의 글로벌 수평 네트워크시대의 평등한 디지털 소통의 디지털 사고를 하는) 젊은 세대 구성원과 (아날로그적 위계적 가부장적 사고에서 아직 벗어나지 못하고 있는) 기성세대 사이의 사고방식의 갈등은, 아직도 정치·경제·사회·문화적 혼돈을 심화시키며 심각한 상태에서 벗어나지 못하게 하는 주요 원인 중의 하나라는 게 부인할 수 없는 현실이다. 따라서 20세기 산업화시대의 아날로그적·가부장적·위계적 사고에 젖어 있는 기성세대의 리더들 자신이 시대적 변화에 둔감하거나 변화를 외면한 채, 게다가 기성세대 중에 변화에 저항하며 '꼴통/고집불통 CAVE(Citizens Against Almost Everything)'적으로 갇히거나 변화를 거부하는 갈등 속에 '사로잡힌' 구성원이나 중간 리더들까지 적잖은 현실에서, 자발적으로 이들을 변화시킬 수 있는 치유 변용/변혁 리더십을 갖지 않고서는 어느 조직에서든지 성공적인 리더가 될 수 없다는 것은 자명하다.

어떻게 하면 구성원들을 변화시킬 수 있나? 어떻게 하면 구성원들의 복잡한 사회적 본성, 뒤틀린 이기적 본능, 복잡하게 얽힌 병리적이고 불건강한 자아의식, 심층 가치의식을 알아내고 그들을 밝고 건강한 의식으로 바꿀 수 있나? 여기에 대한 해답은 인간의 사회적 생존·실존 의식의 변화 원리를 생물·심리·사회적 BPS(Bio-Psycho-Social) 2중 나선 비유를 사용한 역동적 나선 모형에 의해 최초로 밝혀낸, 미국의 사회심리학자 그레이브스(Graves, C. W.)의 역동적 심층 가치의식 이론에서 찾을 수 있다. 그는 이미 1970년대에 인간의 사회적 본성, 사회적 생존·실존 의식, 심층 가치의식의 역동적 변화의 본성을 설명하는 '사회적 실존의식 수준 이론'이라는 사회심리 모형을 최초로 제안하였지만, 그 당시 너무 앞선 그의 BPS 모형의 나선동역학(Spiral Dynamics)은 학계의 관심을 끌지 못하였다.

2. 나선동역학의 기초 개념

앞에서 언급한 바와 같이, 그레이브스의 이론에 의하면 20세기 과학기술의 혁명적 변화에 따른 거대 산업사회가 초래한 혼돈과 역동의 시대에 복잡한 인간 본성, 사회적 생존·실존 의식, 심층 가치의식, 세계관, 신념, 사고방식… 의 변화와 진화의 패턴은 역사적으로 시대적으로 집합적인 인류의 진화나 개체적인 개인의 진화·퇴화의 형태로 나선 소용돌이(Spiral) 단계적으로 역동적인 진화나 퇴화의 사이클이 반복되는 현상으로 나타난다는 것이다. 마치 자연 현상이 혼돈(Chaos)과 질서의 끝개적 나선 사이클, 프랙탈 복잡계적 반복 패턴 사이클 원리를 따라서 나선역동적으로 변화하듯이, 인간의 본성도 의식의 복잡성의 깊이가 인간의 사회심리적 본성을 증가시키면서 나선역동적으로 변화한다는 유사성을 발견하던 것이다. 그래서 그는 복잡한 인간의 사회적 본성을 발달심리학적 모형만으로는 설명할 수 없다고 보고, 당시로서는 파격적으로 심리학 외에 DNA 분자생물학과 뇌신경과학과 전통심리학을 결합하여 인간 본성의 생물·심리·사회적(Bio-Psycho-Social: BPS) 가치 체계 모형에 의해 인간의 사회적 실존의식, 심층 가치의식의 복잡성과 역동성을 설명하려고 시도하였다.

프랙탈은 카오스에 내재한 질서 구조이자 그것을 묘사할 수 있는 언어라고 할 수 있으며, 카오스가 복잡하면서도 그 속에 하나의 질서를 지니는 것은 프랙탈이 있기 때문이다. 프랙탈은 고사리처럼 부분이 전체를 닮은 모양을 하고 있으면서(자기유사성), 이런 닮는 과정을 끊임없이 반복하는(순환성) 특징을 지니고 있다

이를 위해 그는 DNA 2중 나선 구조를 유비적으로 사용하여(내적 삶의 조건에 따르는 자기가치 추구 중심 축선과 외적 사회·환경 조건에 따르는 사회가치 추구 중심 축선의) 소위 이중 나선(double helix) 심층 가치의식 모형을 제안하였다.

이와 같이 그레이브스는 사회심리학적 인간 본성에 대한 논의에서 학문 분야의 장벽을 허물고 인간 본성에 대한 생물학적(Bio-, 생체적, 뇌신경과학적, 신경생리학적), 심리학적(Psycho-), 사회적(Social-) 측면을 통합적 정향화에 의해 설명하려는 시도를 함으로써 인지人知를 서로 맞물리게(상호 연접된 요소 mesh화)하고, 최초로 학문 분야의 벽을 허무는 과감한 시도를 했던 것이다. 그레이브스가 착안한 인간 본성의 역동적 변화에 대한 관점을 이해하려면 인간의 사회적 본성의 혼돈적 복잡성에 대한 보다 깊은 심층적 이해와 통찰이 필요하다.

왜 사람들은 서로 다르고, 왜 어떤 이는 쉽게 변하는데 어떤 사람은 아주 어렵게 변하거나 전혀 안 변하는가? 어떻게 하면 인간의 본성에 대해 좀 더 잘 이해하고 인간의 사회적 실존의식, 심층 가치의식을 통찰할 수 있나? 그것을 알기 위해서는 먼저 인간의 사회적 본성, 심층심리, 사회심리에 대해 저자가 보는 다음과 같은 통찰적 관점에 대한 이해가 필요하다.

- 이 지구상에 살고 있는 사람들은 누구나 주어진 삶의 자연환경적, 정치·사회·문화적 환경과 개인의 삶의 조건에 따라 생존 욕구의 충족과 자기존재감의 실현을 위해 사회적 심리와 행동이 형성되거나 변하거나 반응하는 게 서로 다르게 되어 있다.
- 유사하거나 같은 조건에 있는 사람들도 서로 다르게 사고하고 반응하고 행동하는 이유는 그들이 생득적으로 유전받은 생물학적 소인(DNA, 뇌인지 능력, 신체적

능력)과 비생물학적으로 시공을 초월한 기저무의식/근본식根本識/카르마식으로 내려받은 문화적 소인素因(무의식, 밈식)에 의해 형성되는 개개인의 인지 능력, 내면 심리, 밈식識/무의식의 차이 때문에 그렇다. (비생물학적으로 유전되는 문화DNA라고도 일컬어지는 '심층무의식 밈'에 대해서는 다음 절에 상세하게 설명되어 있다.)

- 더구나 인간의 뇌의 인지 과정과 무의식에 의해 형성되는 밈식識이나 기억 정보, 분석 판단, 상념/사량思量, 이지理知적 정보는 매우 부정확하고 오류가 많고 불확실성이 많다. 때문에 선천적 카르마식識의 차이를 고려하지 않아도 똑같은 DNA 구조를 가진 똑같은 환경 조건하의 쌍둥이도 다르게 행동하고, 다르게 반응하고 다르게 생각하고 다르게 판단한다.

- 그래서 이 지구상에 존재하는 모든 인간은 의식의 수준대별로 유사한 사고, 행동 패턴을 보여 주는 것 같지만 인지적으로나 의식적으로나 정서적으로 모두 다르게 생각하고 판단하고 반응하고 행동한다. 왜냐하면 생물학적 유전자 DNA/진(Gene), 뇌의 인지 과정, 문화적 유전자 밈, 심층무의식의 차이, 그리고 내·외적 자극에 대한 이 모든 것들의 불완전성, 불확실성을 수반한 의식과 행동의 조건반사적 반응 때문이다.

- 인간의 사회적 본성의 이러한 시공을 초월한 복잡계적 밈식識의 속성은 인간의 심리와 의식 자체에 온우주(Kosmos)의 생명 세계의 진화·퇴화·순환 과정의 홀론·홀라키 법칙, 생태계의 복잡계적 자연 법칙이 그대로 적용되기 때문에, 그레이브스가 인간의 사회적 심리나 실존의식의 변화를 '전개하고 창발적이고 선회하는 나선적 과정'으로 본 것은 너무나 당연하고 자명한 직관이다.

온우주

여기서 윌버가 말하는 '온우주'는 원래 피타고라스 학파의 우주의 정의인 'Kosmos'를 채택한 것으로, 이는 물질우주(cosmos, 물질권physiosphere), 생물계(bios, 생물권bio sphere), 그리고 정신계(인지人智·phyche계, 정신권nous, nooshere)와 신계(神界·theos, 신의 영역theosphere, divine domain)를 모두 합한 총체적 온우주를 의미한다. 따라서 그의 온우주론(Kosmology)은 물질계에서 신계에 이르는 모든 차원의 홀라키적 온우주에 대한 존재론/실재론이고 온우주적 세계관이다.

- 그래서 인간의 사회적 본성—사회적 생존·실존 의식, 심층 가치의식, 세계관, 신념 등—을 보면, 더 오래된 더 본능적 본성에서 나온 더 낮은 순위(order)의 사회적 행동 체계는 더 새롭고 더 높은 순위(깊이가 더 깊고 더 복잡한 의식)의 행동 체계 쪽으로 인간의 생존·실존 문제가 변하면서 하위적 수준을 상위적 수준에 종속/내포시키고 상위적인 것은 (인간 생명·의식·자기) 홀론의 특성상 하위적인 것에 의존하며 초월하는 홀라키적 속성으로 특징지어진다.

앞에서 언급한 바와 같이, 그레이브스가 지금은 이미 평이한 개념이 되어 있는 인간의 사회적 실존의식, 심층 가치의식에 대해 다중 복합적, 표층적, 심층적 자기·의식·무의식 홀론으로서의 특성을 직관적으로 언급한 것이지만 당시로는 대단한 것같이 느꼈다는 것은 이해가 간다고 볼 수 있다.

앞에서 이미 강조한 바와 같이 인간의 사회심리, 자기, 의식/무의식 자체는 복잡계적이고 발달적이고 나선역동적 소용돌이 양상으로 오르내리며 변화한다. 이러한 인간의 사회적 본성에 대한 언급은 너무나 당연한 말이다. 그렇지만 인간의 사회적 본성에 대한 올바른 이해를 위해 여기서는 인간의 사회심리, 사회적 실존의식, 세계관을 심층 가치의식의 나선역동적인 전개의 특성으로 본 그레이브스의 나선동역학의 초기 관점을 먼저 알아보자.

- 인간의 사회적 본성은 정적靜的이지도 않고 유한하지도 않다. 인간의 본성은 사회적 환경과 생존의 조건이 변하면서 새로운 사회적 자아의식의 적응 체계를 마련해 낸다.
- 이러한 새로운 적응 체계나 수준이 활성화될 때 우리는 그러한 새로운 환경과 삶의 조건에 적응하기 위한 기존의 우리의 사회적 심리와 생존/실존 의식, 삶의 규칙들을 변화시킨다.
- 우리는 이용 가능한 삶의 무수한 양태(mode)를 가진 잠재적으로 개방된 삶의 체계 속에서 살고 있다. 우리 모두가 추구해야 하는 삶의 최종 상태란 없다(오직 순간순간의 선택과 그 선택에 따른 과정적 삶만 있을 뿐이다).

이러한 인간의 사회적 심리 변화의 복잡계적이고 홀라키적인 특성을 그레이브스는 다음과 같이 강조하고 있다.*

"성인의 심리적 발달은 개인의 생존적·실존적 문제가 변함에 따라 낮은 수준의 오래된 행동 체계에서 보다 새로운 높은 수준의 상위 체계로 (오르락내리락하면서) 점진적으로 변화해 가는, 나선역동적 소용돌이 과정으로 볼 수 있다. 나선의 소용돌이를 구성하는 각단계나 순서는 개개인들이 (이기적 본능적 수준에서 개인적 소유 수준에서 공동체적 존재의 수준으로) 다른 수준의 생존/실존 수준으로 점진적으로 발달해 가면서 거쳐 가는 하나의 과정적 상태를 의미한다. 어떤 사람이 사회적으로 어떤 특정한 수준의 생존(본능·소유) 수준이나 실존(존재), 자아초월 수준에 머물러 있는 경우에, 그 사람의 자아는 그 의식 수준의 의식 상태에 특수한 의식과 심리를 갖게 한다. 그 사람의 느낌, 동기, 윤리와 가치, 신념 체계, (뇌)신경계의 활성도, 학습 체계 등은 그 수준의 의식 상태와 밀접한 관련을 맺고 있으며, 또한 경영·교육·경제·문화… 에 관한 개념과 선호하는 정치 이론과 실천 방안 등도 그런 의식 상태와 관련을 맺게 된다. 따라서 단계적 발달을 통한 의식의 수준이나 상태의 변화는 그 사람의 세계관과 사고방식 전체를 바꾸어 놓게 된다."

인간의 사회적 본성 변화의 나선역동성에 대한 그레이브스의 이러한 관점은 소용돌이 와류(vortex)가 증가하는 복잡성의 수준을 통해 인간의 본성이 진화 또는 퇴화할 때 단순한 양태가 아닌 외면적 환경적 변화 요인과 내면적 의식(자기, 무의식) 사이의 인과적 복합적 상호작용에 의한 이러한 사회적 실존의식의 발현을 잘 묘사하고 있다.

소위 '가치 체계 이론(theory of value system)' 또는 '인간 실존 수준 이론(level of human existence)'이라고 일컬어졌던 그레이브스의 초기 모델은 인간의 사회적 본성의 나선역동성을 잘 나타내고 있다. 그래서 그의 이론은 피아제(Piaget, J.)의 인지 발달 이론이나 매슬로의 자기욕구 발달 이론이나 콜버그(Kohlberg)의 도덕성 발달 이론

---

* Clare Graves의 논문을 인용한 김철수의 '소용돌이 역학 관점에서 본 가치 체계와 사고의 색깔'(「사회과학논총 제 22권 1호」, pp. 80-81)에서 약간 수정하여 재인용.

등과 발달적으로 유사한 측면이 분명 있지만, 발달심리학의 기존의 이론들로는 설명할 수 없는 성인의 사회적 심리, 사회적 생존/실존의식, 심층 가치의식의 심리학적 요인만이 아닌 생물학(뇌신경과학, 사회생물학, 분자생물학, 신경생리학…)과 사회학적 동인을 BPS 모형에 의해 통합적·역동적으로 고려하여 성인의 복잡한 사회심리를 잘 묘사하고 이해할 수 있는 모형이다.

이러한 그의 초기 이론은 그의 제자인 벡과 코완에 의해 계속 보완되고, 다음 절에서 설명할 **가치밈** 체계(Value Meme: vMEMEs) 개념을 도입함으로써 보다 체계적인 모습으로 인간의 사회적 생존 본능과 소유적·존재적 본성에 대한 인류와 성인 개개인의 사회심리의 역동적 진화/퇴화 모형으로 발전될 수 있었다. 이 책의 제4장에서 간략하게 다루게 되겠지만, 그의 사회심리 모델은 직관적이고 이론적으로는 조악하고 체계적이지 못하지만 보다 정교하면서 동서양의 영속심리학, 현대심리학, 현대과학, 현대사회·문화 심리를 체계적으로 통합한 켄 윌버의 (비록 정적인 성장 진화 발달 모델이긴 해도) 통합적 발달심리학에도 잘 들어맞는다.

그레이브스의 사회적 실존의식 이론과 가치 이론의 BPS 모형에 바탕을 두고 성인의 역동적 사회심리, 사회적 자아, 생존·소유·실존 의식의 발달을 묘사하고 표현하기 위한 **가치밈**(vMEMEs)의 나선역동적 가치 체계 모형을 핵심으로 하는 그의 제자 벡과 코완의 『나선동역학Spiral Dynamics』의 역동적 사회심리학 원리는 성인의식(세계관, 가치관, 실존, 영성 등)의 변화를 가져오게 하는 모든 분야(상담, 치료, 치유, 코칭, 멘토링, 컨설팅 등)에 심리사회적 역동 원리를 제공한다. 특히 이것은 21세기 불확실성 속에 양자적 사건들의 양자적 요동·얽힘같이 급변하는 양자사회의 패러다임에 맞는 혼돈적·복잡계적 사회 현상과 인간 본성·심리에 대한 역동적 상승·하강, 변화, 가치밈의식 체계, 세계관, 사회적 자기, 심리학 모형에 기반한 사회심리학 리더십의 원형적 얼개를 제공한다. 왜냐하면 모든 분야의 리더들이 역동적으로 모든 것이 급변하는 21세기에 진정한 리더가 되려면 인간 본성의 역동성을 심층적으로 이해해야 하기 때문이다. 또한 무엇보다 리더는 (전 지구적 인간 생태계 내의) 역동적 유기체의 생체 시스템과도 같은 모든 기능과 유형을 가진 조직·단체들 그리고 그 기본 단위 유기체적 구성 요소인 구성원과 각급 단위 조직/부 시스템들의 소용돌이 와류와 같은, 또는 복잡하게 얽힌 나선 코일과도 같은 지배적 심층 가치의식(세계관, 신념, 사고방식, 행동 방식들)을 올바르게 이해하는 게 무엇보다 우선 중요하기 때문이다. 그리고 모든 리더는 급변하는 외적 환경 조건에 대한 개인·조직 구성원과 조직 시스템의 유기체적·생체적 반응 성능이 역동적으로 순간순간 변하는 가운데, 개인·구성원과 조직의 문제를 **가치밈** 체계에 의해 올바르게 진단하고 그들의 즉각적·자발적 변화를 수평적·평등적 IT 문화 환경 속에 실시간으로 유도해야 하기 때문이다. 그러므로 『나선동역학』은 역동적 인감심리·본성에 대한 이해와 **가치밈**·식識의 자발적 변화/치유변용을 바탕으로 하는 21세기 역동적 통합치유변용(변혁) 리더십 이론 모형의 탁월한 기본 얼개를 제공한다.

따라서 격변하는 첨단 과학기술이 모든 것을 빛의 속도로 변화시키는 평등적·수평적 소통의 네트워크시대에 양자장의 파동적인 상보성·불확정성/불확실성·비국소성과 전일적·양자도약적 특징을 지닌 21세기 새 시대의 양자사회에서의 '역동적 통합치유변용 리더십' 이론의 기본 바탕으로 적합한 '나선동역학'의 기본 특성은 다음과 같이 요약할 수 있다.

(1) **인간 본성의 나선역동성**과 성인 심리의 나선상의 **복잡계적 고착·퇴행**이나 변화·발달의 전개를 통한 인간의 **사회적 생존·실존 의식**의 **홀론·홀라키적 특성**을 잘 나타낸다.

- 인간의 사회적 본성, 사회적 생존·실존 의식, 심층 가치 체계는 이중 나선 코일같이 역동적으로 변하는 심층 가치 체계, 세계관, 사고방식, 신념, 행동 체계로 구성되고, 각각은 시대환경, 자연환경, 사회환경, 삶의 조건에 의해 형성되고 변화된 결과의 산물이다.

- 나선동역학의 이중 나선 사회심리 모형은 마치 개인이나 조직의 사회심리 시스템을 구성하는 S/W 패키지와도 같이 심층적이고 포괄적이고 복합적인 사고 과정, 신념 체계 그리고 지배적·복합적 행동 전략 등을 잘 알 수 있고, 이에 상응하는 개인·조직의 치유와 마음챙김 기반 자기치유와 변용(변혁)을 가능하게 해 준다.

(2) '나선동역학'의 원리는 모든 분야의 개인과 조직, 전체 사회와 국가, 그리고 글로벌 수준에서 다음과 같은 문제 해결에 적용 가능하다.

- 모든 종류의 사람들과 조직, 사회 세력들 사이의 충돌, 갈등, 혼돈, 분쟁 등의 문제 해결에 적용 가능하다
- 기업 경영 리더십뿐 아니라 국가의 정치 조직·정부 조직·공공 조직, 사회단체·노동단체, 교육행정·교육기관뿐 아니라 상담·치유·멘토링, 전문 분야 코칭 등 모든 유형의, 모든 분야 조직의, 모든 수준의 개인·조직의 리더십 문제에 적용 가능하다

(3) 첨단 과학기술의 급격한 변화와 함께 복잡한 정치·사회·경제·문화 환경이 급변하는 상황에서, 나선동역학은 기업·조직·단체의 비전과 목표를 구현하기 위한 모든 조직의 유기체적 생명력을 활성화시키고 건강하게 변화/변용(변혁)시키는 역동적인 사회심리학적·의식심리학적 수단 방법과 치유·(마음챙김 기반) 자기치유 방법을 알고 깨닫고 교육 훈련하게 하는 지도(map)와 도구를 제공한다.

역동적 통합치유변용 리더십을 모든 분야의 모든 수준에 적합한 리더십으로 적용하려면, 먼저 구성원 개개인의 나선역동적 마음, 복잡한 사회심리에 대한 올바른 이해가 중요하다. 이를 위해서는 성인의 사회심리, 사회적 생존·실존 의식 등, 심층 가치의식(세계관, 가치관, 도덕성, 이념, 신념, 행동 등)의 변화 체계에 대한 기본 얼개를 제공하는 나선동역학의 핵심 개념부터 먼저 이해해야 한다. 그래서 이를 위한 가치밈(vMEME)의 개념과 가치밈 체계의 특징과 본질부터 제대로 이해하는 게 중요하다.

다음 절에서는 나선동역학의 핵심 개념인 '가치밈' 체계에 대해 이해하기에 앞서, 벡과 코완의 『나선동역학Spiral Dynamics』이나 칙센트미하이(Csikszentmihalyi, M.)의 『몰입의 재발견The Evolving Self』이나 블랙모어(Blackmore, S.)의 『밈MEME』에서의 '밈'에 대한 개념 같은 유물론적이고 환원주의적인 '밈과학'적 '밈'의 개념과 함께 보다 더 깊이 있고 통합적인 '밈'의 개념에 대해 알아볼 것이다.

3. 밈과 가치밈

밈meme이란 용어는, 무신론자이며 유물론자로 유명한 신다원주의적 진화생물학자인 리처드 도킨스(Dawkins, R.)가 오래된 그의 유명한 저서『이기적 유전자The Selfish Gene』에서 유전자(DNA/진Gene) 복제에 의한 생물학적 진화에 대응하는 개념으로, 비생물학적으로 뇌와 뇌 사이의 문화 모방에 의한 진화를 나타내기 위해 그리스어의 문화 모방을 의미하는 'mimeme'이란 말을 줄여서 'meme'으로 일컬은 데서 비롯된 것이다. 도킨스의 생각으로는 문화가 전달되고 진화되기 위해서는 유전자가 복제되는 것과 유사한 복제 기능이 있어야 한다고 보았다. 그래서 마치 바이러스가 숙주 세포에 기생하는 것과 같이 문화의 전달·진화에도 문화의 복제·번식 역할을 하는 중간 매개물·숙주가 필요하다고 보았다. 이러한 역할을 하는 문화 정보의 단위·양식·유형·요소가 바로 바이러스처럼 뇌를 숙주로 하여 뇌와 뇌를 통해 전달·복제·번식하는 '밈'이라고 보았다. 그래서 '밈'을 '문화 모방·문화 DNA'라는 개념에 의해 유물론적으로 정의한 것이다.

다시 말해, 유물론자인 도킨스가 생각하기에 밈의 전달 형태는 유전자가 정자·난자의 결합에 의한 유전자 복제를 통해 신체에서 신체로 전달되며 유전자 풀pool에서 퍼지며 세대와 세대 간에 유전 정보가 전달되고 진화되는 것과 같다고 보았다. 그래서 '밈'은 뇌와 뇌를 통한 문화 모방·학습에 의해 문화 정보가 복제되어, 마치 바이러스가 숙주 내에서 번식하고 변이를 일으키듯이 '밈'도 뇌 속에서 변이·결합·배척을 통해 번식한다고 보고서 유물론자답게 진과 바이러스의 속성을 '유비적으로' '밈'과 같다고 본 것이다. 따라서 '밈'에 의한 뇌와 뇌를 통한 문화 복제는 음악·사상·패션·건축 양식·언어·종교·과학기술 등 거의 모든 문화 현상을 다 포함한다. 그래서 과학기술, 학문, 문화예술, 종교, 정치, 사회 관습, 제도 등 거의 모든 모방되고 학습되는 인지人知가 밈의 범위에 포함된다고 본 것이다.

도킨스의 '밈'이란 개념에 의한 문화 모방, 문화 정보의 복제·번식·진화의 개념은 그 이후 여러 분야의 다른 학자들에 의해 개념이 다듬어지고 확장되어 오늘날 '문화

73

정보'로서의 밈들 간의 상호작용과 복제 및 진화 과정을 연구하는 '밈과학(memetics)'이 여러 분야에서 응용되고 있다.

그중에 경영심리학, 긍정심리학 분야에서 유명한 칙센트미하이는 그의 유명한 저서 『몰입의 재발견The Evolving Self』에서, '밈'의 개념을 좀 더 체계적으로 일반화시켜, 인간의 '자기진화'를 설명하는 데 '밈'의 개념을 보다 확장된 개념으로 정의하고 있다. 그는 문화적으로 생성된 모든 추상적 개념, 즉 생각·사고·가치… 에서 모든 문화적 인공 생성물(모든 문명의 이기를 위한 창조물들, 즉 건축물, 도구, 자동차, TV 등)을 모두 '밈'으로 보고서, 밈의 정의를 "인간의 의도적 행동으로 생산된 반영구적 정보·물질의 (인지적·가치적) 패턴"이라고 규정하고 있다. 그래서 '밈'이 생성되는 것은 인간 신경계가 어떤 경험에 반응하고서 그것을 타인에게서 소통할 수 있는 (인지·가치·의식 정보) 형태로 변형할 때라고 보고 있다. 그리고 생성되는 순간에 밈은 인간이 뭔가를 의도적으로 (인지·가치·관념·소통 정보를) 만들어 내는 과정의 일부가 된다. 그러나 일단 존재하고 나면 밈은 그 창시자의 (밈)의식 또는 그것이 접하는 다른 인간의 의식과 상호작용하면서 그 의식을 바꾸기 시작한다. "…… 그래서 밈은 초기에는 인간 지성에 의해 형성되지만 곧 거꾸로 인간 지성을 (더 심화 또는 퇴화·타락하는 정보 패턴으로) 형성 변화하기 시작한다. 문제는 창시자의 손에서 떠난 후 …… **에는 오히려 밈은 경쟁 상대로 변해 버릴 수 있다는 것이다.**" 그는 밈과 중독, 밈과 폐해, 생각의 경쟁, 밈과 물질주의 문제 등 인간의 '밈'의 '자기진화'와 관련된 폭넓은 문제를 '밈' 원리와 현상으로 설명하고 있다(『몰입의 재발견』, pp. 184-219).

또 하나의 밈학 관련 저술로 유명한 수잔 블랙모어는 그의 저서 『밈MEME』에서 '밈'은 문화 복제자 이상의 의미가 있다고 보고서 밈이 모방을 통해 문화가 전달되게 하기 위해 인간의 뇌를 폭발적으로 성장시켰고, 언어를 만들어 내었고, 유전자를 압박해 새로운 밈을 더 잘 퍼뜨리는 인간에게 유리하도록 자연 선택의 압력을 가했다고 주장하고 있다. 사회생물학에서의 난제인 인간의 이타성 문제와 종교 현상까지도 밈의 관점에서 해석하고, 인간이란 수많은 밈들이 뒤섞여 있는 밈플렉스이며 인간 존재란 결국 밈의 전파와 확산을 위한 도구인 '밈머신'이라고까지 주장할 정도로 도킨스의 유물론적 시각을 밈기제 이론의 결정론적인 시각으로 인간을 바라보는 극단적 환원주의 시각의 '밈' 이론을 제시한 바 있다.

도킨스나 칙센트미하이나 블랙모어 모두 '밈'이란 생물학적 유전자 진Gene/DNA에 대응하는 비생물학적 문화 정보 단위, 심리·문화적 DNA에 의해 마치 바이러스와 같이 세대와 세대 간에 복제·재생산·변이, 전파되면서 진화하는 모든 문화적 개념·상징·언어나 문명의 인공 창조물들(생활 방식, 의상 양식, 건축 설계, 예술 양식, 종교적 표현, 사회 제도, 경제 구조⋯ 이념, 사상, 도덕 같은 것들)을 모두 망라하고 있다.

이러한 점에 착안하여 벡과 코완은 스승인 그레이브스의 인간의 사회적 실존의식, 심층 가치의식의 2중 나선적 진화 발달 단계의 모든 사회적 생존·실존 의식(세계관, 가치관, 신념, 사고방식⋯)의 모든 것이 곧 '밈'이기 때문에 '**가치밈**'이란 개념을 도입하였다. 그러고 나서 밈과학에서 사용하는 밈의 개념 중에 '밈'을 정보를 함유한 에너지장(氣場)의 이동·전파·확산 현상으로 보는 개념과 각 수준의 개별적 '밈'은 마치 소립자와 같이 서로 끌어당기거나 반발하는 성질을 갖기 때문에 이 **가치밈**들은 일종의 **초밈**(super meme)의 속성을 갖는다고 보았다. 그래서 각 수준의 가치의식의 '밈'은 마치 양자적 속성을 갖는 의식의 정보 에너지장(지적 정보, 인지認知의식의 장)으로 볼 수 있으므로 이를 **메타밈**meta meme, **거대 가치밈**, **가치밈 체계**(vMEMEs)라고 일컬었다.

또한 이들 **메타밈**은 개개의 밈들을 끌어당기거나 밀어내는 사회적 심리(사회적 자아, 사회적 생존·실존 의식, 심층 가치의식)의 일종의 구조적 '조직화의 원리'로 볼 수 있다고 보고서 인간의 사회적 생존·실존 의식, 심층 가치의식을 카오스적 끌개와 복잡계적으로 '**가치밈**', **가치초밈**에 의해 모두 설명할 수 있다고 보았다. 이에 착안하여 그들은 그레이브스의 2중 나선 가치의식 체계를 **가치밈** 구조 체계로 대치하여 보다 정교하고 체계적으로 인간의 사회적 생존·실존 의식(이기적 생존·소유, 공동체적 존재/실존 의식)을 설명하였다. 더 나아가 이 **가치밈 체계**들을 지역적·사회적 갈등·분쟁 해결이나 기업 경영이나 조직 경영의 원리와 도구로 발전시켜서 1990년대 중반에 『나선동역학Spiral Dynamics』을 기업이나 모든 분야의 가치 추구적인 사회·단체·조직·개인의 변화를 이끌어 내는 상담·컨설팅·리더십 교재로 내놓았다.

도킨스에 의해 시작된 '밈' 개념이 밈과학으로 정립되고 나서 벡과 코완의 '**가치초밈/메타밈/가치밈 체계**'에 이르기까지 다양한 '밈' 이론이 나왔지만 이들 거의 모두가

'밈'을 '진(DNA)'에 대응하는 문화 유전자(문화 DNA)같이 인간의 욕망·마음·의식·정신의 모든 양태들을 모두 환원주의적으로 뇌에 각인된 '지적 바이러스'와 유사한 '문화정보'라는 개념으로 보고 있는 것이다. 즉, 가치나 사회적 실존의식과 관련된 인간의 마음·의식·지능·지성·정신 현상 모두를 세대와 세대 간의 뇌의 '모방'에 의해 마치 바이러스와 같이 각인·변이·재생산·전파된다는 개념으로만 이해하고서, 이러한 '가치밈'에 의해 인간의 심층 가치의식을 설명하려는 데서 오는 요소 환원주의적 오류를 범하고 있는 것이다.

'밈'은 분명 도킨스가 정의하듯이 비생물학적으로 인간의 문화·정신·의식이 진화되어 온 것이고 칙센트미하이의 말처럼 최초의 밈 형성은 인간의 뇌신경계가 외부의 정보를 의도적으로 오감을 통해 받아들여 반응하여 생성되는 모방이나 학습, 지적 인지認知 정보 형성 과정을 거친, 감정이나 정서적으로 공감된, 직감적으로 감지된 감성적·이지적 인지 정보이다. 비록 이 책의 범위에서 넘어서지만 부득이 심층적 근본 개념에 대해 설명 없이 언급만 간략하게 하자면, 심층심리학이나 유식학唯識學이나 자아초월(Transpersonal)심리학이나 통합심리학의 관점에서 보면, 이 다양한 수준과 양태의 인지 정보가 뇌신경계의 인지 과정을 통해 일단 기억 인지認知로 생성되면 그것은 '식識'(의식, 무의식)으로 각인되어, 즉 의식, 무의식의 시니피앙(記表), 시니피에(記意)가 되어 다른 기존의 무의식의 시니피앙/종자식識과 함께 결합되거나 변형되어 새로운 식識/밈으로 변화되거나 창조되고 확장된다는 것을 알아야 한다. 따라서 변형되거나 창조된 밈을 다른 뇌로 전파시키려는 인간 본성(마음, 무의식)의 자기표현, 자기실현의 수단으로서의 '밈'의 심층적 속성을 알지 못하고서는 '밈'과 '밈식識'을 제대로 알 수 없다.

다시 말하자면, 밈은 세대와 세대 간의 모방·학습에 의해 형성된 것일 뿐만 아니라 시공간과 세대를 초월하여 초세대적으로 형성·전달·집적된 생명·문화·인지·의식 정보로서의 (카르마) 종자식/시니피앙들의 심층무의식·무의식 정보 장場의 식識 대부분이 곧 '밈' '밈식'인 것이다. 이러한 '식識'으로서의 '밈'의 속성을 모르면 '밈'을 제대로 설명할 수도 이해할 수도 없을 뿐 아니라 인간의 사회적 실존의식, 심층 가치의식(세계관, 신념, 도덕성, 사고방식…)을 설명할 수도 이해할 수도 없는 것이다.

(단순한 뇌신경과학적 '인지밈'으로서의 밈 이해가 아닌) 저자의 이와 같은 영원의 철학 (영속철학)적, 심층심리학적, 양자물리학·양자과학적 통찰에 의한 '밈'이나 '가치밈'의 의식·무의식적, 사회적·문화적 측면의 심층적·통합적 이해는 제4장에서 켄 윌버 사상과 결합된 통합적 나선동역학 SDi(Spiral Dynamics Integral)에서 간략하게나마 설명하고 다루게 될 것이다. 그러므로 제2장에서는 벡과 코완의 『나선동역학』에 바탕을 두고 뇌신경과학적·밈과학적·밈의 문화 정보 DNA적 측면의 속성만으로 설명하는 그레이브스의 BPS 모형에 따른 나선 **가치밈** 체계만을 주로 다룰 것이다. 하지만 각 수준의 **가치밈**과 의식·무의식의 가치밈식識과 이들의 복합적 작용에 대한 이해는 인간의 내면 의식/무의식과 함께 이해해야 한다. 이와 같이 '**가치밈**'의 문화 DNA적 지적 정보 에너지(氣)의 측면과 내면의 무의식의 시니피앙/종자식의 측면을 모두 고려하는 본 저자의 BPSC(Bio-Psycho-Social-Culture) 모형에 의한 통합적 접근은 제4장에서 다루게 될 것이다.

시니피앙Signifier(記表)·**시니피에**Signified(記意)

시니피앙은 일반적으로 기표記表로 번역되는 단어인데, 기호의 겉모습, 즉 음성音聲으로 표현된 모습을 의미한다. 반면에 시니피에signifié, signified는 기의記意로 번역되고, 기호 안에 담긴 의미를 말한, 즉 '나무'라는 단어의 생김새와 [나무; namu]라는 발음은 시니피앙이고, 나무라는 구체적 대상의 의미 뜻과 연상되는 개념은 시니피에라 할 수 있을 것이다.

종자식種子識

유식학의 아뢰야식의 별명. 아뢰야식은 과거 생과 과거의 인식·행위·경험·학습 등으로 형성된 저장식(근본식, 심층무의식)으로 일체의 유위법과 무위법, 즉 모든 것을 낳는 종자를 내장하고 있다고 하여 붙인 이름이다.

벡과 코완은 『나선동역학』에서 도킨스와 칙센트미하이가 말하는 '밈'의 개념과 같은 맥락에서, 밈이란 마치 정보를 함유한 소립자나 파동(에너지, 氣)같이 작용하고 지적知的인 바이러스와 같이 뇌와 뇌, 인간과 인간, 세대와 세대 사이에 전파 확산하는

것으로 보고 있다. 그리고 가치밈이란 생활 양식, 의상 양식, 언어 성향, 대중문화 규범, 건축 설계, 예술 형태 등 사회적 문화유산과 사회 체계를 망라하는 모든 것 중에 무엇이든지 '가치'를 내포하는 언어, 상징들로 구성된 지적知的 정보의 인지적 능력, 지성知性을 의미한다고 보고 있는 것이다.

자기생성(Autopoiesis)

문자 그대로 자생(self-production, 그리스어로 self를 뜻하는 auto와 production or creation 을 뜻하는 poiesis)이라는 의미이며, 생명체 내의 자기조직화에 의한 자기복제, 자기갱신, 자기규제는 유기체 고유의 기능을 의미하며 1970년대 초에 칠레의 생물학자인 프란치스코 바렐라(Varela, F.)와 훔베르토 마투라나(Maturana, H.)가 처음 소개한 용어이다. 지금은 단위 생명체뿐아니라 유기체 전반, 유기체 사회 전체로 확장해서 상용하는 신과학적 용어이다.

형태형성장(Morphogenetic Field)

『A New Science of Life』의 저자 쉘드레이크 루퍼트(Sheldrake, R.)가 도입한 신과학 용어로, 인간의 성장 진화는 단순히 생물학적인 유전적 진화를 넘어서는 초자연적인 현상이나 원리인(데이비드 봄Bohm, D.의 홀로그래프 우주, '숨겨진 질서'의 홀로그램 원리와 형상과도 같은) 형태 '형성적 원인' formative cause에 기인한다는 것으로, 생명의 형태들은 그 행동뿐 아니라 그들의 형상화와 발달 모두 그것에 기인한다는 것이다. 생명의 행태들은, 이를테면 모든 생명의 형상들이 마치 판의 진동 시에 형태장의 다양한 파동으로 나타나는 아름다운 무늬, 만달라 형상들과 같이, 시공을 가로질러 조작하는 형태공명(morphic resonance) 과정을 통해 그들의 형상과 패턴을 물려준다는 것이다.

그래서 [그림 2-1]에서 보듯이, 풍성하고 다양한 동질의 관념/식識, 동일한 파동 에너지 수준의 밈을 마치 '끌개(Attractor)'와도 같이, 자력과도 같이 끌어당기는 '거대 가치밈(Big vMeme)'은 가치밈 체계, 메타밈이라고도 일컫기도 한다. 각 가치밈·vMEME은 신과학·정신과학적으로 설명 없이 언급하자면 동일한 의식意識 에너지 수준에서 무수하게 많은 내용의 다양한 작은 단위 밈들을 끌어당기는 자기조직화의 원리, 의식 에너지 장의 중심重心, 복잡계의 프랙탈이나 자기복제적 다차원의 자기생성

(Autopoieis), 형태형성장 등과 유비적으로 유사한 특성을 갖는다고 보고 있다.

한마디로 요약하면, 벡과 코완은 도킨스와 칙센트미하이의 '밈' 개념에 의해 그레이브스가 말하는 인간의 사회적 실존의식, 심층 가치의식을 나타내기 위해, 인간의 삶의 가치 추구적인 다양한 사회적 본성, 의식을 다양한 문화적 가치로 모방 학습하고 창조하고 번식시키고 퍼져 나가게 하는 '밈'을 **가치밈**으로 정의한 것이다. 그래서 그들은 문화적으로 형성된 지적知的 정보, 지성知性, 지적 인지 능력을 나타내는 **가치초밈**의 특성을 다음과 같이 언명하고 있다.

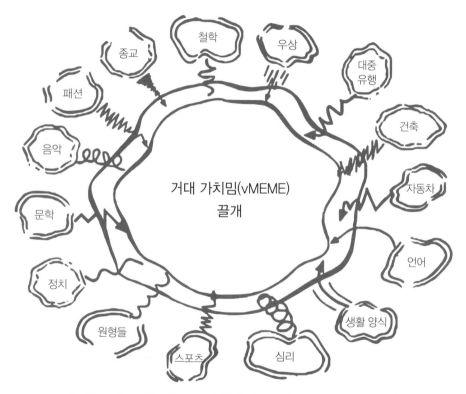

[그림 2-1] 가치초밈(vMEME) 끌개(벡 & 코완의 『나선동역학』, p. 31)

- 가치초밈은 동일 수준의 사회적 실존의식과 관련되는 가치·신념·믿음·사고방식들을 끌어모으기 위해 내면의식(의식/무의식)과 뇌신경계의 인지 기능과의 인터페이스에 의해 조직화된 인지 과정을 생성해 낸다.
- 가치초밈은 역사적, 시대적, 자연적, 정치·사회·문화적 환경에 의해 변화되고 전체 문명의 사고, 가치 체계, 정치 형태, 세계관, 신념, 사고방식을 구조화시킨다.

- 가치밈은 우리의 의사 결정을 왜, 어떻게 내려야 하는가를 결정하는 리더십의 지침을 제공해 주기 위한 개인·기업·조직·단체 문화의 실태 분석과 그에 따른 건전도 평가의 척도로 사용할 수 있다.

- 개인의 사회적 생존·실존 의식과 심층 가치의식을 나타내는 개인의 **가치밈 더미들**(stacks)은 그 사람의 **개인성의 중심**重心이다. 그래서 이것들은 그의 인간관계는 건전한가, 그가 행복한 사람인가, 아니면 쉬지 않고 일만 하는 스트레스에 찬 인간인가, 어느 지배적인 가치초밈 수준에 사로잡혀 있거나 갇혀 있는 병리적 불건강한 인간인가를 알게 해 준다. 그리고 그가 어느 조직의 리더라면 리더의 의식 수준과 인성·품격을 결정한다.

- 개개인의 **가치초밈**은 천재지변이나 기후환경의 변화나 글로벌 국가 **사회환경의 급변**과 개인의 **삶의 조건**(생활 조건Life Condition: LC)의 변화의 강도에 따라, 그리고 그 개인의 지배적인 가치초밈의 수준과 건전성의 상태에 따라 개인차는 있지만 지배적인 특정한 밈 짝들 상태에 고착되어 있거나 역동적으로 이동하고 변화하는 과정에 있다.

- **가치초밈의 생성**은 뇌의 인지 기능의 **의도적 모방·학습**에 의해 이루어지고, **가치초밈의 변화**는 기존에 생성·각인된 **가치밈에 의해 형성된 식**識(의식/무의식)의 의미가 변화·변이되거나 성장 진화되면서 일어난다. 그중에 심화되어 있는 하나 혹은 몇 수준의 복합적 가치초밈들이 개인의 세계관·가치관·신념·사고방식 같은 사회적 실존의식을 지배한다. 그래서 가치초밈은 얼핏 집합무의식의 '원형(archtype)' 같아 보이고 사람들에 의해 성격이나 개성, 가치관·사고방식의 '유형(type)'으로 쉽게 오해되기도 한다.

- 여러 가치밈들이 서로 부딪치거나 갈등하지 않고 조화로운 상태에 있을 때 그 가치밈들은 한 음악 코드 내의 악보와도 같이 동조 상태의 건강한 의식 상태에 있는 것이고, 이것이 우리가 어느 한 조직의 리더십에서 추구하는 바람직한 상태이다. 반면에 갈등 속에 있는 가치밈들은 불화가 있는 개인들, 기능이 마비된 가족들, 침체되거나 위기에 빠진 기업이나 조직, 파탄된 교회, 쇠퇴 붕괴하는 사회나 문명같이 몰락의 늪 속으로 빠져들면서 끌려들어 간다.

- 외부 환경과 내면의식, 사회적 자아의 변화에 따라 심층 가치의식이 변화하면서 가치밈들은 인지認知적으로 활성화되어 외부 환경에 반응하고 변이가 일어나며 변화해 나간다. 그래서 가치밈들은 마치 유기체의 세포들같이 외부 환경에 반응하며 살아 있고 밀물/썰물같이 밀려오고 빠져나가며 흐른다. 그리고 마치 제광 장치를 가진 크리스마스트리의 전구들의 빛같이 어느 한 수준의 가치초밈은 밝아지거나 흐려지거나 할 수도 있다.

- 여러 다른 사람들이 동일 수준의 지배적 가치초밈의 가치 내용을 공유하게 되면, 그들이 선호하는 특정한 이슈, 아이디어, 취향, 프로젝트들에 열렬한 성원을 아끼지 않고 모여든다.

- 하지만 다른 어떤 때는 본질적으로 동일한 수준의 가치초밈의 의사 결정 틀을 갖고 있는 사람들도 그들의 신념과 '좋은' 것들의 상세한 내용들에 대해 맹렬하게 의견을 달리하고, 종교의 경우에는, 심지어 성전聖戰이나 야만적인 전쟁으로 치닫기도 한다.

(※ 앞으로는 가치초밈, 거대 가치밈을 줄여서 그냥 가치밈으로 일컬을 것이다.)

Ⅱ

가치밈 체계의 본질

1. 나선동역학과 가치밈 체계

앞에서 언급한 바와 같이, 그레이브스의 인간의 사회적 본성에 대한 '사회적 실존의 식 수준 이론', 심층 '가치 체계 이론'은 그의 제자 벡과 코완이 1970년대 후반에 '가치 밈' 개념을 도입하여 더 체계적으로 발전시켰다. 1990년대 중반이 되어서는 그들의 이론을 『나선동역학Spiral Dynamics』이라고 명명하고서 인간의 사회심리의 '가치밈 체계'를 중심으로하여 2중 나선의 역동적 변화 모형을 바탕으로 하는 후기 산업화시대의 상담·컨설팅·리더십 이론으로 발전시켜 내놓았다. 하지만 그들의 나선동역학은 여전히 20세기 산업화시대의 미국의 공리주의적이고 실용주의적인 리더십 이론의 한계에서 벗어나지 못하고 있다.

[그렇지만, 이 책 DIHT 리더십에서는 『나선동역학』의 가치밈 스펙트럼 체계가 인간의 사회적 본성, 심층 가치의식, 사회적 실존의식의 근본 원리를 가치밈에 의해 탁월하게 설명하고 그 변화의 원리와 조건을 올바르게 제시하기 때문에, 이것을 치유·변용 리더십의 기본 이론적 틀로 사용할 것이다. 그러나 저자는 이것을 (제4장에서 간략하게 소개하게 될) 통합사상가 켄 윌버의 AQAL 통합이론과 결합시킨 통합적 나선동역학 SDi(Spiral Dynamics Integral)과 함께 단계적 치유기제 발현과 마음챙김 기반 자기 치유·변용에 의해 통합치유변용 패러다임으로 확장시켜서 SDi-DIHT 리더십으로 일컬을 것이다. 따라서 이 책에서는 21세기 수평적·평등적 디지털 소통시대의 (소통·창조·지혜·창조·서번트·현려…의) 새로운 리더십 패러다임에 적합한 새로운 마음챙김 기반 (개인의) 치유·변용 리더십과 (조직의) 역동적 치유·변혁 리더십 이론의 기본 틀로 그대로 사용하고 있다.]

앞에서 이미 언급한 바와 같이 벡과 코완은 그레이브스의 2중 나선 BPS 가치 체계 모형에 **가치밈**의 개념을 도입하여 각 **가치밈**의 단계별 진입·정점·퇴장의 변화 이동 과정 중에 정점에 해당하는 가치 수준을 나타내는 **가치밈**을 〈표 2-1〉에 보인 바와 같이 색깔로 표시하였다. 그러나 **가치밈**의 색깔은 무지개 스펙트럼이나 차크라와 같은 특별한 의미를 지니게 하기 위한 것이 아니라고 한다. 그보다는 지역 갈등 분쟁 문제를 컨설팅하는 해결 시에 가치 체계의 수준은 인종 피부색의 차별, 편견에 연결시키려는 성향을 보일 우려가 있기에 이를 없애기 위해 가치 체계를 위계적으로 보이지 않는 색깔을 표시하였다고 한다. 게다가 색깔로 표시한 각 **가치밈** 수준의 진입·정점·퇴장의 변화 과정을 고려하면 각 **가치밈** 수준은 이산적이라기보다는 스펙트럼과 같이 각 경계에서 분명한 구분이 어려운 특성을 나타낼 수 있다는 장점이 있다.

밈의 색깔을 본떠서 최근에 켄 윌버도 그의 인간의식의 기본 구조의 발달 진화 단계를 실제로 무지개 색깔로 나타내고 있다. 본 저자도 밈의 색깔을 켄 윌버와 같이 무지개 색깔이나 이와 유사한 차크라 색깔로 표시하는 것을 선호하지만 여기서는 벡과 코완의 밈 색깔을 그대로 따랐다. 켄 윌버의 의식의 기본 구조의 무지개 스펙트럼 색깔도 벡과 코완이 부여한 **가치밈**의 색깔과 두세 가지만을 제외하고는 일치하는 색깔이 많다. 여하튼 벡과 코완은 큰 의미는 없지만, [그림2-2(a)]와 같이 켄 윌버가 보여 주는 **가치밈**의 나선역동적 스펙트럼 모양이나 [그림2-2(b)] 와 같이 저자가 보여 주는 홀론 홀라키 도형에 의한 인간의식의 역동적인 변화의 표현에서 보듯이, 가치의식의 깊이가 깊어지면서 그 위력이 커지는 각 수준의 의식의 내용과 어느 정도 상관되는 색깔로 **가치밈**을 〈표 2-1〉과 같이 나타내고 있다.

〈표 2-1〉 가치밈의 색깔의 의미

실존의식층	가치밈	세계관	색깔의 의미
제1층 생존적 소유적	베이지색	생존적	대초원의 시든 풀색, 생존 투쟁
	자주색	마법적	왕족, 제사장 계층 색
	적색	권력적	피와 강렬한 정서 에너지
	청색	신화적	하늘과 천국
	오렌지색	합리적	용광로에서 끓고 있는 쇳물, 과학 상징
	녹색	상대주의적	식물과 자연 상태
제2층 존재적 실존적	황색	통합적	태양 에너지와 생명력
	청록색	통전적	외계에서 바라본 지구 전체의 색깔

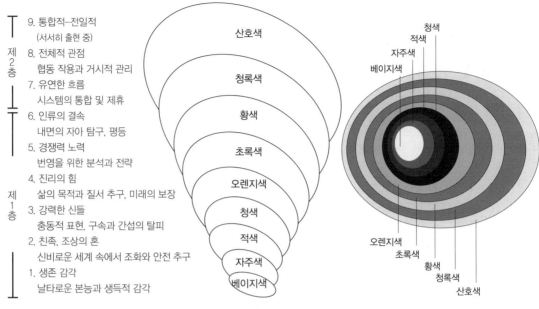

9. 통합적-전일적
(서서히 출현 중)
8. 전체적 관점
협동 작용과 거시적 관리
7. 유연한 흐름
시스템의 통합 및 제휴
6. 인류의 결속
내면의 자아 탐구, 평등
5. 경쟁력 노력
번영을 위한 분석과 전략
4. 진리의 힘
삶의 목적과 질서 추구, 미래의 보장
3. 강력한 신들
충동적 표현, 구속과 간섭의 탈피
2. 친족, 조상의 혼
신비로운 세계 속에서 조화와 안전 추구
1. 생존 감각
날카로운 본능과 생득적 감각

제2층 / 제1층

산호색, 청록색, 황색, 초록색, 오렌지색, 청색, 적색, 자주색, 베이지색

청색, 적색, 자주색, 베이지색, 오렌지색, 초록색, 황색, 청록색, 산호색

[그림 2-2(a)] 켄 윌버의 가치밈 도식화
(켄 윌버, 『모든 것의 이론Theory of Everything』)

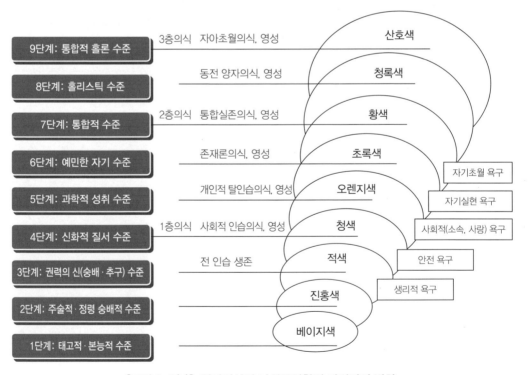

9단계: 통합적 홀론 수준 — 3층의식 자아초월의식, 영성 — 산호색
8단계: 홀리스틱 수준 — 동전 양자의식, 영성 — 청록색
7단계: 통합적 수준 — 2층의식 통합실존의식, 영성 — 황색
6단계: 예민한 자기 수준 — 존재론의식, 영성 — 초록색
5단계: 과학적 성취 수준 — 개인적 탈인습의식, 영성 — 오렌지색
4단계: 신화적 질서 수준 — 1층의식 사회적 인습의식, 영성 — 청색
3단계: 권력의 신(숭배·추구) 수준 — 전 인습 생존 — 적색
2단계: 주술적·정령 숭배적 수준 — 진홍색
1단계: 태고적·본능적 수준 — 베이지색

자기초월 욕구
자기실현 욕구
사회적(소속, 사랑) 욕구
안전 욕구
생리적 욕구

[그림 2-2(b)] 인간의식의 나선동역학적 가치밈의 변화
(조효남, 『통합심신치유학: 이론 편』, p. 95)

〈표 2-2〉 가치밈 체계의 기초 개념

가치밈 vMEMEs	핵심 개념	기본 동기
베이지색 BEIGE	생존적 본능 (무인습적 생리적 자아)	• 내면의 감각적 생리적 본능을 통해 살아 있음 • 음식·삶터·섹스가 가장 지배적 욕구
자주색 PURPLE	친족 정신/주술적 (전 인습적 소속감 자아)	• 마법적·위협적 세상에서 피의 관계와 정령 숭배주의 • 자연의 순환 법칙에 순응하며 삶
적색 RED	권력의 신 (전 인습적 이기주의)	• 모험적인 독립심을 통한 자기·타인·자연에 대한 권력 강화 • 오직 권력·힘을 통한 이기적 소유·획득·지배
청색 BLUE	흑백 진리/이념 신봉 (인습적 순응)	• 하나의 옳다고 믿는 길에 대한 절대 2분법적 신념 • 인습, 체제, 신뢰적 권위에 대한 순응 복종
오렌지색 ORANGE	합리적·과학적 성취 (탈인습적 개인주의)	• 자기 개인을 위해 더 많은 것을 소유하고 성취하기 위해 모든 분투적 추동 • 과학적·합리적 사고로 타인보다 우월한 성취감, 소유적 자기실현 만족 추구
녹색 GREEN	공동체, 인간적 유대 중시 (탈인습적 공동체주의)	• 공동체의 웰빙과 소통, 합의에 최상의 우선순위 • 상대적으로 다른 이념과 신념을 모두 받아들이지만, 자신에 반대하고 공격하는 개인이나 공동체에 반발하는 엘리트주의적 사고
황색 YELLOW	통합적 유연한 사고 (포스트 탈인습적 자아실현)	• 사회와 세계에 대한 연결된 그 그림의 관점을 통한 변화에의 유연한 적응 • 통합적 시스템적 사고에 의한 자아실현
청록색 TURQUOISE	통전적 생태적 사고 (포스트 탈인습적 세계혼)	• 전 지구적 역동성의 생태적 전일적 포용 • 세상과 자연과 우주와 자기가 '불이不二'라는 양자적 사고
산호색 CORAL	초통합적·자아초월적 사고(포스트 초월적 사고)	• 아직도 보편적으로 출현하지 않은 초통합적 통전적 혼돈 수준 • 동체 대비, 삼신일체三身一体, 신인합일의 자아초월의식이 생겨남

85

앞에서 언급한 바와 같이, 그레이브스의 '나선동역학'의 연구는 벡과 코완의 『나선동역학Spiral Dynamics』에 의해서 더욱 발전되고 손질되어 보다 더 체계화되었다. 이들은 인간의 사회적 실존의식, 심층 가치의식 발달의 생존/실존 파동은 [그림 2-2]와 같이 9가지 일반 단계들, 혹은 '밈' 또는 가치초밈(vMemes)이라고 일컫는 단계들을 거치는 것으로 보고 있다. '밈/가치밈'이란 오늘날 상이하고 다양한 의미로 사용되는 말이지만, '나선동역학'에서 이 말은 단순히 어느 인간의 사회적 심리와 활동으로 표현되어질 수 있는 모든 사회적 실존의식 발달의 기본 단계를 의미한다. 여기서는 벡과 코완의『나선동역학』에서의 **가치밈**의 개념과 특성에 대한 본격적인 소개에 앞서, 통합사상가인 켄 윌버의『모든 것의 이론』에서 잘 요약 설명하고 있는 벡과 코완의 **가치밈** 체계의 의미와 각 **가치밈**의 핵심 개념부터 먼저 소개하였다. 물론 뒤에서『나선동역학』에 대해 보다 상세하게 다시 반복 설명하게 될 것이다.

어떤 의미에서 다양한 '**가치밈**'은 어느 한 개인이 자신의 '내적(심리적) 역동'과 (외적으로) 변화하는 '삶의 조건'이라는 힘에 의해 존재의 거대한 역동적 나선을 따라 발달할 때 자기에게 보이는 '서로 다른 모습의 세계'라고 볼 수 있다. 각각의 밈은 전 단계를 초월하고 내포하는 홀론으로서 서로 감싸 안으며 역동적으로 발달한다고 볼 수 있다. 벡과 코완은, '밈들(혹은 가치밈 단계들)'은 경직된 어느 한 수준이 아니라 겹쳐지고 상호 엮어지면서 흘러가는 의식 전개의 그물망(mesh) 작업의 모양이나 역동적 나선 형태로 나타나는 '파동(wave)'이라고 단정하고 있다. 이에 대해 벡은, "나선적 형태는 여러 순수한 형식이나 유형의 것들이 중복 혼합되어 있는 잡다하고 비대칭적인 패턴이며, 이것들은 일종의 모자이크, 격자망, 혼합물 같은 것이다."라고까지 말하고 있다. 그리고 벡과 코완은 존재의 이러한 상이한 밈이나 파동들을 지칭하기 위해 다양한 명칭과 색깔을 사용하고 있다 [그림 2-2]에서 처음 여섯 수준은 '제1층사고(first-tier thinking)'라고 표시하기도 하는 '생존의 수준'이다. (벡과 코완이나 켄 윌버의 분류와는 달리 사실은 제1층밈 중에 녹색 밈은 존재의 수준이다.) 그리고 나서 소위 '존재의 수준'이라고 일컫는 상위의 두 개의 주요 파동을 가진 '제2층사고(2nd-tier thinking)'가 창발하는 의식의 혁신적인 전환이 일어난다. 여기서는 벡과 코완이『나선동역학Spiral Dynamics』에서 제시하는 [그림 2-2]와 〈표 2-2〉에 보인 바와 같은 9가지 파동의 기본 개념을 뒤에서 보다 상세하게 설명하기에 앞서 우선 핵심 개념의 이해를 위해 간략하게 요약하여 기술하였다.

(1) **1단계: 베이지색 밈**(태고적/원형적·본능적Archaic Instinctual 수준). **기본적 생존의 수준** 으로 음식, 물, 온기, 성, 안전이 최우선시된다. 단지 생존을 위하여 습관과 본 능이 사용된다. 살아가기 위한 생존대 형성(볼 수 있는 곳: 최초의 인간 사회, 신생 아, 노쇠한 노인, 알츠하이머 환자, 거리의 정신질환자, 굶주리는 사람들—성인 인구의 0.1% 정도, 0%의 사회적 힘)

(2) **2단계: 자주색 밈**(마법적·물활론적Magical–Animistic 수준). 사고는 물활론적(정령 숭 배)이다. 선과 악의 마법적(주술적) 영들에 의해 세상에 축복과 저주를 내리고 이 에 따라 사건을 결정짓는 주문/주술로 가득 차게 한다. 수호령의 형태로 보살펴 주는 조상의 영들이 존재하고 그 힘이 종족을 결속시킨다. 종족적 부족의 혈족 관계와 혈통이 정치적 힘을 형성한다(볼 수 있는 곳: 저주에 대해 믿는 자, 피로 맺은 맹세, 원한이나 행운의 주술 미신자, 마법적·주술적 신념을 가진 사교邪敎 집단, 지하 테러/범죄 조직—인구의 10% 정도, 1%의 사회적 힘).

(3) **3단계: 적색 밈**(권력의 신Power God 수준). 종족/부족과 구분되는(이기적·충동적) 자 기가 최초로 출현한다. 강력하고 **충동적**이며 **자아중심적**이고 영웅적이다. 마법 적·신화적 영웅, 용, 괴물, 권력자들이 지배하는 위협과 약탈자로 가득한 정글 이다. 무리와 집단은 정복하고 피로 이기며 지배된다. 아직 사회적 자아가 미미 하기에 후회나 가책 없이 자기를 최대한 즐긴다(볼 수 있는 곳: '미운 세 살', 반항적 인 젊은이, 봉건왕국, 조폭, 제임스 본드의 악당, 모험적 특수부대 군인, 거친 록스타, 흉 노족의 아틸라, 파리대왕—인구의 20% 정도, 5%의 사회적 힘).

(4) **4단계: 청색 밈**(신화적 질서Mythic Order 수준, **규칙 순응주의자 수준**). 전능한 '타자 (Other)'나 '질서(Order)'에 의해 삶의 의미 방향, 목적이 결정된다. 이 정당화된 '질서'가 '옳고(正)' '그른(邪)' 절대적이고 불변하는 원리에 근거를 둔 행동 규약 을 집행한다. 이러한 규약/규칙을 위반하는 것은 그 사회로부터의 영구적 추방 을 의미한다. 대신 규약에 따르면 충성에 대한 보상을 받는다. 고대 봉건국가의

통치 제도, 완고한 사회적 질서, 가부장적 질서, 유일한 방식의 법과 질서, 구체적 문자적인 근본주의자적 신념, 질서와 규칙에 대한 복종, 종교적·신화적 소속감, 성자적·절대주의적이거나 세속적·무신론적 질서/사명(볼 수 있는 곳: 청교도적 미국, 유교적 사회, 싱가포르식 형벌제, 기사도 규약과 명예, 기독교·이슬람 근본주의자, 애국심, 도덕주의자, 경직된 가부장적 사회 위계—인구의 40% 정도, 30%의 사회적 힘).

(5) 5단계: 오렌지색 밈(과학적 성취Scientific Achievement). '자기'는 청색의 '무리 정신'에서 벗어나 전형적으로 '과학적'이라고 부르는 가설—연역적·실험적·객관적·기계적·조작적·개인주의적 의미에서 진리와 의미를 추구한다. 세계는 자신의 목적을 위해 배우고 숙달하고 조정할 수 있는 자연법칙을 지닌 합리적이고 잘 돌아가는 기계와 같다. 매우 성취 지향적이고 물질적 이득/소유를 추구한다. 과학의 법칙이 정치, 경제, 인간사를 지배한다. 시장적 동맹, 개인의 책략적 이득을 위해 지구의 자원을 조종한다(볼 수 있는 곳: 계몽주의, 월스트리트, 전 세계에 출현하는 중산층들, 화장품 산업, 트로피 사냥, 식민주의, 냉전, 게임 산업, 물질주의, 자유로운 이기주의—인구의 30% 정도, 50%의 사회적 힘).

(6) 6단계: 녹색 밈(예민한 자기Sensitive Self 수준). **공동체주의, 인간적 유대, 생태적 예민성**, 네트워크화 지향적이다. 인간의 영혼은 탐욕, 독단, 파당성에서 해방되어야 한다고 본다. 애정과 배려가 냉혹한 합리성을 대신하고 지구/가이아, 생명을 소중히 여긴다. 계층 구조에 대항하여 수평적 유대와 연결을 만든다. 여과성 있는 자기, 관계적인 자기, 집단의 상호 관계망, 대화와 관계를 강조한다. 집합적 공동체의 공유된 감성, 자유롭게 선택한 제휴, 화해와 의견 일치를 통해 결론에 도달한다. 영성을 새롭게 하고 조화를 이루며 인간의 잠재력을 풍요롭게 한다. 강력한 평등주의, 위계적 구조주의 반대, 다원주의적 가치, 다양성, 다문화주의, 상대적 가치 체계, 다원적 상대주의 세계관, 주관적이고 비선형적인 사고, 지구 가이아 생태계의 모든 생명에게 감성적 다양성, 민감성, 배려 등을 보인다(볼 수

있는 곳: 심층생태학, 로저스식 심리상담, 캐나다의 건강 관리, 인본주의 심리학, 자유신학, 그린피스, 동물애호, 생태심리학, 인권 문제, 여성생태주의, 탈식민주의, 푸코/데리다 해체주의—인구의 10% 정도, 15%의 사회적 힘).

(7) 7단계: **황색 밈**(**통합적**Integrative 수준). 삶은 자연적 계층 구조, 홀라키들의 시스템, 형태로 이루어진 만화경이다. 융통성, 자발성, 가능성이 가장 우선시된다. 차이와 다원성이 상호 의존적 자연스런 흐름으로 통합될 수 있다. 필요시 타고난 탁월성의 정도에 따라 보완된 평등주의를 지향한다. 지식과 능력이 계급, 권력, 지위, 집단을 대신해야 한다고 본다. 세계 질서는 서로 다른 수준의 밈이 혼재하고 역동적 나선을 따라 일어나는 상하운동이 공존할 수 있는 유동적 흐름의 결과이다(인구의 1% 정도, 5%의 사회적 힘).

(8) 8단계: **청록색 밈**Turquoise(**통전적**Holistic Integral 수준). 보편적인 통전적 체계, 통합적 에너지의 홀론/파동. 지식과 감정을 켄타우로스적으로 통합한다. 상호 엮어 짜인 다중 수준들이 하나의 의식 체계로 통전 지향적이다. 외적 질서(청색 밈)나 집단유대(녹색)에 기초하지 않은 살아 있고 의식적인 모습을 지닌 보편적 질서 '대통일(T·O·E)'이 이론적, 실재적, 양자사고적으로 가능하다(인구의 0.1% 정도, 1%의 사회적 힘).

(9) 9단계: **산호색 밈**(**통전적 홀론**Halistic-Integral Holonic 수준). 아직 보편적으로 출현하지 않은 세계혼 양자 자기수준의 온우주 의식, 모든 존재의 삼원일체三元—体적, 홀론적 통전의식으로 자아초월이 시작되는 단계이다.

초록색 밈이 완료되면서 인간의식은 '제2층(2nd-tier) 사고'로 '양자도약'한다. 그레이브스는 확신할 수 있는 존재의 의미의 심연을 통과하는 '순간도약'이라고도 말한다. 제2층의식과 더불어 비로소 본질적으로 모든 존재에 대한 자연적·비대칭적·복잡계적 계층 구조와 이질적 등계층 구조(heterarchies, 등급화와 연결화) 모두를 사용하는 수직적이고 수평적인 사고를 할 수 있다는 것이다. 윌버는 각 파동은 모두 '초월하고 내포하는' 의식 홀론이므로, 본질적으로 그레이브스, 벡과 코완의 '나선동역학'은 그의 AQAL 모형의 '온수준'의 홀라키적 의식의 스펙트럼 발달 모형과 같다고 강조하고 있다. 그리고 그레이브스 등의 나선동역학의 제2층의식 수준은 그의 의식의 스펙트럼 모형에서의 켄타우로스적 실존의식, 네트워크 논리의식 수준이고 상위의 성숙한 비전 논리 수준에 해당한다는 것이다. 게다가 7단계 황색 밈 수준과 바로 위 8단계 '청록색 밈' 수준들은 이 수준의 집합적 인간 진화의 현재의 최선단인 0.1% 정도의 인구만이 이 수준에 있다는 것이다. 예컨대, 벡과 코완은 샤르뎅(Chardin, T.)의 ' 정신권(noosphere)', 초개인(트랜스퍼스널, 자아초월)심리학의 등장, 혼돈과 복잡성 이론, 양자적 사고, 통합적·전일적(통전적) 시스템적 사고, 간디와 만델라의 다원주의적 통합 등을 포함하는 것들이 분명하게 빈도가 점차로 증가하는 도중에 있고, 가까운 장래에 9단계 이상의 더 상위의 '밈'들이 출현하게 될 것이라고 언급하고 있다.

그러나 누구나 나선 **가치밈**의 달인으로서 통합치유변용(변혁) 리더십의 리더가 되기 위해서는 각 **가치밈** 단계에서의 진입·절정·퇴장의 전이 과정의 개념, 특성, 속성에 대해 통달할 정도로 알아야 한다. 그러나 벡과 코완의 『나선동역학』에는 각 **가치밈** 단계의 개인과 조직이 건강하거나 불건강하거나 병리적인 상태, 열려 있거나 사로잡혀 있거나 갇혀 있는 상태에 대한 사례적 설명이나 여러 수준의 지배적인 밈들 간의 각 상태에서의 복합적인 상호작용에 대한 설명이 없다는 게 아쉽다. 여기서는 『나선동역학』에 나와 있는 나선 **가치밈**의 핵심 개념, 특성, 속성만을 위주로 하여 그중에 가급적 환원주의적 설명과 미국적 경영 관리 위주의 설명을 배제하고 수정 보완하면서 요약·기술하였다.

2. 가치밈의 기본 속성들

나선 **가치밈**의 지적知的 속성은 다양한 방식의 문화 모방·학습을 통해 형성된 지적 정보이고, 사회적 생존·실존 의식화되어 심층 가치의식의 가치식識(의식, 무의식)을 형성한다. 그러므로 어느 특정 분야 어느 특정 수준의 **가치밈**들은 그 분야 그 수준의 지적 인지認知 능력, 인식 능력, 핵심 지능, 지성을 갖게 한다. 그래서 하나의 활성화된 '**가치밈**'은 개인의 **세계관**, 가치의식 **체계**, 사회적 실존의 **수준**, 신념의 **구조**, 자기조직화 원리, **사고방식**, 삶의 **양태** 등을 바꾸어 놓으며 진화하거나 퇴화한다.

　여기서 **가치밈**의 속성은, 기본적으로는 벡과 코완이 『나선동역학』에서 제시하는 기본 속성을 바탕으로 하고 있다. 그러나 저자는 온전한 이해를 위해 그들의 환원주의적 · 뇌신경과학적 · 밈과학적 밈 설명을 수정 보완하여 **가치밈**의 심층적 속성을 요약 고찰하였다.

(1) 가치밈은 구조화된 체계를 형성하고 인간의 심층 가치의식, 세계관, 언행, 신념, 사고방식 등에 결정적 영향을 미치는 핵심 인지 능력 · 지능 · 지성을 발현시킨다.

　가치밈은 우리가 우리 삶이나 일에 대한 의사 결정을 어떻게 내리고 어떻게 우선순위를 정하는가를 결정하는 사고, 동기, 습관, 판단, 지침… 과 관련된 인지 능력을 발휘하는 구조화된 식識(의식, 무의식)의 틀을 내포하고 있다.

　가치밈은 일단 뇌의 인지 기능에 의해 학습된 동일 수준의 밈들을 심층 가치의식의 구조화된 식識으로 형성시켜 그 수준이 지배적으로 되게 하기 위해, 마치 바이러스가 숙주인 인체 내에 침투하여 변이 · 번식하면서 인체를 지배하려고 하듯이, 인간의 마음을 점령하고서 지배하려고 한다. 특히 제1층밈에서는 다른 수준의 경쟁적인 **가치밈**이나 동일 수준의 밈, 가치식識이라도 신념이 다르거나 서로 상이하고 상반되는 경우에는 서로 다른 경쟁 가치밈으로부터의 공격을 의식 · 무의식적으로 방어하려는 방어 심리기제를 발현한다.

　그리고 지배적인 **가치밈**들은 우리 삶의 모든 면에 있어서 기본적으로 그 수준의 밈에 상응하는 가치를 부여하며 우선순위를 형성하려고 한다. 그러나 통상 인간의 사회적 생존 · 실존 의식의 발현은 여러 수준의 **가치밈**들이 부정적이거나 긍정적으로 복합적으로 결합하여 작용하므로 대개는 하나의 단독의 지배적 **가치밈**은 없다. 그래서 표면적인 언행만 갖고서는 지배적인 심층 **가치밈**을 쉽게 간파하기 어렵다. 그러나 지배

91

적인 가치밈들은 여러 상황에서 주시하여 관찰하다 보면, 심층의 **가치밈** 수준에서 나오는 말과 행동, 사고방식·의사 결정 방식, 태도 등에 의해 복합적이거나 단일한 지배적 양태로 드러난다는 것들을 알아챌 수 있다.

그러나 어떤 사람의 언행(말과 행동)이 자신의 사회적 생존·방호·성취를 위해 (잘못된 마음챙김 기술Skill의 경우의 자기의 사회적 적응을 위한 자기관리·자기조절에서 보듯이) 표면으로 나타내는 말과 행동이나 주장이 그 사람의 실제 심층적인 **가치밈**과는 다를 수 있기 때문에 어떤 사람의 **가치밈** 프로필을 알아내려면 위장된 말과 행동이 아닌 그 사람의 사회적 본성, 즉 무의식이 드러나는 상황들을 통해 관찰해야 삶·생활·일의 모든 면에서 개인의 지배적인 심층 가치의식들을 제대로 알 수 있다. 그것도 한 수준이 아닌 여러 수준의 지배 비율(%) 정도까지도 동시에 알 수 있다. 실제로 개개인의 보이지 않는 내면의식, 심층무의식으로 구조화되어 있는 가치식識들은 상응하는 **가치밈**들로 나타나고 역동적으로 변화·변이, 진화·퇴화하는 과정 속에 있다.

(2) 가치밈들은 우리의 삶의 모든 선택에 결정적 영향을 미친다.

우리 인간은 생존 수준에서 실존 수준에, 더 나아가 자아초월적 영적 수준에 이르기까지 삶의 모든 국면에서 사회·문화적 삶을 살아가고 있다. 이러한 인간의 삶은 인간의 뇌와 의식·무의식에 각인 형성되고 변화되며 진화된 '**가치밈**'/가치식識(심층 가치의식)의 지배를 받게 되어 있다. 그래서 **가치밈**/가치식은 우리 삶의 거의 모든 것에 결정적인 영향을 미치는 '의식 체계', 신념·이념 체계, 사고방식으로 구조화되고 자기조직화되어 작용한다. 그래서 **가치밈**들은 마치 강력한 바이러스와도 같이, 스스로 자신들의 핵심 메시지를 재생산하고 전파하고 번식하도록 만들기 위해 모든 대상들, 사람들, 제도들, 아이디어들에 우리로 하여금 더욱더 집착하게 만든다.

그래서 **가치밈**들은 각각, 종교, 정치, 가정생활, 교육, 정신건강, 일과 경영/관리, 사회적 질서/제도, 법, 규범 등 우리의 사회적 삶의 모든 국면을 위한 그것들 스스로의 가치 체계, 세계관, 신념… 의 구조화된 틀을 지니고 있다. 그래서 특정 **가치밈**들은 관심 대상의 실체들을 함께 결속하도록 끌어당기거나 상호 반발하도록 밀어내는, 마치 에너지장이나 자기장과도 같이 작용한다.

예컨대, 청색 밈 수준의 교회들은 새로운 **가치밈**(이를테면, 이신적_{理神的} 오렌지색 밈)이 그들의 소속 교회 공동체에서 깨어나게 될 때 뭉치거나 분열한다. 이러한 **가치밈**의 분열은 종종 급진적 분할을 수반한다. 또는, 예컨대 코로나 후 AC 팬데믹 상황의 지속이나 기후 온난화로 인한 천재지변으로 인해 격변하는 전 지구적·지역적 정치·경제·사회 환경 변화나 자연재해 환경의 변화와 이로 인한 민감한 경제·시장 상황의 변화에 대처하고 기업의 시장 경쟁력 확보를 위해서는 구성원들의 정신력, 업무 능력의 개선과 지속적인 첨단·과학기술 정보의 획득·가공·응용·창조가 생명이다. 그러므로 기업의 리더와 모든 구성원의 **가치밈**의 지속적 변화나 빈번하고 급격한 이동, 치유 변용/변혁이 거의 모든 산업경제 비즈니스 전 분야에서 일어나게 되어 있다. 이러한 **가치밈**의 변화와 요동은 도산 위기에 빠진 기업의 동요와 이에서 벗어나기 위한 강한 개혁이나 구조 조정을 요구하는 원인이 되기도 한다. 또는, 예컨대 오늘날 '파탄 난 가정'이나 '조각난 가족' '가족의 해체'와 같은 가정의 붕괴도 현대의 고질병 같은 시대적 위기 상황 중의 하나이다. (반대로, 팬데믹의 위기에서는 가족주의와 가족 유대가 더 강화될 수도 있다.) 이 경우도 가족의 구성원들의 건강하지 못하거나 갇혀 있는 낮은 수준의 지배적 **가치밈**들(녹색을 제외한 모든 제1층밈들) 간의 충돌·갈등이 모든 붕괴의 원인이 되고 있다.

무엇보다 모든 **가치밈**은 자신들의 가치 체계를 공고하게 하여 보호하고 확장 전파하려 하고, 주위에 강력하게 동조하는 가치 체계들을 자석같이 끌어모으고, 주위에 자신을 지지하는 가치 체계를 만들고 끌어모으려고 하는 속성을 갖고 있다. 그러나 무슨 **가치밈**이든, 특히 제1층 **가치밈**들의 경우 자연재해 환경과 팬데믹 상황, AI·BD·BC 중심의 디지털 가상·비대면 정치·경제·사회 환경의 변화에 따라 변화하고 변화될 수밖에 없는 경우가 대부분이다. 하지만 새로운 **가치밈**이 자리 잡고 안정된 상태로 성장하기 전까지는 이러한 변화는 종종 기존의 가치 체계의 매우 고통스러운 뿌리 뽑기를 요구하기도 한다.

제1층의 **가치밈**들이 지배하는 사람들은 삶의 모든 면에 있어서 삶의 조건에 대응하는 지배적 **가치밈**들에 따라 그 지배적 밈들을 위한 사회적 자기와 심층 가치의식을 더욱 심화시키면서 이에 따른 사회적 생존·실존심리를 발달시키게 된다.

(3) 가치밈은 열린 건강한(좋아지는) 상태나 사로잡힌 불건강한(정체된) 상태나 갇
힌 병리적인(더 나빠지는) 상태의 속성 모두를 나타낼 수 있다.

원래 가치밈은 인간의 문화적 삶의 진화·변화와 함께 문화 모방·학습으로 획득된 지적 문화 정보에 의해 각인된 밈 중에 인간의 사회적 생존·실존을 위해 비생물학적으로 유전되고 진화된 가치의식의 밈과 식識을 나타내는 심층 가치의식과 관련된 사회적 본성의 단계적 진화 결과로 발현된 것이다. 때문에 그 자체는 원래 나쁘거나, 좋거나, 건강하거나, 불건강하거나, 긍정적이거나 부정적이지 않다. 맨 하위의 **가치밈**에서 조금이라도 더 발현 진화된 중간 수준의 제1층의 가치밈들, 제2층의 상위적 가치밈들을 포함하여 맨 위의 **가치밈**에 이르기까지 모두 다 인간의 삶에 필요한 사회적 본성을 구성하는 것이다.

그러나 급변하거나 위험한 인간의 삶의 (자연적·인위적) 환경과 열악한 삶의 조건에 문화적으로 적용하며 생존 진화하는 과정에서 시공을 초월하여 비생물학적(형태형성적·카르마적·심층무의식적)으로 유전된 것이 **가치밈**이다. 그런데 개인의 심층무의식의 장애심이나 성장 과정에서 처해진 환경과 생활 조건에 의해 형성된 상흔이나 병리적 억압무의식, 정신신경적 장애심 때문에 하위적 수준에 걸려 있는 지배적 **가치밈**들은, 특히 1층의 하위 밈들의 경우 점점 더 그 수준에 사로잡히거나 고착되어 더욱더 불건강한 상태 쪽으로 빠져들기 쉽다. 더구나 오렌지색 밈 이하의 경우는 이기적·소유 지향적·이념적 현대인의 사회심리로 인하여 고도 과학기술 문명과 고도 산업화시대의 물질 문명의 풍요나 그 풍요를 향한 하위의 몇 개의 밈들이 서로 불건강하거나 병리적으로 결합함으로써 자기파괴적이거나 사회파괴적인 **가치밈**들로 변하여 더욱더 그것들에 사로잡히거나 고착되기 쉽게 되어 있다. 예컨대, 청색 밈이 지배적인 경우 종교적·정치적·사회적 이념·신념들의 실현을 위해 수백만의 사람이 헌신할 뿐만 아니라 소명으로 부여받은 목적 실현을 위해서는 그들의 생명까지도 기꺼이 바치고, 최고의 지적 교육을 받은 사람들까지도 무장폭도나 자살 폭탄 테러 같은 광신적 성전聖戰과 강대국의 제국주의에 맞서 싸운다는 민족주의적 테러리즘을 위해, 자기 한 목숨 불사를 수 있는 게 절정 상태에 있는 광적·병리적 청색 밈의 전형적인 모습이다.

반면, 건강한 **가치밈**들은 진화하는 **나선밈**상에서 다른 **가치밈**들의 긍정적 표현을 허용하거나 조장하기도 한다. 이를테면, 오렌지색 밈 수준에서 개인주의적이지만 과학적·합리적으로 냉철하게 조직의 목표 달성을 위해 분투노력하는 사람들도 자주색 밈의 가족애를 필요로 하고, 조직의 목표 달성을 위해 적색의 용기 있고 모험적으로 전력투구하는 감투 정신을 높이 산다. 비록 그들은 서로 어떤 목적 대상을 놓고 서로 영향을 주고받으며 경쟁하는 관계 속에 있을 수 있지만 그렇다.

그러나 종종 **가치밈**들은 어느 특정 관계에서의 **가치밈**에 너무 쉽게 사로잡혀 마치 악성 종양이 정상적 통제를 벗어나 계속 성장하듯이, 심적·의식적 성찰, 자각·각성, 통제력이 부족하거나 마비된다. 이렇게 되면 그 단계의 고착 강도만 점점 강해지고 변화를 거부하면서 자신의 가치 체계의 방호적 자세만 강화시킴으로써 병리적으로 갇혀 버린 상태로 되거나 억압적이 되기도 한다.

(4) 가치밈들의 가치 체계, 세계관, 신념, 윤리, 사고방식은 구조화되어 있다.

이미 앞에서 여러 번 언급한 바와 같이 **가치밈**들은 밈이 식識으로 변하면서, 의식·무의식이 구조화되어 있으므로 가치식識도 당연히 조직화·구조화되어 인지認知·인식의 '틀'을 형성하게 되어 있다. 이와 같이 **가치밈**/가치식이 구조화되면, 그것은 사람들이 믿고 가치를 두는 것이 **무엇**(what)인가도 중요하게 생각하지만 그보다 더 심층적으로 그 대상에 대하여 그들이 **어떻게**(how) 생각하고 어떻게 의사 결정을 내리는가를 좌우하게 된다.

왜냐하면 이는 **가치밈** 체계나 가치식識 체계들이 밈이나 식識의 복잡성의 깊이/ 수준별, 라인(계통)별, 상태별, 유형별로 구조화되어 지적知的 인지 능력(지능, 지성), 인식의 얼개와도 같은 것이 되기 때문이다. 그리고 **가치밈**은 뇌신경계의 인지 생성·변환과정에 의해 일단 형성되면 '식識'으로 전환되어 의식·무의식의 가치식으로 조직화·구조화되어 저장되기 때문이다.

예컨대, 청색 밈의 경우 어느 한 종교를 유일한 진리의 길이라고 주장하는 철저하게 물든 어느 근본주의적 광신도가 다른 종교로 개종해서도 다른 종교적 진리를 전파하는 또 다른 근본주의적 광신도가 될 수 있다. 이 경우, 이들 근본주의자들 사이의 갈등은 **가치밈**의 수준이 아닌 동일 수준 밈의 내용적인 것들에서 생긴다. 수많은 오렌지색 밈의 개인주의적·합리적·책략적·투쟁적 성공 추구자들은 동일 수준의 오렌지색 밈들과 '밈'의 내용을 놓고 싸우고 갈등하고 자신이 선호하는 오렌지색 밈의 내용물들로 경쟁 상대를 이기기 위해 불건강한 하위적 밈들까지 동원하여 전력투구하기도 한다. 이러한 예들은 인간이 만든 모든 형태와 유형의 조직을 가진 인간 사회에서 흔히 적색 (R), 청색(B), 오렌지(O) **가치밈** 존들(RBO zones) 내에서의 끝없는 충돌, 갈등, 대치의 수많은 예에서 쉽게 찾아 볼 수 있다. 특히 대부분의 영화, 드라마, 문학이 전달하려는 사회적 메시지는 이들 수준의 사회적 실존의식 문제에 관한 것들이 대부분이다.

현실적으로 사람들의 지배적 **가치밈**들이 물리적으로나 개념적으로 제한된 공간에서 서로 겹치고 부딪치게 되면 그들 사이에 갈등이 생기고 자신의 **가치밈**을 같은 공간의 사람들에게 영향을 미치게 하고 전파하고자 애쓴다. 동일 수준의 **가치밈**의 갈등 못지않게 다른 **가치밈** 수준들 사이의 갈등, 충돌도 쉽게 인식할 수 있다. 이를테면, 청색 밈(근본주의자, 이분법적 단색 이념주의자)과 오렌지색 밈(과학주의자, 다원주의자) 사이의 갈등·충돌, 오렌지색 밈(개인주의 선善)과 녹색 밈(공동체주의 선善) 사이의 갈등·충돌, **청색**/적색(Blue/red)과 **오렌지색**/청색(Orange/blue)의 개인·집단 간의 갈등·충돌 등 수없이 많은 경우를 사회 전반에서 목격할 수 있다. 예를 들면, 영화·연극·드라마의 메시지를 통해서나 또는 전 지구적·지역적으로 매 순간 매일 일어나고 있는 정치·경제·사회·문화적 크고 작은 사건들을 다루는 매스컴·언론·SNS의 각종 사건 뉴스의 스토리를 통해서도 쉽게 언급하고 이해할 수 있다.

(5) 가치밈들은 삶의 조건들이 변화하면서 밝아지거나 흐려질 수 있다.

앞에서 강조한 바와 같이 사람들의 가치밈 수준은 처해진 환경과 삶의 조건의 변화와 의식의 변화가 생기면서 변하게 된다. 하지만 가치밈들은 동일 수준 내에서도 가치밈의 내용과 가치의식의 지적知的 인지認知 능력, 지능·지성의 강도가 달라지고 조정되고 변화된다. 벡과 코완은 가치밈의 이러한 속성을 인공두뇌적(cybernetic) 되먹임 (feedback)과 조정(adjust) 능력을 갖는다고 유비적으로 설명하고 있다. 하지만 인공두뇌보다 훨씬 더 복잡하게 되먹임·모방학습, 새로운 밈 정보, 삶의 조건의 변화에 따라 자기조직화, 자기조정하면서 핵심 가치 인지 기능을 보존하거나 더 깊고 크게 확장하면서 열려 있는 마음을 발견하는 곳마다 자신들의 영향력을 침투시키려 추동받는다.

중요한 점은, 각 가치밈이 정치·경제·사회적 문화 환경, 자연환경의 변화와 이에 따른 **삶의 조건**이 변화하는 신호를 받을 때, 기존의 내면의 사회적 자아, 가치식識의 작용과 함께 그 자신의 세기를 자동적으로 높이거나 낮추도록 하는 능력, 즉 자동반응장치와 유사한 기능을 갖고 있다는 것이다. 환원주의적 밈 과학자들에 의하면, 이러한 속성은 비생물학적 문화 유전 정보나 문화 DNA라고 일컬어지는 가치밈의 근본 속성이라는 것이다. 이는 마치 완벽한 범용 인공지능 AI 바이오 로봇같이 자동적으로 외적 환경 조건의 변화에 응하여 특정 가치밈의 세기를 자동으로 높이거나 낮추도록 조정하는 자동조정 스위치 같은 게 있는 까닭에 가능하다는 것이다. 그러나 이러한 비유는 환경과 삶의 조건의 변화에 의해 생성된 정보/식識과 이에 상응하는 내면의 기존 가치식識과 내면무의식의 상호작용에 의한 무수한 변이, 창조적 변화의 심오한 복잡계적 속성을 고려하면, '**가치밈**' 속성에 대한 유비적인 설명으로는 부족하다. 그러한 실상의 원인은 상상을 초월할 정도로 훨씬 더 복잡한 인간의 마음과 인간의식·무의식의 복잡계적 특성 때문이다.

실제로 현실에서 이러한 현상은 무수히 많아 일일이 열거할 수 없을 정도로 흔하다. 예컨대, 한 기업 내에서도 다른 기능을 수행하는 일에서는 당연히 다른 지배적 **가치밈**들을 가진 사람들이 있을 수 있다. 그날그날의 쟁점이 무엇이 되든지 간에 이들은 직원회의 같은 데서 종종 부딪치고, 그러한 과정 속에 스스로 적응해 가며 특정 **가치밈**의 강도가 밝아지기도 하고 흐려지기도 하는 것이다.

요컨대, **가치밈**들은 외적 자연적·인위적 사회환경 조건의 변화에 따른 삶의 조건의 변화와 이에 상응하는 내면의 가치의식/무의식과 함께 역동적으로 변화한다. 그리고 그것은, 특히 1층의 하위적 **가치밈**의 경우 환경과 삶의 조건에 따라 더욱 민감하게 변화하면서 그 세기가 밝아지거나 흐려질 수 있고, 그 변화의 강도가 심하면 새로운 **가치밈**으로 이동하는 변화가 일어날 수도 있다.

3. 가치밈과 동양 사상

동양 사상이라고 하면 너무 방대하고 전문적인 내용이므로 이 책에서 본격적으로 다룰 수 있는 내용이 아니다. 실제로 서양의 나선역동적 가치밈 체계보다 훨씬 더 정교하고 심오한 인간의 사회적 심층 가치의식에 대한 교의敎儀들이 2,500년 전부터 동양, 특히 동북아의 유儒, 불佛, 선仙 사상 속에 잘 나타나 있다. 여기서는 다만 상식적인 수준에서 인간의 사회적 삶, 현실적 삶 속에서 인간의 도리道理, 도덕/ 윤리를 주로 가르치는 유교 사상과 도가 사상, 그리고 춘추전국시대 제자백가 사상 중에 묵자의 상생의 도와 한비자의 공평한 법치의 도 같은 사상을 중심으로 인간의 사회적 본성—사회적 자아, 심층 가치의식, 사회적 실존의식—의 속성을 밝히는 '가치밈'과 동양 사상이 어떤 관계를 갖는가에 대해서만 간략하게 살펴보았다. 이것도 (앞으로 후학들의 전통 지혜와 현대 인간과학·사회심리과학·정신과학의 통선적·상보적 연구에 대한 관심을 갖게 하고) 가치밈과 동양 사상의 관계를 직관적, 개념적으로 이해하기 위해 어느 정도 흥미 있는 일이라고 본다.

1층에서 3층에 이르는 가치밈의 전 스펙트럼이 인간의 사회적 본성, 세계관, 신념, 도덕성… 같은 심층 가치의식의 발현 수준을 나타내므로, 당연히 동양의 모든 사상은 [그림 2-3]에서 보듯이 상응성을 보여 준다. 그러나 여기서는 동양 사상의 가치밈 수준과의 상응성, 대등성에 대해서는 고찰이나 설명 없이 단지 각 수준의 가치밈과의 상응성에 대해서만 단순하게 언급할 것이다.

먼저, 최초의 가족, 부족 공동체의 사회적 자아가 생기는 자주색 밈(Purple: P)의 부족이나 가족 공동체의식에서 보면 유교의 효孝와 예禮 사상, 대학大學의 수신제가修身齊家 사상이 이 수준의 가치를 건강하게 가르치는 사상임을 알 수 있다. 그 바로 위의 적색 밈(Red: R)에서의 인간의 이기적 자아의식의 맹목적 권력 촉구 욕망은 불법·탈법·무법의 병리적 권력 추구 야욕에 빠지게 하기 쉬운 것이다. 이를 건강하게 발현시키려면 유교의 삼덕三德 중에 '의義'와 '용勇'이 중요한 이념이 되어야 하고 칠정七情을 잘 다스려야 함을 알 수 있다. 그리고 그 위의 청색 밈(Blue: B)은 사회적 제도, 법, 규범을 중시

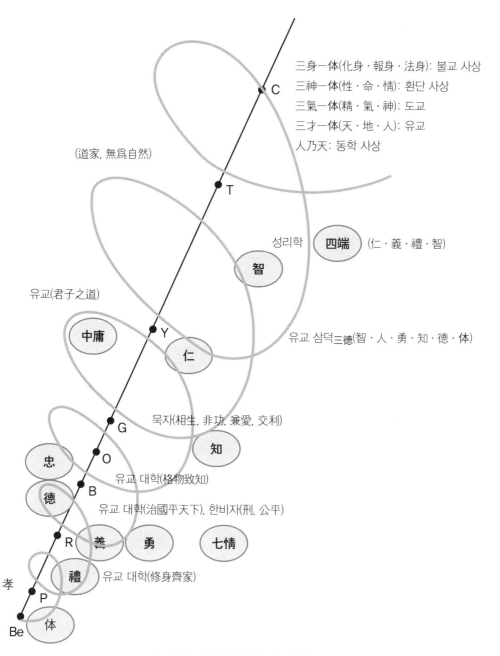

三身一体(化身·報身·法身): 불교 사상
三神一体(性·命·情): 환단 사상
三氣一体(精·氣·神): 도교
三才一体(天·地·人): 유교
人乃天: 동학 사상

(道家, 無爲自然)

성리학   四端   (仁·義·禮·智)

智

유교(君子之道)

유교 삼덕三德(智·人·勇·知·德·体)

中庸   仁

묵자(相生, 非功, 兼愛, 交利)

知

유교 대학(格物致知)

忠

유교 대학(治國平天下), 한비자(刑, 公平)

德

義   勇   七情

禮   유교 대학(修身齊家)

孝

体

[그림 2-3] 동양 사상과 가치밈

하고 진리의 힘을 믿는 최초의 본격적인 사회적 자아가 발현되는 의식 수준이고 유교의 사서삼경四書三經의 대부분의 가르침이 도덕규범, 인도人道·치도治道·법도法道의 가르침이므로, 이는 곧 건강한 청색 밈의 교화에 대한 가르침이다. 한마디로, 대학大學의 '치국평천하治國平天下' 그리고 한비자의 법가法家 사상에서 공평한 형刑과 법치法治의 도

道가 상징적으로 이 가치밈 수준의 가르침을 나타낸다. 다음에 바로 그 위의 진정한 개인주의적·과학적·합리적·개인적 자기존중(자존감)의 자아가 발현되는 오렌지색 밈(Orange: O)에서는 개인이 자기성취를 통해 사회적 경쟁에서 이기기 위해서는 전문가적인 앎, 전문적 지식知識이 중요하다. 삼덕三德의 '지知'와 대학大學의 '격물치지格物致知'는 건강한 오렌지색 밈 정신의 실현을 가르치고 있다. 그리고 그 위의 최초로 공동체의 평화와 공존·공영의 존재적 삶을 중시하는 사회적 자아가 발현되는 녹색 밈(Green: G)에서는 소통·공감·상생·평화의 미덕이 고양되어야 하므로 묵자의 정신인 '비공非攻, 겸애兼愛, 교리交利'의 상생相生의 정신이 건강한 공동체적 삶의 진정한 정신을 가르치고 있음을 알 수 있다.

제1층 가치밈의 수준을 넘어 제2층의 가치밈으로 도약하는 황색 밈(Yellow: Y) 수준에서는 제1층의 소유 중심적 삶에서 존재와 의미 중심적 삶으로 의식의 중심이 도약적으로 이동하며 실존적 삶에 눈을 뜨는 의식의 변용이 일어난다. 이 수준에서는 세계와 인간의 삶에 대해 유연한 시스템적이고 통합적·이성적 의식에 눈이 뜨이는 수준이다. 그러므로 유교의 군주에 충성하고 백성을 다스리는 '치민治民'의 봉건적 의미가 아닌, 국가사회와 공동체를 위해 헌신 봉사하는 진정한 '위민爲民'을 실천하는 정신으로 현대적 의미의 '군자지도君子之道' '선비 정신'과 '통通'하게 된다. 그리고 그 위의 청록색 밈(Turquoise: T) 수준의 비전 논리적 사고, 통진적統全的 사고, 양자적 사고를 하게 되면 성리학의 사단칠정四端七情의 사단四端(仁·義·禮·智)을 실현하고, 도가道家의 '무위자연無爲自然' 사상이 자연스레 이 수준의 의식에 배어든다. 물론 동서양의 모든 전통 지혜, 영원의 철학의 삼원三元(体·相·用)일체一体 사상인, 불교佛教의 삼신일체三身一体(化身·報身·法身), 도가道家의 삼기일체三氣一体(精·氣·神), 유교의 삼재일체三才一体(天·地·人), 우리 민족 고유의 환단桓丹 사상의 삼신일체三神一体(天·地·人, 性·命·情) 사상, 그리고 東學의 인내천人乃天 사상에 이르기까지 신인합일神人合一 사상이 실현되는 단계가 청록색 밈을 넘어 제3층의 산호색 밈(Coral: C) 같은 자아초월의식 수준에서 실현되지만, 그 정신은 2층밈의식에서도 추구되고 있다.

4. 가치밈의 구조적 특성과 특징

가치밈에 대해서는 벡과 코완의 『나선동역학Spiral Dynamics』 3부의 '나선 달인(Spiral Wizard) 현장 매뉴얼'에 보면 각 가치밈 수준별로 그 구조적 특성과 각 수준의 가치밈으로의 진입·절정·퇴장 과정의 특징을 상세하게 기술해 놓고 있다. 전반적으로는 역동적 통합치유변용(변혁) 리더십을 적용하는 리더로서 현실에서 가치밈의 보다 깊은 이해를 위해 좋은 자료이다. 하지만 하위의 베이지색 밈과 자주색 밈의 특성은 현대인의 예시 위주가 아닌 역사적으로 초기 인류의 밈의식 위주로 설명하고 있어 아쉽고, 각 수준의 가치밈에 대한 시대적 설명도 미국식 실용주의적 사고의 관점이나 지나치게 주관적인 설명이 적지 않다. 특히 2층밈의 경우는 황색 밈과 청록색 밈에 대한 특성 및 특징의 설명이 모호하고 주관적인 이해에서 나온 설명이 많다고 볼 수 있다. 특히 현대인의 삶에서 각 수준의 가치밈의 건강·불건강·병리적 특성이나 열린·사로잡힌·간힌 상태에 대한 설명과 복합적 밈 현상에 대한 설명이 없는 게 아쉽다. 그러나 대체로 벡과 코완의 설명이 가치밈의 특성과 특징을 제대로 이해하는 데 도움을 주므로, 가치밈의 구조적 특성과 특징, 현실에서 일어나는 각 수준의 가치밈의 현상들에 대한 보다 더 깊은 이해를 위해서는 매뉴얼이 분명 어느 정도 상당한 도움을 줄 것이다. 여기서는 벡과 코완이 현장 매뉴얼에서 강조하는 가치밈의 특성 및 특징에 대해 약간의 비판적 설명과 함께 벡과 코완의 내용을 일부 수정 보완하는 식으로 아래에 소개하였다.

1) 가치밈들의 특성

베이지색 밈	사고가 자동적이고, 구조가 느슨한 결속이고, 과정이 생존지상주의적
자주색 밈	사고가 물활적이고, 구조가 부족적이고, 과정이 순환적
적색 밈	사고가 자기중심적이고, 구조가 제국주의적이고, 과정이 모험적
청색 밈	사고가 절대주의적이고, 구조가 피라미드적이고, 과정이 권위주의적
오렌지색 밈	사고가 다원주의적이고, 구조가 위임적이고, 과정이 전략적

녹색 밈	사고가 **상대주의적**이고, 구조가 **평등주의적**이고, 과정이 **합의적**
황색 밈	사고가 **체계적**이고, 구조가 **상관적**이고, 과정이 **통합적**
청록색 밈	사고가 **통전적**이고, 구조가 **글로벌**하고, 과정이 **양자적·생태적**

2) 가치밈의 신속한 개관

(1) 가치밈의 (역사적·시대적) 진화(전개해 나감.)는 여러 궤적을 따른다.

① 덜 복잡한 수준에서 ⟶ 더 복잡한 수준까지

(자연적, 기술적, 인적 환경… 이)

② 숲속의 생존 상태에서 ⟶ 인터넷을 넘어서는 정보 파도타기까지

(새로운 **마음**과 의식 수준의 각성… 을 통해)

③ 한 조각의 작은 땅에서 ⟶ 지구촌과 사이버 공간까지

(영토와 정보의 계곡을 가로지르는 이동을 거치며)

3) 제1층 FIERST TIER, '생존 가치밈(Subsistence vMEMEs)'

(1) BEIGE〈베이지색〉: '살아남기 위한 생존(Survivalistic)' 가치밈, 첫 번째 원초적 자아의식이 깨어남(그레이브스 코드: A-N)

① 기본 주제: 그대가 살아 있기 위해 꼭 필요하고 해야 하는 것만을 하라.

② 특징적 신념과 활동

- 꼭 살아남기 위해 본능과 습관을 사용한다.
- 뚜렷한 **자기감**이 겨우 깨어나거나 지속되어진다.
- 음식, 물, 온기, 섹스, 안전이 최우선적이다.
- 삶을 헤쳐 나가기 위해 생존적 유대를 형성한다.

③ 보이는 곳: 최초의 인류들, 신생아, 노쇠한 노인, 말기 단계 알츠하이머 환자,

정신질환자, 노숙인, 굶주리는 집단들, 나쁜 환각제 복용자, 전쟁터나 지진 같은 재앙이 주는 '혼비백산 충격'으로 정신 나간 사람 등

(2) PURPLE〈자주색〉: '마법적' 가치밈, 두 번째 본능적 자아의식이 깨어남(그레이브스 코드: B-O)

① **기본 주제**: 조상령/정령들을 즐겁게 해 주며 종족(부족, 친족, 무리, 가족) 보금자리를 따뜻하고 안전하게 유지하라.

② **특징적 신념과 활동**

- 조상령/정령 존재들의 욕구와 자연 현상의 신비적 징후에 복종한다.
- 추장, 윗사람(부족/집안, 어른, 부모, 연장자), 조상, 무리에 충성심을 보여 준다.
- 신성한 대상, 장소, 사건들과 기억들을 보존하고 경배한다.
- 삶의 통과의례(출생, 성인, 결혼, 죽음), 계절의 순환, 종족/부족의 관습을 중요시한다.

③ **보이는 곳**: 수호신(수호령)과 부두Voodoo 같은 저주에 대한 믿음, 피의 맹서, 오랜 기간의 원한 싸움, 영가/초혼가와 트랜스/신들린 굿/환각 상태에서의 춤, 행운의 부적, 가족의식, 종족의 신비적 믿음과 미신, 제3세계 무대, 혈맹의 갱단, 가족의식이 강한 스포츠 팀, '세습 족벌' 기업 에서 강하게 나타남 등

(3) RED〈적색〉: '충동적' 가치밈, 세 번째 이기적 자아의식이 깨어남(그레이브스 코드: C-P)

① **기본 주제**: 그대가 무엇이건 간에 그대 자체로 좋고 그대가 원하는 게 무엇이든 간에 구애받지 말고 하라.

② **특징적 신념과 활동**

- 세계는 위협과 약육강식/약탈자들로 가득한 정글이다.
- 자기가 원하는 대로 자기를 즐겁게 하기 위한 어떤 지배나 제약에서 자유롭게 벗어나라.

- 두려움이 없고 모험적이며, 용감하고 도전적이며, 강한 힘/권력으로 적과 상대를 제압하는 영웅심이 넘친다.

- 우뚝 높이 서 있으며 주목받기를 기대하고 존경을 요구하고, 서열을 중시하고 어길 경우 피의 대결을 불사한다.

- 죄의식이나 양심의 가책 없이 지금 당장 최대한으로 자신을 즐긴다.

- 다른 공격적 인물들을 정복하고, 계략을 이용하여 앞지르고 지배한다.

③ 보이는 곳: '미운 세 살, 반항하는 사춘기 십대, 이단심리, 봉건왕조, 제임스 본드의 악당들, 서사시의 영웅들, 전쟁의 영웅들, 사선을 넘나든 군인들, 스포츠 팀, 슈퍼맨, 하드록스타, 영화 '부당거래'의 주인공들, 징기스칸, 알렉산더대왕 같은 정복자들, 윌리엄 골딩의 **파리대왕**, 마약거래상, 조폭/야쿠자/마피아/갱단, 사악한 무법자들 /범법자들 등

(4) BLUE〈청색〉: '목적 지향적' 가치밈, 네 번째 사회적 자아, 소속감과 자아의식이 깨어남(그레이브스 코드: D-Q)

① 기본 주제: 삶은 예정된 결과를 가져오며 의미, 방향, 목적을 갖고 있다.

② 특징적 신념과 활동

- 자기를 초월적 **존재**나 이념적 **진리**나 종교적 진리의 길에 열광하는 근본주의자로서 헌신하고 희생시킨다.

- 초월적 · 초자연적 신성의 **지령(the Order)** 같은 교조적 가르침은 영원한 절대 원리에 기초한 문자적 · 이분법적 흑백진리의 맹목적 행위에 대한 믿음 · 신념 · 강령을 강화시킨다.

- 올바른 삶은 현재(현생)의 안정성을 만들어 주고 미래(내생)의 보상을 보장한다.

- 충동성은 죄의식을 통해 제어되고 모든 사람은 사회 제도 속에서 그들에게 마땅한 신분과 삶의 위치를 갖는다.

- 사회적 관습, 법, 규제, 훈련은 특징적 성격과 도덕적 기질을 만든다.

③ 보이는 곳: 미국과 한국의 교회 목사, 부흥 목사 및 광신도들, 이슬람 근본주

의 성직자·지도자 및 테러리스트, 흑백논리·2분법적 사고자들, 단색적 정치 사회 이념주의자들(극좌파, 좌파, 중도, 우파, 극우파), 과거 전통 유교적 관습에 얽매인 중국인·한국인, 극단적 하시디즘 유대주의, 과거 디킨즈풍의 영국 신사도, 싱가포르식 훈육·형벌, 기사도와 명예의 서약, 일본 사무라이 정신, 백인우월주의 KKK단, 보이/걸 스카웃, 민족주의, 애국주의 등

(5) ORNAGE〈오렌지색〉: '성취주의자' 가치밈, 다섯 번째 개인적 자아, 페르소나적 자아의식이 깨어남(그레이브스 코드: E-R)

① 기본 주제: 이기기 위한 게임을 함으로써 그대 자신의 자기이익 추구를 위해 활동하라.

② 특징적 신념과 활동

- 변화와 진보는 사물의 구도 내에 내재되어 있다.
- 자연의 비밀(과학)을 배우고 최선의 해답을 구함으로써 진보한다.
- 남보다 앞서는 과학적·전문적 지식으로 무장하고 합리적·논리적·창의적으로 일하며 사회적 부와 성공을 달성하기 위해 올인all-in한다.
- 풍족하고 좋은 삶을 창조하고 퍼지게 하기 위해 지구의 자원을 활용해야 한다고 생각하고 과학주의적·개발지상주의적 사고가 존중받는다.
- 전략적·책략적·술수적이고 부여된 목표 성취를 위해 몰입하고 분투하는 자기신뢰적이며 실용적·전문적 지식과 능력이 우월한 사람들이 그들의 성공을 누릴 자격이 있다.
- 사회는 전략, 기술, 경쟁, 투쟁을 통해 번성한다.

③ 보이는 곳: 계몽주의, 개발지상주의 정치가·관료들, 성공보수 지상주의적 모험(영화 〈Devil's Advocate〉의 주인공), 월스트리트(영화 〈Wall Street Money Never Sleeps〉), Rodeo Drive, Riviera 휴양지, 신흥 중산층/상류층, 화장품 산업, 성공 트로피 사냥, 상공회의소, 정치경제적 패권주의·식민주의, TV·인터넷 검색 정보들, 홈쇼핑몰·과대 포장 온라인 e-shop들, 다국적 기업들, 성형, 패션, 과거 한보그룹 정태수 회장 같은 재벌, 성공 지상주의적·천민자본

주의적 불법/합법·정경 유착 한국 재벌들, 그런 기업의 임직원들 등

(6) GREEN〈녹색〉: '공동체주의자' 가치밈, 여섯 번째 성숙한 자아, 유기체 자아의식이 깨어남(그레이브스 코드: F-S)

① 기본 주제: 내면의 자기 안에서 평화를 구하고 다른 사람들과 공동체로의 보살피는 차원을 탐색하라.

② 특징적 신념과 활동

- 인간 정신은 탐욕, 독단, 분할로부터 자유로워야 한다.
- 감정, 예민성, 보살핌이 냉혹한 합리성을 우선한다.
- 지구의 자원과 기회를 모든 것에서 동등하게 펼쳐라
- 화해와 합의 과정을 통해 의사 결정에 도달하라
- 영성을 새롭게 하고 조화를 가져오고 인간 발달을 풍요롭게 하라.

③ 보이는 곳: 존 레논의 음악, 네덜란드의 이상주의, 로저스 상담기법, 해방신학, 국경없는의사회, 캐나다 건강 진료, ACLU(American Civil Liberties Union), 세계교회협의회(World Council of Churches), 민감성 훈련, 보울더(콜로라도) 생태 환경보호, 그린피스Green Peace 운동, 지미카터Jimmy Carter 공동체 운동, 영화 〈졸업the Graduate〉의 주제, 동물의 권리, 심층생태학, 영화 〈Tomorrow〉의 지구 종말, 친 환경·생태 보호·CSR 기업들, 이념 지향적이 아닌 진보적 친 환경·생태 보호, 건강·보건 신장, 인권 보호·평등 회복, 장애·소외 계층 보호를 위한 제반 정치·사회 제도 개혁 지향의 모든 시민단체·사회단체(NGO, NPO)

4) 제2층 존재의 가치밈(The Second TIER, 'Being' vMEMEs)

(1) YELLOW〈황색〉: '통합적' vMEME 가치밈, 7번째 켄타우로스, 실존적·심신통합적 자아의식이 깨어남(그레이브스 코드: G-T)

① 기본 주제: 세계와 우주를 통합적 시각/조망으로 바라보고 그대가 무엇이든

존재적으로 있는 그대로 받아들이고, 그리고 자기실현을 위해 무엇이 되기 위해 노력하면 노력하는 그대로 충분히 유연하고 책임 있게 살아라.

② 특징적 신념과 활동

- 삶은 자연적 위계이고 세계와 우주는 시스템 형태의 만화경이다.
- 실존의 장엄함은 물질적 소유를 넘어서는 존재적 가치가 있다.
- 통합적 사고와 유연성 · 자발성 · 기능성은 최고의 우선순위이다.
- 전문가적 지식과 능력, 폭넓은 교양, 심오한 지성 · 인품을 계급 · 권력 · 신분 보다 더 우선시한다.
- 차별성/차이는 상호 의존적이고 자연적인 흐름 속으로 통합될 수 있다.

③ 보이는 곳: 양자과학, 양자적 사고, 켄 윌버의 AQAL(All Quadrant All Level) 통합사상, 양자장/생명장, 프랙탈 복잡성 과학, 혼돈(카오스) 이론, 통합 기장氣場(suble energy field) 이론, 평원적이 아닌 통합/통섭/융합 과학기술, 생태산업적 공원(각각 서로 다른 것의 배출물을 원료로 사용하는), 21세기 IT 정보화시대 수평 네트워크 통합 패러다임적(소통 · 공감 · 평등 · 나눔, 자발적 · 자율적 · 창의적) 기업 경영(욘 폰 테츠너의 '오페라 SW사' 경영 철학, 핀란드 '노키아사' 경영 철학, 김종훈 '한미파슨스' 경영 철학『우리는 천국으로 출근한다』),『통합적 온건강 Integral Holistic Health』, 웰라이프, 디팩 초프라(Chopra, D.)의『사람은 왜 늙는가 Ageless Body, Timeless mind』등

107

(2) TURQUOISE〈청록색〉: '통전적統全的**(Holistic Integral)' vMEME 가치밈, 8번째 비전 논리적, 자아실현, 세계혼적 자아의식이 깨어남(그레이브스 코드: H-U)**

① 기본 주제: 마음과 영혼을 통한 존재와 실존의 온우주적 전체성을 체험하라.

② 특징적 신념과 활동

- 세계는 그 자신의 집합적 마음을 가진 단일한 역동적 유기체이다.
- 자기(self)는 더 큰 자비로운 온우주 전체의 확연하게 드러난 통전적 부분(삼위일체三位一体, 삼신일체三身一体, 삼신일체三神一体)이다.
- 모든 것은 온생명장의 심층 생태적 유기체적 통전統全 속에 다른 모든 존재

에 모든 수준의 존재에 연결된다.

- 온우주 내 모든 수준의 에너지(氣)와 모든 수준의 정보(識)는 가이아 지구의 심층적 전체 생태·환경 속으로 스며든다.
- (통전적·통합적·전일적) 직관적 예지와 세계혼적 헌신·봉사 활동을 한다.

③ 보이는 곳: 봄의 초양자장 이론, 초프라의 양자사고, 양자적(空·一心) 깨달음, 조하르의 양자자기, 양자적 영성, 영원의 (영속)철학·종교·심리학의 전통 지혜의 체득/의식화, 통전적 조화의 간디 사상, 비노바 바베, 만델라… 의 사상, 법정스님 '무소유' 사상, 켄 윌버 통합사상과 원효의 화회 사상의 상보적 통전 사상 등

※ CORAL〈산호색〉: 벡과 코완은 아직 출현 여부가 불분명하다고 말하였지만, 종교 지도자와 출가 수행자와 재가 수행자들 중에 진정한 마음챙김·통찰명상, 교선敎禪·정혜쌍수定慧雙修, 성명쌍수性命雙修의 수행적 삶을 통해 자아我相를 내려놓는, 그래서 자기로부터 자유롭고 깨어 있는 자아초월의 수준에 도달한 사람들, 이러한 리더들은 희귀하지만 여러 분야에 있다. 그들이 어떤 조직을 이끄는 리더이면 청록색 밈까지의 모든 것을 내포하지만, 모든 구성원은 산호색 리더와 모두 '한마음'이 되어 모든 자원은 100% '무소유'적이고 공동체적이고 사회 환원적으로 경영하고 관리하고 코칭하게 된다.

나선역동적 마음

1. 마음과 가치밈

소우주라고 하지만 거시적 양자우주보다 더 복잡한 인간의 '마음(의식·무의식)'같이 복잡 오묘한 것도 찾아볼 수 없다. 이 지구상에 살고 있는 모든 사람의 마음이 모두 다르고 제각각이다. 유인원에서 벗어난 초기 인류 이래로 이 지구를 다녀갔던 모든 사

람의 마음도 똑같았던 사람은 한 사람도 없다. 모든 사람은 설사 똑같은 환경, 삶의 조건하에 살더라도 각각 다른 마음 상태로 각각 다른 방식으로 생각하고 판단하고 일하고 말하고 행동한다. 그야말로 모든 존재가 다 그렇지만 가이아Gaia 지구상에서는 가장 진화된 존재인 인간이 가장 심오하고 복잡한 블랙홀 심연 같은 존재임은 분명하다. 하나하나의 모든 사람이 '유일한 존재'이고 신비한 존재로서의 양자우주 그 자체임이 분명하다. 그래서 모든 사람의 복잡한 마음을 다 알 수 없다는 것은 자명하다.

왜 그런가? '마음'이 '무엇이다'라고 말하고 가르치는, 마음에 대한 모든 것을 다 아는 완전한 깨달음에 이르렀던 석가, 예수, 노자, 달마… 같은 성현들의 '완전한 깨달음'의 경지는 '마음'에 대해 다 아는 경지에 이른 경지라고 가정하더라도, 그렇지 않은 그 외의 어떤 사람도 마음을 다 안다고 할 수가 있는가? '내 마음 나도 몰라'가 보통 사람들의 솔직한 고백이다. 그만큼 마음은 동서고금의 영원의 철학·종교·심리학의 핵심 주제였다. 방대한 현대심리학을 비롯하여 마음과 의식을 유물론적이거나 환원주의적으로 단정하고 다루는 뇌과학·인지과학이나 진화심리학이나, 또는 몸·마음·정신을 통합적으로 다루는 통합심리학, 양자심리학, 신경정신의학 등 수많은 학문 분야에서 마음과 의식의 현상과 원리에 대해 나름대로 정의하고 분석하고 있다. 그리고 사람들은 마음공부와 마음챙김 명상 수련을 통해서도 마음의 정체나 본성을 알고 깨달으려고 하나, 궁극의 깨달음에 도달하기 전까지는 알 수 없는 것이 마음이다. 초기 인류 이래로 소위 궁극에 도달한 사람이 과연 얼마나 있겠는가?

그렇다 보니 마음과 관련된 뇌신경계의 인지認知 원리(지知: 대뇌신피질, 정情: 대뇌변연계, 의意: 뇌간)의 규명이 아직은 1~2% 수준에 머물고 있고, 그래서 의식·무의식·심층무의식·기저무의식, 정신·혼·영혼이나 영성, 자아/자기, 본성/자성/순수의식 등이 모두가 오리무중 같아 기껏해야 관념적으로 인식할 수밖에 없는 것이다. 그러다 보니 마음은 궁극의 본성本性을 의미하는 진여자성眞如自性·일심一心·우주심·대심大心·초심超心… 에서 심층의 근본 식識으로서의 마음(아뢰야식/아말라식)이나 이에 상응하는 심층무의식·기저무의식이나 이에 의해 조종되는 표층심리의 의식 현상, 뇌신경계와 다섯 감각기관(오감五感, 오근五根)과 뇌의 인지 과정에 의해 발현되는 인간의 복잡한 칠정七情의 감정 현상과 의식·무의식의 복잡한 상념·번뇌·자아의식·집착식에 이르기까지 너무나 심오하고 미답의 경지가 많다. 그렇다 보니 마음의 본성과 현상에 대해 전통지혜와 현대심리학·뇌신경과학·인지과학이 알아낸 것도 놀랄 만큼 상당하지만 아직도 마음의 모든 것을 알기에는 요원하다고 말할 수 있다. 그래서 전통 지혜와 현대심리학, 인간과학을 모두 망라한 마음에 대한 지식이 '빙산의 일각' 정도에 지나지 않고, 그나마 그 모두를 통달한 사람도 찾아보기 힘든 게 바로 '마음'이다.

마음에 대한 '넋두리' 비슷한 말로 시작하는 이유는 단순하다. 왜냐하면 일부 신다원주의적 유물론자들이나 사회생물학자, 보편다원주의적 진화심리학자, 인지과학자/인지심리학자, 뇌과학자들같이 생물학적 '진(Gene/DNA)'이나 비생물학적 문화 모방/문화 유전자/문화 DNA라는 '밈'이나 뇌신경계의 인지 과정/체계 등으로 인간의 오묘한 역동적 마음을 모두 설명하려 하는 그들의 무모함부터 알고서 인간의 나선역동적 마음을 온전하게 이해해야 하기 때문이다.

특히 **가치밈**(vMEMEs)은 인간의 마음/의식 중에 인간의 사회적 본성, 사회심리, 그중에 가장 핵심인 세계관, 신념, 사고방식, 가치관, 도덕성, 사회적 자아… 와 관련된 '심층 가치의식', 사회적 실존의식을 나타낸다. 그러나 유물론자나 환원주의자들은 뇌신경계의 문화 모방·학습에 의해 형성된 지적 인지 능력 체계가 **가치밈**의 전부라고 본다. 그러나 이것은 동시에 의식·무의식으로 전환 각인되어 인간의 생존·실존과 관련되는 사회적 심리로서 인간의 '마음'의 일부가 되고, 이것은 곧 심층 가치의식으로서 주체(자기)에 의해 인간의 마음을 움직이고 사고하고 말과 행동으로 나타난다. 즉, 이는 인간의 정신(혼, 실존적 자기)에 의해 의지와 신념으로 작용하고 반응하는 인간의 생존·실존 의식의 의식·무의식의 구조화된 체계임을 알아야 한다. 이 점에 대해서는 앞에서 여러 번 강조하였다. 그러므로 **가치밈**은 본질적으로 인간의 의식·무의식의 가치식으로 작용하는 마음의 외적인 지적 정보 인지 기능에 의해 생성된 것이고, 그래서 그 외적 표현인 것이다. 다시 말해, 유비적으로 보면 무른모(S/W)와 초월모(T/W)에 해당하는 인간의 모든 의식·무의식의 가치식은 반드시 굳은모(H/W)인 뇌신경계, 감각기관의 지각·인지 과정에 의존하여 생성되고 표현되며, 이것이 곧 가치밈인 것이다.

그렇다면 인간의 사회적 마음은 오묘하고 복잡하지만 개개인마다 심층 가치의식인 **가치밈** 체계를 고유하게 갖고서 자연환경, 사회환경과 상응하는 삶의 조건에 따라 **가**

치밈들은 나선역동적으로 움직이고 변한다. 이와 같이 인간의 마음 중에 사회적 심리, 사회적 마음은 그가 속한 가정에서 직장, 사회단체, 국가에 이르기까지 수많은 사회 속에서 그를 둘러싼 인적·사회적 환경, 삶의 조건에 따라 역동적으로 변한다는 사실을 누구나 경험과 직관적으로 쉽게 알 수 있다.

2. 나선 가치밈, 내면의 유기체적 심층 가치 체계

나선 **가치밈**은 인간의 사회적 심리 중에 심층 가치의식, 사회적 생존·실존 의식이므로 인간 마음 본성의 사회적 측면이다. 지금까지 계속 반복 강조하며 설명해 온 바와 같이, 그것은 뇌신경계의 인지 과정에 의해 문화 정보의 모방·학습을 통해 일단 그것이 '밈'으로 형성되면 의식·무의식의 가치식으로 전환 각인되어 인간 마음의 일부로 되어 작용한다. 인간의 사회적 본성 중에는 자신의 신념, 가치관, 세계관, 사고방식 관련 지능이나 지적 인지 능력을 타인이나 공동체, 사회로 전파하려는 마음을 사회적 본성으로 갖고 있다. 그렇기 때문에 유물론적 밈과학자들이 말하듯이 그것은 뇌라는 숙주를 통해 바이러스가 복제·번식하듯이 뇌와 뇌 사이에 전파되는 현상과 유사하다고 보는 것이다. 그것은 생물학적인 진(Gene/DNA)의 복제·생산·확대와 유사한 속성을 갖는다고 볼 수 있기에 환원주의나 유물론적으로는 정말로 그것이 '밈'의 본질이라고 그렇게 믿고 주장하고 있는 것이다.

여하튼 간에 나선 **가치밈**의 체계 자체는 인간의 마음을 움직이는 인지 생성 변환체로서의 뇌의 지적 인지 기능과 심층 가치의식·무의식의 핵심 지능/지성의 체계적 속성으로 인해 환경과 삶의 조건의 변화에 따라 새로운 **가치밈**이 깨어나게 하기도 하고, 지배적 **가치밈**들 사이의 균형을 조정하기도 하고, 이전의 밈존meme zone으로 퇴행하는 원인을 야기시키기도 하고, 때로는 극심한 외적 환경 변화에 따라 지배적 밈 내에서 혼돈적 전환이 생기기도 한다.

나선 **가치밈**의 속성에 대해서는 이미 앞 절에서 상세하게 알아보았지만, 무엇보다 나선 **가치밈**의 지적 인지 능력, 역동적인 나선적 지능은 인간의 심층 가치의식의 발현

111

의 나선적 특성 그 자체에서 나온다는 것을 알아야 한다. 그러나 계속되는 뇌의 문화적 모방·학습 기능을 통해 사회적 생존·실존 의식으로서의 가치식識 자체가 점점 더 깊어지고 복잡해지면서 인간의 마음이 역동적으로 변화하는 것이다. 때문에 현재 우리 자신의 마음속에서 능동적으로 우리에게 온갖 은유와 조망을 만들어 내게 하는 **가치밈**/가치식을 통해 이 나선적 핵심 인지/지능/지성이 발현되고, 이를 통해 생각하고 사고하고 말하고 행동하게 된다는 사실을 올바르게 인식해야 한다. 사람들은 나선 **가치밈** 체계상 각 수준의 각각 다른 국면들을 각자 다르게 인식하게 된다. 또한 다른 사람들과는 달리 자신에게 친숙한 **가치밈** 더미(stacks)들을 더 선호하게 되고, 그들 자신 특유의 가치인식의 색안경을 통해 나선밈 체계를 여과하게 되는 것이다.

사람들은 그들의 지배적인 나선밈의 수준들과 그들의 복합적 인식 작용에 따라 사회적 환경과 문화적 삶의 다양한 곳에서 자신들이 선호하는 **가치밈**들에 필요한 핵심 지능과 그들의 삶의 에너지, 생명약동(elan vital)을 찾아내려고 할 것이다. 한마디로, 사람들은 현재의 삶의 조건에 상응하는 **가치밈** 체계를 강화하기 위한 **밈**들을 찾아서 강화하고 삶의 생명력을 발현하려고 하는 것이다.

이와 같이 사람들이 **가치밈**의 나선적 인지 능력을 이끌어 내는 원동력은 개개인의 발현 **가치밈**의 수준에 상응하는 세계관, 진리관, 신념, 이념, 그리고 이 우주와 세계와 사회와 인간에 대한 이해와 인식의 수준에 따라 다양하게 생겨난다. 예컨대, 궁극의 실재에 대한 인식도 서양적인 창조주·신·알라나 동양적인 공空·도道·무無·브라흐만에 의해 갖게 되거나, 예수·석가·공자·마하비라·모하메드 등 모든 성현의 가르침에 따르는 각자의 종교적 믿음이나 신념으로 나타날 수 있다. 반면에 유물론자는 유물론적 신념이나 과학적 진리에 의해 궁극적 진리에 대한 유물론적 인식의 원동력을 얻을 수 있다. 무속적 정령 숭배자나 자연신비주의자들은 무형의 초자연적 힘, 자연, 여신 등에 의해 원동력을 얻을 수 있다.

하지만 그러한 믿음·신념·이념의 원동력을 어떻게 해서 찾아내건 간에 '활동적으로, 지배적으로 작용하고 있는 **가치밈**의 지적 인지 능력은 유물론자가 생각하듯 생물학적 DNA '진'과 문화적 DNA '밈'만이 아닌 다차원의 복잡계적 소우주와도 같은 인간의 마음, 심층 가치의식·무의식의 양쪽이 모두 통합적으로 작용해야 가능한 것이다.

3. 나선밈 체계의 7대 원리

벡과 코완이 '나선동역학'에서 강조하는 나선밈 체계의 7대 원리는 인간의 심층 가치의식, 사회적 실존의식을 '가치밈'으로 설명하기 위한 원리로서 **가치밈**의 특성, 나선 전환, 나선 변화의 원리, 나선 작용 원리 등을 밈과학적으로 설명하고 있다. 여기서는 벡과 코완이『나선동역학』에 요약 제시한 것을 약간 수정·보완하여 제시하였다

(1) 원리 1: 인간은 새로운 가치밈을 창조하는 능력을 소유한다.

① 인간/인류의 밈/의식의 진화는 더 오래되고 더 하위적 단순한 질서·인지·행동 체계를 더 새롭고 더 상위적 복잡한 질서·인지·행동 체계로 점진적으로 **홀론·홀라키적**으로 내포시키며 초월하는 것으로 나타나는 **진화적 전개나 창발적 과정**이다.

② 우리는 **삶의 조건**(생활 조건)의 변화에 응하여 역동적으로 가치밈들의 마음 자체를 재조정할 수 있고 새 **가치밈** 체계를 형성할 수 있는 강력하고 역동적인 마음을 갖는다.

③ **삶의 조건**의 변화에 따른 인류의 진화(개략 추세)

인류의 사회적 생존·실존 의식, 심층 가치의식은 여기에 제시된 바와 같이 벡과 코완이 서구 중심적·창발적 진화론의 시각에서 주장하는 선형적 진화나 전개로 볼 수 없지만 제1층밈 중에 오렌지색 밈까지는 개략적 평균적 추세로 이와 같이 제시할 수 있다. 그러나 초록색 밈 이상은 인류를 선단에서 이끌어 온 지성들에 의해 차축(기축)시대 이래 특히 동양에서부터 창발되어 있었고, 초록색 밈은 자연과의 합일의식 속에 공동체의식을 중시하며 살아 온 천년 이전부터 있어 온 것이다.

• 10만 년 전: **생존형** 호모사피엔스(survivalus)

⇒ 베이지색(BEIGE): 단지 동물이 아닌 막 인간이 되기 시작

• 5만 년 전: **신비형** 호모사피엔스(mysticus)

⇒ 자주색(PURPLE): 종족 형성, 마법, 예술, 정령 숭배

- 1만 년 전: **모험형** 호모사피엔스(exploiticus)

  ⇒ 적색(RED): 전쟁, 정복, 발견

- 5천 년 전: **절대자형** 호모사피엔스(absoluticus)

  ⇒ 청색(BLUE): 문예, 유일신, 목적 추구

- 1천 년 전: **물질 추구형** 호모사피엔스(materialensis)

  ⇒ 오렌지색(ORANGE): 기동성, 개인주의 사회경제 제도

- 150년 전: **인본주의형** 호모사피엔스(humanisticus)

  ⇒ 초록(GREEN): 인권, 자유, 집단주의

- 50년 전: **통합형** 호모사피엔스(integratus)

  ⇒ 황색(YELLOW): 복잡계, 혼돈, 상호 연결성

- 30년 전: **전일형** 호모사피엔스(holisticus)

  ⇒ 청록색(TURQUOISE): 글로벌주의, 생태의식, 패턴들

- 오늘날 ? _____ 호모사피엔스 ⇒ 산호색(CORAL)

④ 최근 **뇌인지과학**, 뇌신경생리학의 발달과 정보화시대로의 진입으로 인해 인간이 어떤 수준에서 생존 · 실존의 문제를 해결하면 **뇌의 새로운 인지 시스템이 활성화**되고, 그렇게 활성화되면 인간으로 하여금 생존 · 실존의 새로운 문제를 알아차리게 하도록 **가치밈의 인지 능력을 변화시킨다**는 사실을 뇌신경과학 · 인지과학적으로 알 수 있게 되었다.

⑤ 가치밈에 대한 최근의 이러한 새로운 **뇌 · 인지 과학적 이해의 기반**은 가치 체계를 기반으로 하는 우리의 모든 생존 · 실존 문제 해결의 본성에 훨씬 더 큰 통찰을 제공하고 있고 '**사회심리적 실존 수준 이론**', 심층 가치의식 이론에 대한 **신뢰도**가 계속 높아지게 한다.

(2) 원리 2: 삶의 조건들은 그 조건들에 응답하여 창발하거나, 솟아오르거나, 퇴행하거나 사라지는 가치밈들을 깨어나게 한다.

① 새로운 **가치밈들**은 우리가 직면하는 외적 환경과 **삶의 조건들**에 반응하여 우

리의 뇌신경계의 인지 체계에 의해 모방·학습된 문화 정보와 우리의 내면의 마음(의식/무의식)에 각인 저장되어 있는 기존의 가치식識과의 역동적 상관 작용의 산물이다.

- 그레이브스가 '이중 나선(double-helix)'이론이라고 일컫는 것은 자연과 인간 활동에서 오는 실존의 **외부 조건**과 **내부의 잠재 능력**(마음, 의식·무의식)의 상호 간섭 작용 이론이다.

- **가치밈** 체계의 **나선역동성(the Spiral)**을 각인시키는 일차적 추동력은 우리의 내면적 마음(의식/무의식) 상태와 우리의 외면적 세계 사이의 역동적 상관 작용 속에 활성화된다.

② **삶의 조건의 네 가지 주요 측면**: (역사적) **시기**, (지리적) **장소**, (인간) **문제**, (사회적) **환경**

역사적 시기

- 인간 발달의 전반적 경로선상에 따른 위치, 특정한 문화의 창발 단계, 개인의 삶의 통과 단계(phases)
- 열쇠 개념: 획기적 시대, 통치 제도, 세대, 시기, 사이클, 날짜, 시간-틀(time-frame), 개인 이력, 단계(phases), 과거/현재/미래의 감각…

- 연대기적 시대의 어느 시대에, 거의 모든 어느 공동체 내에서 동일한 연도에 살고 있다고 해도 사고방식은 매우 다른 시대에 뿌리를 두고 있는 사람들의 발견이 가능하다.

- 인간은 삶의 어느 주어진 시기에 시대의 문명 안에서 그 시대가 제시하는 문화 주제들에 맞도록 고안된 독특한 **가치밈** 체계의 틀을 진화시켜 왔다.

- 시대의 통과가 자연적·인위적 환경의 변화와 함께 외적 삶의 조건을 변화시킬 때 우리의 내면의 잠재력(의식·무의식의 가치식識)은 가해진 스트레스에 의해 깨어나고, 그래서 우리는 이에 응하는 **가치밈** 체계를 추가(또는 재정향)시키고 변이·전이·치유변용 같은 변화를 가져올 수 있다.

- 이 **가치밈**의 적응적 인지 지능·지성, 가치식識의 순차적 대층화帶層化는 나무의 성장 나이테와도 같은 어떤 것에 의해 유비적으로 설명할 수 있다. 이때 각 나이테는 그 절기의 환경 조건/삶의 조건을 반영한다. 인간의 획기적 역사시대의 절기의 기간이 변하면서, 가치밈 체계는 나무와 똑같이 문화와 심리사회적 발달의 나이테를 남긴다.
- 이 지구상의 모든 인간은 모두 다 겉으로 유사해 보이는 경우에도 다른 의식·무의식, **가치밈/가치식** 체계를 갖는데, 동일 시대에 있으면서도 **가치밈** 적으로도 아주 다른 시대에 살고 있는 사람들이 많다.

지리적 장소

- 개인이나 그룹의 지각 범주 내 자연적·인공적 생태 환경의 물리적 조건들
- 열쇠 개념: 기후 조건, 지자기 흐름, 자연적 거주 지역(얼음, 사막, 우림, 보기 흉하게 뻗은 도시, 확 트인 시골), 건축, 인구밀도, 외적 자극의 양과 종류, 공기·흙·음식 중의 화학 성분, 미네랄 양, 빛의 출처·유형, 기후 변동…

- 갈라거(Gallagher, W.)의 『장소의 위력The Power of Place』, 지정학적 위치·기후 환경, 풍수지리
  - 우리의 사회적 가치들과 그 상관 작용에 엄청난 충격을 가하는 지리적 위치의 수많은 요인의 열거가 가능하다.
  - '주변물들'은 인간의 삶에 영향을 미치는 자연의 광범위한 무대로부터의 모든 것을 포함한다(풍수 개념까지도).
  - 사람과 그들의 인공 설치물들을 자연환경과 조화시키는 과정과 유사하다 (수맥/지자기장, 땅의 지형, 하늘, 날씨, 계절 등).
- 그러한 설치물들과의 조화나 부조화는 어떻게, 왜 사람들 사이에 서로 다른 종류의 사고思考가 생겨나게 하고, 다른 사람들과의 불협화음을 야기하고 환경적 배경 조건이 갑자기 변할 때 인구의 황폐화나 절멸이나 이동을 야기한다.

인간 문제

- 특정 개인이나 그룹/공동체가 직면하는 생존 · 실존을 위한 우선순위, 욕구, 관심, 요구조건 중의 일부는 모든 인간과 문화나 공동체나 개성이 독특한 다른 사람들에게 공통으로 있는 것이다.
- 열쇠 개념: 음식 · 물과 같이 생존적 문제, 전략적 시장 영역의 가용성 및 풍부성, 위협이나 안전의 감지 수준, 문화적 규범과 요구조건, 소통과 언어, 지배적 기질과 타고난 방랑벽과 스릴 추구 개성, 과학기술, 역사적 · 사회적 기억, 미해결 역사적 쟁점, 아이콘, 과거로부터 내려온 유물, 질병과 유행병, 이전의 사회적 질서를 교란하는 사회적 악습들…

- 이와 같은 실존 문제들은 기존의 지배적인 질서 내에서의 대처 기제를 압도하고 그래서 뇌와 마음 안의 새롭게 필요한 지적 인지 능력을 촉발시킨다.
- 나선상의 각 핵심 **가치밈**들은 밈의 수준과 상태에 따라 드러나게 되어 있는 그 특유의 독특한 문제들의 집합을 가지고 있다.
  - 그들 중 다수가 동시에 같은 곳에서 솟아오르면 요동과 갈등의 정도도 이에 따라 증가한다.
  - 예컨대, 세계의 분쟁 지역들은 **가치밈**들이 동시에 각성되는 갈등에 의해, 그리고 기존의 자원들을 압도하는 문제들에 의해서도 고조된다.

117

사회 환경

- 권력, 신분, 영향력의 위계 내에서의 개인, 그룹의 위상과 소속 문화 내에서의 위치
- 열쇠 개념: 사회적 역할, 사회 경제적 자원의 흐름에서 차지하는 위치, 사회경제적 부류(층), 교육 수준, 전략적 틈새 시장(블루오션)으로의 진입 기회 및 접근 가능성, 모습과 인상, 대인 관계의 역동성, 정치 체계, 가족 혈통, 인종 · 나이 · 성별 요인들…

- 동일한 시기, 인접한 장소, 유사한 문제를 가진 어느 두 사람도 동일한 환경을 공유할 수 없고, 동일한 환경 속의 쌍둥이조차도 **가치밈**이 다를 수 있다. (이 지구에 현존하는 모든 인간들, 이 지구상을 다녀간 인간들은 존재자로서나 신

체적으로나 밈적으로나 의식·무의식으로나 모두 유일唯一한 유아독존唯我獨尊의 존재임.)

−사회적 환경의 차이에서 오는 '삶의 조건'의 온갖 불균등은 개개인의 인간 사에 엄청난 충격을 가한다.

③ 삶의 조건(LC) 요약

	삶의 조건이 심하게 … 경우	→	'예민한' 사람들의 반응
베이지색	자연적 상태인	→	다른 동물들과 흡사하게 행동
자주색	신비에 차고 놀라운	→	영을 위로하고 안전을 위해 함께 결속
적색	정글같이 거칠고 위험한	→	다른 사람이 원하는 것임에도 불구하고 맞서서 생존을 위해 싸움
청색	상위의 권력에 의해 지배당하는	→	더 높은 권위에 복종하고 '진리'에 성실성 다함
오렌지색	실현 가능한 대안으로 가득 찬	→	성공을 위한 편익과 목표 달성을 위해 실용적으로 모두를 테스트함
녹색	모든 가치 있는 인간성의 보편적 공유 습관인	→	공유되는 성장을 위해 공동체 가입
황색	혼돈적 붕괴의 위험에 처한	→	어떻게 유연하고 자유롭게 대처하는지 배우지만 역시 자아실현과 통합적 접근 원리에 충실
청록색	(세계가) 단일한 살아 있는 유기체적 실재인	→	지상의 명백한 혼돈 속의 통전적 질서 추구

118

(3) 원리 3: 가치밈 체계는 자기표현(Express-self)과 자기희생 (Sacrifice-self) 테마들 사이를 지그재그식으로 오간다.

① 전반적인 나선밈 체계는 '나에게(me)'(음적, 내면적 '자기'에 가치 부여) 초점과 '우리(we)'(양적, 외면적 더 큰 '공동체'에 가치 부여)에의 관심(차별화/통합) 사이를 나선적 상승으로 하는 추같이 (변증법적으로) 이동하며 단련된다.

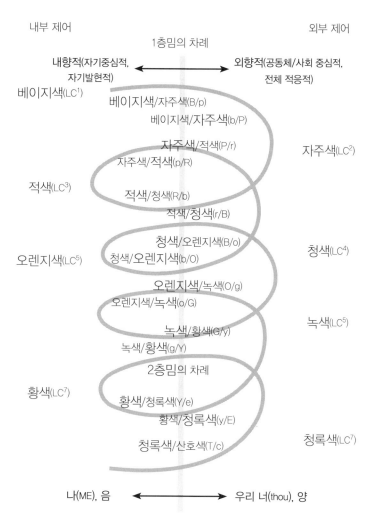

내부 제어   외부 제어

1층밈의 차례

내향적(자기중심적,   외향적(공동체/사회 중심적,
자기발현적)   전체 적응적)

베이지색(LC¹)

　　　　베이지색/자주색(B/p)

　　　　　베이지색/자주색(b/P)

　　　　　　자주색/적색(P/r)   자주색(LC²)

　　　　　자주색/적색(p/R)

적색(LC³)

　　　　　　적색/청색(R/b)

　　　　　　　적색/청색(r/B)

　　　　　　청색/오렌지색(B/o)   청색(LC⁴)

오렌지색(LC⁵)　청색/오렌지색(b/O)

　　　　　　오렌지색/녹색(O/g)

　　　　　오렌지색/녹색(o/G)

　　　　　　녹색/황색(G/y)   녹색(LC⁵)

　　　　　녹색/황색(g/Y)

　　　　　　2층밈의 차례

황색(LC⁷)

　　　　　황색/청록색(Y/e)

　　　　　　황색/정록색(y/E)

　　　　　　　　　　　청록색(LC⁷)

　　　　청록색/산호색(T/c)

나(ME), 음 ◄──────► 우리 너(thou), 양

[그림 2-4] 나선밈 추의 균형력
(벡 & 코완, 『나선동역학Spiral Dynamics』, p. 196 변형)

② 난색 밈과 한색 밈의 특징

- 난색 밈(RED, ORANGE, YELLOW): **자기표현**(express-self), '나'- 중심적 가치
  밈, 자기발현적

- 한색 밈(PURPLE, BLUE, GREEN, TURQUOISE): **희생적 자기**(sacrifice-self), '우
  리' 중심적, 공동체/회적응/공존적

119

※ 나선밈 추의 역동적 균형력

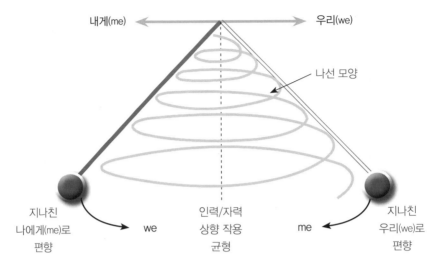

[그림 2-5] 나선밈 추의 역동적 균형력

난색 밈: 개인적/엘리트 극極	한색 밈: 공동체적/집합적 극
나(I): 내게(me): 내 것(mine)	우리(we): 우리에게(us): 우리 것(ours)
• 책임지고, 변화 만듦, 자연 순리에 역하여 이동, 외부 세계를 통제, 자기의 힘을 믿고 의존 • 과업: 외부 세계 탐색 • 통제의 궤도 중심: 내부	• 불가피한 상황을 받아들이고, 자연의 제약 안에서 살고, 같이 있는 사람과 평화롭게 사는 데 초점, 권위는 외부 세계에서 구함 • 과업: 내부를 고정·적응시킴 • 통제의 궤도 중심: 외부

③ 난색 밈은 항상 실체를 위계로 나눔

- 베이지색   ➡   가장 빠른 주자, 가장 높이 도달
- 적색   ➡   권력
- 오렌지색   ➡   신분
- 황색   ➡   지식/지적 능력과 역량

④ 한색 밈은 사람들을 그룹화: 위계를 평준화, 실체들을 평준화, 자원들을 재분배

- 자주색　➡　　친지와 친족으로
- 청색　➡　　믿는 자들의 회동으로
- 녹색　➡　　공통 관심사와 자기민감성의 집합체로 ~ 그 역동성은 나선 체계 내에 사이클 패턴으로 나타나게 하는 원인이기도 하다.

⑤ 가치밈 나선 프로필(들어감·절정·나감 과정의 전이에 유의)

⑥ 원리 3의 특성 요약(나선밈 체계의 일차적 스윙 특성 유념)

- 제어 궤적의 내면적('나에게') 초점에서 외면적('우리') 초점으로 스윙하고 되돌아간다.
- 자유롭게 서 있는 개인과, 그룹에 의해 주로 의미가 부여되는 개인 사이에서 자기의 중심성을 스윙한다.
- 타인으로부터 오는 외적 입력과 신뢰하는 내면적 판단 쪽으로의 피드백에 의지하며 스윙한다.
- 외면적 세계를 탐험하고 그것을 마스터하려는 시도로부터 내면적 세계를 개수하고 내면과 평화롭게 지낼 필요성 쪽으로 스윙한다.

(4) 원리 4: 가치밈은 파동 같은 양상으로 나선을 따라 창발한다.

① 역동적 나선 체계에 따른 깨어남은 그 다음 밈 체계로 박차고 나가고 이끄는 압력이 형성된 후에 생겨난다.

② 가치밈은 파도같이 솟구치고 이전 밈 체계의 사라지는 파도 위로 겹쳐지고, 가치밈 시스템의 이동은 갑작스럽고 혼돈적이고, 감지되지 않는 움직임이 표면 아래에 따라 일어나고 있다.

- 신, 구의 밈 체계 시기의 중첩으로 상승/사라짐 파동 간의 간섭으로 인해 나선의 모멘텀 전반이 느려지기도 하지만, 때로는 사고思考의 진화 속도를 높이기 위해 서로 동조하고 강화되기도 한다.

③ 가치밈의 3단계(Phases) 활동 수명

- 들어감(Entering): 처음 깨어날 때, 준비와 에너지 증가 시기 있음
  - −시스템의 초기 형성과 개선
  - −발견과 탐험 시기: '바로 이거야!(Eureka!)' 포함
- 절정(Peak): 다음에는, 첨두부위 주위의 역동적 긴장과 명백한 안전성 기간이 온다.
  - −삶의 조건과 가치밈은 동조하고, 합치하고, 균형 잡히게 된다.
- 나감(Exiting): 보다 복잡한 문제들이 그 능력을 벗어나게 되면서 가치밈 시스템이 불균형적이고 비효과적이 되어 가고 있을 때 해체의 시기, 혼란스러운 시기가 명백한 안정성의 기간에 뒤따르게 된다.

④ 역동적 나선밈은 항상 과정 중에 있는 과정이지만 반드시 이동이나 변화의 보

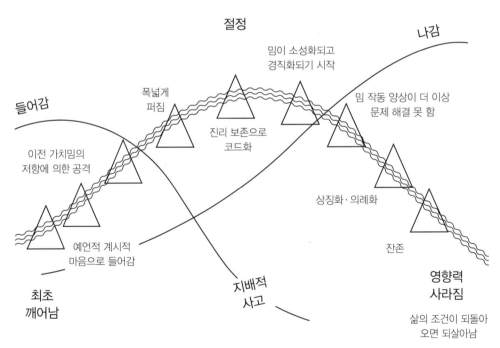

[그림 2-6] 가치밈의 변화 과정(벡 & 코완, 『나선동역학』, p. 60)

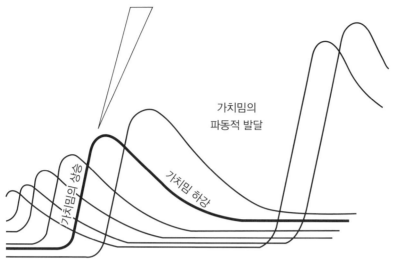

[그림 2-7] 가치밈의 생애(Life Cycle) 파동
(벡 & 코완, 『나선동역학』, p. 72)

장은 없는 과정이다.

- 그레이브스 강조: 변화나 변화의 결여가 규칙이 아니다 역동적 긴장에 요 동이 없으면 변화가 없는 것이 규칙인 것 같아 보이고, 요동과 불균형이 있 으면 변화가 규칙으로 나타날 것이다.

(5) 원리 5: 가치밈은 복잡성의 수준을 따라 위로 선회하거나 아래로 선회한다.

① 나선을 따른 창발로 더 적은 복잡성에서 더 많은 복잡성으로의 변화

- 하나의 문제의 대衆에 필요한 삶의 모드로부터 **삶의 조건**의 다음 층의 복잡 성에 필수적인 삶의 모드로의 변화
- 그렇다고 해서 이것이 어떤 사화 체계 내에서 모든 사람, 모든 그룹이 나선 밈 창발의 동일한 최상의 길을 타는 것이라는 말이 아니다.
- 오히려 많은 사람이 그 사회의 생존 기회를 파괴하게끔 잘못 인지되고, 불 합치하고, 그렇게 운명 지어진 잘못 적용한 행동 속에 (불건강하거나 병리적 상태: 사로잡히거나 갇힌 상태에서) 완강하게 버틸 것이다.

② **가치밈의 적절성**은 특정 밈 수준과 **상태의 조망/시각의 문제**인 것을 인식해야 함

- 각 **가치밈**의 '건강하고/불건강한(Healthy and Unhealty)' 특성을 제대로 이해

해야 한다.

- 각각의 새로운 **가치밈**은 앞에 왔던 것들의 기초 위에 세워지고 복잡성의 새로운 요인들을 추가하지만 새로운 **가치밈**의 패턴은 사전에 결정된 어떤 각본 같은 것을 따라 기계적인 'step-by-step' 양상을 무조건 따르지는 않는다.
- '나선동역학' 법칙 중 하나는, 특히 청색 밈 이하의 하위적 밈들의 경우 우리 인간들이 반드시 합리적이고 긍정적인 양상으로 활동하지 않고 오히려 비정상적이고 불건강하게 빠져들기 쉽다는 것이다.
- 우리가 가진 **가치밈**의 대부분은 좋거나 나쁘거나 간에, 우리의 환경에 적응하는 데 우리의 성공을 돕거나 방해하는 것이거나 간에, 순전히 외면적 삶의 조건과 내면적 마음, 의식/무의식의 상관 작용의 결과 생존·실존 의식 에너지(가치식/氣)의 변화·치유변용의 힘에 의해 자연 발생적으로 생겨난 것이다.

③ 전반적인 **진화의 흐름**의 네 가지 기본 특성

- **심리적 공간의 확장**: 보다 더 다면화된 개성, 다양한 조직적 형태를 향한, 더욱더 복잡화된 개성을 향한 확장
- **개념적 공간의 확장**: 보다 큰 그림을 그리는 관점을 향한, 보다 광범위한 영향력을 향한, 보다 연장된 시간 틀을 향한 확장
- **대안의 점진적 증가**: 어떤 일을 하는 방식의 보다 폭넓은 메뉴를 만들기 위한 보다 많은 선택을 향해 확장
- **행동의 자유도의 점진적 증가**: 어떻게 되어야 하는가, 정서를 표현하는 방식, 대인 관계의 용인할 수 있는 종류 등에 있어서 보다 더 많은 가능성을 향해 확장

(6) 원리 6: 가치밈은 '양파' 같은 프로필 안에 공존한다.

① 한 인간의 나선 **가치밈** 체계는 [그림 2-8]과 같이 깔때기 모양의 상단에서 하단 끝까지 어느 단면을 절단하면 비대칭 양파 같은 프로필로 보임

- 이 형태는 각각의 특수한 분야의 **가치밈**에 관한 각 색깔층의 상대적 강도를

나타냄

- **가치밈**은 우리 안에 접둥지화된 사고, 가치식識, 사회심리의 유형들을 나타내므로, 그리고 우리는 많은 것―종교, 가족, 일, 스포츠, 정치 등―에 대해 생각하므로 우리는 여러 주제 분야들을 혼합해 짜 맞출 수 있는 여러 가지 사고방식들을 집결시킬 수 있음

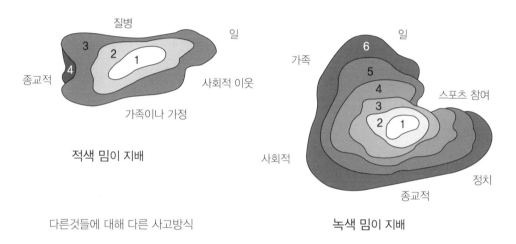

[그림 2-8] 사람들의 가치밈 더미 시스템
(벡 & 코완, 『나선동역학』, p. 63)

(7) 원리 7: 대개의 경우 가치밈은 나선에 따라 6개의 제1층의 밈들로 군집화되어 있다.

① 가치밈들은 6개의 밈그룹들 속에 대체로 잘 살고 있는 듯 보이지만 많은 사람이 불건강하거나 병리적 밈 상태, 사로잡히거나 갇혀 있는 밈 상태에서 사는 경우가 허다하다.

- 인간의 진화의 오딧세이에서 제1층(First Tier) 내의 6개 **가치밈** 시스템은 우리의 동물적 본능과 우리의 소유 중심적 생존 문제로부터 나와 점차로 위로 올라가는 스텝들이지만, 주어진 환경과 삶의 조건에 따라 역동적으로 상승과 하강을 반복하는 과정을 통해 진화

- 현재로는 제2층의 가치밈들로의 도약은 소수의 성찰적 · 수행적 삶을 사는

존재적으로 깨어난 사람들에 의해 가능하다

② 가치밈의 **나선역동적** 발달

- 인간은 제1층 구조(6개 **가치밈** 수준)의 생존 수준(Subsistence Level)에서 제2층 구조(2개 **가치밈** 수준) 존재 수준(Being Level, Homo Lucens 깨어 있는 명상하는 인류)으로 향한 진화 과정에 있다.
- 인간의 제2층 구조로의 나선적 발달은 이제 시작 단계에 불과하기에 나선

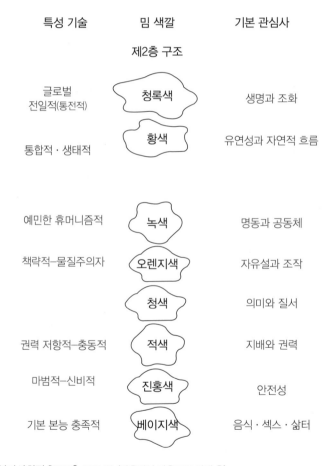

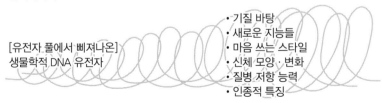

[그림 2-9] **가치밈들의 나선적 창발** (벡 & 코완, 『**나선동역학**』, p. 65)

의 단은 열려 있다.

- 존재/실존/자아실현의 수준인 **제2층밈 구조**와 **자아초월의 제3층밈 구조**는 생존/소유의 수준인 **제1층 구조** 밈들이 보다 복잡한 보다 높은 차원으로의 반복 사이클적·나선적·창발적 진화의 결과로 생겨난다.

가치밈(vMEME) 어휘 목록

- **악성 가치밈(vMEME MALIGNANCY)**

  : **가치밈**(vMEME)이 통제할 수 없을 정도로 성장하는 바이러스 같은 조건

- **가치밈 짝(vMEME MATES)**

  : 특정한 삶의 조건하에 공존하고 시너지까지도 생길 수 있는 두 개의(또는 그 이상의) 가치밈에 짝지음(난색, 개인/엘리트 가치밈은 종종 한 공동체/집합적 가치밈과 시너지로 짝지음)

- **가치밈 이주(vMEME MIGRATION)**

  : 가치밈(vMEME)들이 전 지구적으로 흘러넘치고, 교육·이주와 여행, 경제적 변화, 엔터테인먼트와 매스미디어를 통해 확산할 때의 가치밈 이동의 패턴

- **가치밈 스케이프(수평적)[vMEME SCAPE(horizontal)]**

  : 가족, 회사, 공동체, 지역, 사회 같은 사회적·지리적 지형에 걸친 가치밈들의 분포

- **가치밈 이동(vMEME SHIFT)**

  : 하나의 가치밈(vMEME)이 나선상의 더 높거나 더 낮은 곳으로부터 또 다른 곳에서 지배적이 되기 위해 그곳을 향해 차지하려고 이동할 때

- **가치밈 스택(수직적)[vMEME STACK(vertical)]**

  : 개인이나 조직이나 사회 내에서 능동적인, 또한 그들 스스로 우선순위에 대한 위계를 형성하는, 또한 특수한 이슈와 환경에 응하여 배열되는 특수한 가치밈들

- **가치밈 존(vMEME ZONE)**

  : 특수한 삶의 조건 때문에 어떤 특수한 가치밈(들)이 특정한 시간에 확실하게 지배하는 무대, 장場

나선동역학 · 마음챙김 기반
역동적 통합치유변용 리더십

제 3 장

나선역동적 변화 리더십

나선동역학 · 마음챙김 기반
역동적 통합치유변용 리더십

I

나선 마음 변화의 원리와 변화의 조건

1. 심층 가치의식의 변화

앞 장에서 인간의 사회적 실존의식, 심층 가치의식이 얼마나 복잡한가에 대해 벡과 코완의 『나선동역학의 가치밈 체계』를 중심으로 그 본질과 특성을 고찰하였다.

'사회적 존재'로서의 인간의 삶과 사회적 본성은 너무나 복잡하고 또한 모든 사람의 사고와 행동이 달라서 인간의 사회적 실존의식, 가치의식, 가치밈에 대한 '훈련된 눈'이 아니고서는 개인이나 조직의 본성, 가치 체계, 심층 가치의식의 스펙트럼과 밈 짝들[meme pairs(PRB, RBO, BOG…)]의 특성을 제대로 분별하는 것은 어렵다.

앞 장의 가치밈 체계의 본질에서 누차 강조했듯이, 가치밈과 그 밈 짝들은 개개인, 조직, 사회의 환경과 삶의 조건이 인간의 내면의식·무의식과의 복잡한 상관 작용에 의해 형성되고 변화되고 구조화되어 복잡계적인 위계성을 가지고 작용한다. 따라서 가치밈/가치초밈/심층 가치의식의 복잡한 위계적(홀라키적) 본질과 특성을 제대로 이해하는 것은 쉽지 않다.

이와 같이 개인이나 조직의 가치밈 스펙트럼과 가치밈 짝들이 복잡한 이유는, 대부분 인간의 (역사적, 지리적, 정치·경제·사회문화적) 삶의 환경과 조건들이 다르고, 비생물학적으로 유전된 밈의 내면의식·무의식이 모두 다르며, 여러 수준의 가치밈의 프로필과 스택이 다르기 때문이다. 또한 그중에서도 지배적으로 걸려 있는 복합적 밈 짝 수준들의 범위와 분포가 상이하기 때문이다. 뿐만 아니라 각 가치밈의 상태, 즉 건강하거나/열려 있거나, 불건강하거나/사로잡혀 있거나, 병리적이거나/갇혀 있거나 하는 밈 상태의 스펙트럼 또한 복잡하기 때문이다.

이들 밈 상태는 외적 환경과 삶·생활의 조건이 변하면서 유동적으로 변화하지만 반대로 '고집불통'이나 벡과 코완이 말하는 'CAVE(Citizens Against Virtually Everything)'

사람같이 외적 환경에 의해 무너지기 전까지는 전혀 요지부동인 사람도 적지 않다.

이러한 인간의 사회적 생존·실존 의식은 사회적 '자기(Self)' 또는 '자아(Ego)'의 발달 수준에 따라 그 수준 특유의 가치밈(내면의 자기중심적 난색 가치밈, 사회적 자기중심적 한색 밈)의 발현 수준이 달라진다. 그 결과, 그 수준 특유의 신념 체계, 도덕성, 세계관, 사회심리·느낌·동기·태도·자세·행동 방식들을 형성하게 된다. 이는 또한 외적 환경이나 삶의 조건의 변화에 대응하여, 새로운 가치밈의 형성이 윗단계로 성장되거나 이전의 하위적 가치밈으로 퇴행 회귀하거나, 아니면 변화를 거부하고 저항하고 더욱 고착하는 등의 다양한 반응과 변화의 양상을 나타낸다.

그래서 일찍이 그레이브스는 인간의 사회적 실존의식 수준 이론을 심층 가치 이론으로 제안하면서 인간의 가치의식은 단순한 정적靜的인 개념이나 이론 모형만으로 알 수는 없다고 하였다. 이를 제대로 이해하려면 심리학 이론뿐만 아닌 생물학·심리학·사회학 등의 통합적 접근이 필요하다고 보고, 이에 따른 BPS(Bio-Psycho-Social) 모형으로 사회적 실존의식의 변화 구조를 역동적 2중 나선 모형으로 설명하려고 시도하였다. 동시에 그는 인간의 사회적 의식을 지배하는 가치의식도 단순한 것이 아니고 최소한 표면 가치, 내면 가치, 심층 가치라는 세 개의 층으로 구분할 수 있다고 보았다.

그레이브스는 유식학唯識學이나 심층심리학에서 이야기하고 있는 인간의 가치의식을 포함한 모든 의식이 표층의식(6식, 오구의식), 내면무의식(7식, 말나식), 심층무의식(8식, 아뢰야식)으로 구분되어 일체로 작용하고 변화한다는 것을 몰랐다. 따라서 그는 직관에 의해 가치의식을 표면 가치의식, 내면 가치의식, 심층 가치의식의 셋으로 구분하였던 것이다. 먼저, 표면 가치의식층은 마치 강물위에 떠 있는 나뭇잎 같은 부유물 같은 것으로 흔히 사회생활을 하는 데 행위의 증거가 되고 행위의 우선순위들을 결정하는 기준이 되는 사회적 법, 제도나 도덕적 규범, 종교적 교리 같은 것을 의미하는 것이라 하였다. 내면 가치의식은 이러한 강물 위로 떠다니는 부유물을 밀어 나르는 강물에 비유하고 있는데, 이는 인간의 표면 가치의식을 결정하는 내면의 마음의 무의식·의지식(7말나식, 의지意志, 사량식思量識, 자아식自我識)의 표현으로 보았다고 말할 수 있다. 이러한 강물의 흐름을 결정하는 강의 지형, 하상구조河床構造와 같은 내면의식을 담고 있는 틀, 그릇 같은 것을 심층 가치의식으로 본 것이다.

그러나 인간의 모든 의식·무의식을 저장하고 구조화되어 있는 것이 심층무의식(아뢰야식, 종자식, 저장식)이라는 것을 알았다면 굳이 그렇게 표현하지는 않았을 것이다.

그러나 본 장에서의 주된 관심은, 심층 가치의식의 변화 요인들이 표층 가치의식인 가치밈의 6단계의 1층 구조와 그 위의 2단계의 2층 구조로 되어 있는 가치밈 체계, 가치초밈 구조, 가치밈 스펙트럼, 가치밈 짝들의 창발과 표현에 어떻게 영향을 미치는가를 제대로 아는 것이다. 가치밈, 가치초밈, 2중 나선 구조 체계의 원리에 대해 제대로 알아야 개인의 사회의식의 건강한 변화, 조직과 공동체 사회의 건강한 변화의 원리를 알 수 있다. 이는 모든 분야의 리더들로 하여금 스스로의 가치의식·실존의식의 변화와 구성원들의 자발적 변화를 유도하는 원리를 터득할 수 있도록 한다. 당연히 가치밈이 변하면 개인의 사고와 행동, 사고방식, 신념, 일을 하는 자세와 태도 등이 달라진다. 그러므로 인간의 사회적 생존·실존 의식을 제대로 알고 그 변화의 원리를 알기 위해서는 가치밈의 변화 원리와 그 기능과 역할에 대해 제대로 알아야 한다. 가치밈으로 표현되는 인간의 생존·실존 의식, 심층 가치의식을 무시하거나 외면하면, 사람들의 생각이나 사고방식, 신념, 그들이 원하는 바를 변화시키려는 시도는 일시적으로 표면의 변화는 가져오게 할 수 있을지 모르나 근본적인 변화는 가져오지 못한다.

개인이나 조직의 사고 패턴이나 의사 결정의 우선순위가 왜 어떻게 변하고, 또 어떤 행동이나 행동 패턴이 왜 어떻게 사라지고 변하고 수정되는가를 제대로 알고 이해하려면, 그 문제들의 밑바탕에 깔려 있는 개개인과 조직의 가치밈, 가치밈 프로필, 가치밈 짝들의 체계를 주시하고 이들을 제대로 다룰 수 있어야 한다.

가치밈의 변화에 대한 논의는 다음과 같은 본질적 질문들로 가치밈을 직접 다루어야 한다.

첫째, 어떻게 무슨 조건하에서 새로운 가치밈이 창발하거나 깨어나게 되고 새로운 가치의식으로 작용하는 상태에 놓이게 되나?

둘째, 급변하는 특수한 상황하에서 어떤 외적 환경이나 삶의 조건이 우리의 사고방식, 신념, 행동에 영향을 미치는 특정한 가치밈의 위력을 증가 혹은 감소시킬 수 있나?

셋째, 왜 어떤 가치밈은 변화에 쉽게 영향을 미치는 데 반해, 어떤 것들은 변화에 대한 시도에서도 저항하고 거부하는가?

넷째, 우리는 어떻게 가치밈의 자연스런 변화와 전환의 과정을 인식하고 이해하며 그 과정에 영향을 미칠 수 있나?

다섯째, 나선 가치밈 스펙트럼 구조상의 다양한 가치밈들이 서로에게 어떻게 영향을 미치는 것인가?

특히 엄청난 변화가 한꺼번에 동시에 다수의 여러 가치밈에서 일어나고 있을 때 그것들은 서로서로 어떻게 영향을 미치는가에 대해서 다룰 수 있어야 하며, 무엇보다 개인이나 조직에서 어떤 가치밈에서 어떤 가치밈으로의 변화가 일어나고 있느냐를 알아야 한다.

제1층의 가치밈 수준에서는 어떤 주어진 상황에서 자기식의 답에 대한 확신을 가지고 있고 또 그렇게 행동하기 때문에, 1층의 가치초밈들(적색: RED, 청색: BLUE, 오렌지색: ORANGE, 녹색: GREEN)은 외적 환경의 역동적 변화와 그 변화 원리에 대해 이해하지 못하거나 거부 반응을 가지고 대하기 쉽다.

벡과 코완의 나선동역학에서는 가치밈과 가치초밈의 변화에 대한 다음과 같은 세 가지 조망(시각)을 가지고 있다.

첫째, **가치밈의 변화를 위한 여섯 가지의 필요조건과,**

둘째, 전환 중에 있는 **가치밈의 변화의 경로 상단에 놓여 있는 다섯 가지의 징검다리 단계와,**

셋째, 변화의 정도에 따른 **일곱가지 변동성**(variation)에 관한 것이다.

이에 대한 설명은 먼저 나선 변화의 원리에 대해 간략히 살펴보고 난 후 뒤에서 다루도록 한다.

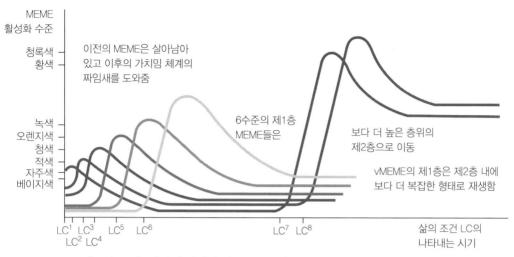

[그림 3-1] 가치밈 체계의 파동식 발달 (벡 & 코완 「나선동역학」, p. 72)

2. 나선 변화의 원리

나선의 달인 리더십이나 DIHT 리더십의 달인(Wizards)이 되려면 무엇보다도 조직의 구성원 개개인이나 조직의 지배적인 나선 가치밈의 수준과 상태를 제대로 알아야한다. 어느 가치밈에서 병리적이거나 불건강한 상태에서 건강한 상태로의 전환으로인해 열린 의식 상태로 변하면서 인접한 상위적 밈으로의 변화가 일어날 수 있고, 또는 환경과 삶의 조건의 악화로 인해 아랫수준의 밈으로의 퇴행이 일어나기도 함을 여러 번 강조하였다. 나선 달인들은 이러한 나선 가치밈들의 변화 원리를 통달해야 개인이나 조직의 나선 변화를 유도할 수 있다.

아래에는 벡과 코완이 '나선동역학'에서 강조하는 2중 나선 구조의 나선 가치밈 체계가 왜, 어떻게 변화하는지의 원리에 대해 요약하였다.

(1) 나선역동성은 (사상한 모형들이나 성격 유형들 같이) 스냅사진이 아니라 이동하고 있는 (활동사진 같은) 그림으로 보는 것이 최적이다.

'나선동역학' SD의 조망에서 보면 외적 환경이나 삶의 조건은 항상 변하고 인간의 인지적 잠재 능력은 고정되어 있는 것이 아니므로 개인이나 조직의 나선 가치밈의 수준이나 상태의 변화는 불가피하다. 외적 환경과 생활 조건의 변화에 상응하여 잠재 능력, 마음챙김자각 능력, 성찰적 알아차림 능력의 변동은 새로운 **가치밈**을 깨어나게 할 수 있다. 왜냐하면 잠재 능력, 마음챙김 알아차림은 점점 더 증가하는 복잡한 환경에서 활동하기 위한 보다 더 큰 공감, 설득력과 더 많은 가치, 의식의 자유도를 제공하기 때문이다.

그러나 그레이브스가 말하듯이, '변화는 법칙이 아니고, 변화의 결핍도 법칙이 아니다. 변화에 대한 아무런 보장이 없다'. 즉, 환경이나 생활 조건의 변화가 있다고 해서 바로 밈 변화가 일어나는 것 같은 충분조건은 아니다. 무엇보다도 가치밈의 변화는 단계적으로 위아래의 인접밈으로의 변화를 의미하고 이들 밈 사이의 밈짝(meme pair)으로서 각 **가치밈**의 특성과 인접밈과의 상관성에 유의해야 한다. 경우에 따라서는 적색/오렌지색 같은 난색 밈이나 청색/녹색 같은 한색 밈 사이의 상보적 상관성, 상호 의존성도 유의해야 한다.

(2) 나선역동적 밈은 복잡하고 **살아 있는 유기체적 체계**이므로, 어느 개인이나 조직의 지배적 **가치밈**의 변화는 관련 가치밈 시스템 전체의 가치밈 분포나 배치를 바꾸기도 한다.

한 개인이 자신의 옛 가치밈 시스템을 개선하고, 다른 것을 보강함으로써 또는 새로운 것까지도 깨어나게 함으로써 '변화'를 체험할 때는, 그와 관련된 조직이나 전 사회적으로 그 영향을 받는 개체밈들도 (그것의 사회적 위치에 따라 받는 충격의 정도는 다르지만) 당연히 교란된다. 때로는 앞으로의 도약이 일어나기 전에 먼저 뒤쪽으로의 절망적 퇴행 단계가 나타나기도 하며, 자연/사회 환경이나 생활 조건의 악화는 이전의 더 하위적 가치밈으로의 퇴행 혹은 고착을 가져올 수 있다.

(3) **가치밈**과 개인의 기질 사이에 분명한 상관성은 없지만, 어느 가치밈 내에서는 개인의 선천적 근기·카르마에 따라, 개인의 기질이나 성격에 따라 그 가치밈 내의 자아의 발현 형태에 차이가 있게 된다.

- 자주색, 청색 같은 **한색 밈**은 일반적으로 더 권위주의적이고, 오렌지색, 황색 같은 **난색 밈**은 상대적으로 더 유연하다.

- 경직성은 지독한 **청색**(근본주의)과 지독한 **녹색**(Meme Green Meme: MGM)에서 높다.

- 독단주의는 **청색**에서 비교적 높고 **황색**에서는 매우 낮다.

- 죄의식은 **청색**에서 비로소 (근본주의적, 이분법적으로) 표면화되고, **오렌지색**에서 약해지고, **녹색**에서 다시 (다원주의적 존재적 수준에서) 표면으로 나타나고, **황색**에서 다시 약해지고 **청록색**에서는 완전히 떨어져 나간다.

- 자유와 자율성에 대한 요구는 이기적인 **적색**에서 힘에 바탕을 둔 자유에 대한 욕구(나를 가두지 말라!)로 가장 높게 나타나고, **오렌지색**에서는 자율성의 요구가 개인주의적 수준에서 어느 정도 감정적이며 합리적 요구로 나타난다. 반면에, **황색**에서는 감정적이 아닌 유연하고 통합적·자아실현적 개인주의의 모습을 띤다.

(4) 각 가치밈들의 대표적인 개성적 특징들은 다시 한번 다음과 같이 요약할 수 있다.

- **베이지색(본능적 자아)**: 생물학적 본능의 만족에 기초한 고통과 기쁨을 체험하는 수준이다.

- **자주색(마법적 자아)**: 초자연적·마법적·주술적 두려움과 미신을 믿고 산다.

- **적색(자기중심적 자아)**: 쉽게 격노하고 수치심을 모르고, 권력과 힘을 숭상하고 모험심과 투지를 발휘하는 데에 사로잡혀 있다.

- **청색(신화적 자아)**: 거의 흑백적·이분법적·문자적 진리, 이념에 대한, 신神과 (신화적) 숭배 지도자의 교의·관습·제도·규범에 대한 복종심으로 끊임없는 죄의식을 부담으로 가지고 있다.

- **오렌지색(성취적 자아)**: 합리적·과학적·책략적으로 물질·소유 경쟁에서 이기기 위한 경쟁 욕구에 열광한다.

- **녹색(민감한 자아)**: 공동체 내 타인에 대한 소통·공감·보살핌에 관심과 책임감이 있지만 그런 만큼 보살피는 예민한 자아의 부담감도 지니고 있다.

- **황색(통합적 자아)**: 모든 것에 대한 통합적 조망에 시스템적인 유연한 사고를 하며, 자아실현을 추구하지만 소유적 삶보다는 존재적·실존적 삶을 더 중요시 한다.
- **청록색(통전적·양자적 자아)**: 우주와 세계에 대한 유기체적·통전적(전일적·통 합적), 양자적 사고를 하는 세계혼적이고 자아초월적 의식이 시작되는 자타불 이自他不二적·이타적·헌신적·존재적 삶을 지향한다.

3. 가치밈 vMEME 변화를 위한 6가지 조건

나선 달인 리더십의 달인 리더나 DIHT 리더십의 지혜의 달인 리더가 되려면, 먼저 홀라키적 나선 스펙트럼의 구조와 특성, 지배적 가치밈의 P-U-H, C-A-O 상태를 마 스터하고서 제1층 나선밈 수준에서 제2층 나선밈 수준으로의 도약이 있어야 한다. 이 렇게 되면 제1층의 가치밈들이 더 이상 병리적이거나 불건강한 상태에 갇히거나 빠져 있게 되지 않는다. 그래서 최소한 제2층의 황색 밈 수준에서 우주와 세계, 인간 생태 계의 모든 것을 통합적으로 유연하게 인식하며, 거부하지 않고 받아들이고, 소유적 삶 과 존재적 삶의 가치가 조화와 균형을 갖는 상태가 된다는 것을 의미한다. 더 나아가 보다 유연하게 삶을, 세상을, 그리고 일을 긍정적이고 적극적 마인드로, 전문가 정신 으로 해결하고 조정 통합하는 리더의 역량을 지니게 된다.

그렇다고 해서 자기 자신의 하위 어느 밈의 불건강하거나 사로잡힌 상태가 완전히 소멸되고 항상 모든 가치밈 수준이 100% 건강한 상태에 있다는 것을 의미하는 것은 아니다. 그러나 나선 달인이나 DIHT 지혜의 달인은 성찰적이고 깨어 있기 때문에 자 신의 약점, 문제점도 잘 알고 그 모든 것을 서서히 지속적으로 변화시켜 나갈 수 있는 능력이 있다. 중요한 점은 지배적인 의식이 이제는 2층 존재 수준의 나선의식이 되었 다는 것이다. 이 수준에서는 다른 사람이나 조직의 지배적인 가치밈 프로필이나 스택 을 알 수 있고, 그것들이 복합적으로 결합된 가치밈의 상태까지도 알게 된다.

이러한 나선 달인이나 DIHT 지혜의 달인은 나선 변화의 원리를 꿰뚫어 보고 현재

138

의 나선밈의 상태가 어떤지도 잘 알고 있으므로, 그것들을 어떻게 건강하고 열린 의식으로 전환시키고, 변화를 유도하기 위해 필요한 혁신적인 새로운 조직 문화의 여건과 요건을 어떻게 마련해야 할 것인가에 대해서도 알게 된다.

여기서는 개인이나 조직의 나선 변화를 가져오게 하는 필요조건으로서 벡과 코완이 강조하는 6가지 조건을 살펴볼 것이다.

그러나 이 6가지 조건은 변화를 유도하는 도구/방법론으로 적용할 수 있지만 어디까지나 필요조건이기 때문에 절대적인 것은 물론 아니고, 다만 '변화의 필요조건'이다. 뒤에서 설명할 개인이나 조직의 P-U-H, C-A-O 상태에 따라, 극심한 외적 환경, 삶의 조건의 급변에 따라 변화를 유도하는 필요·충분 조건으로의 적용을 위해서는, 뒷장에서 고찰할 마음챙김 기반 치유와 자기치유 DIHT 리더십의 원리와 적용 도구 상자 그리고 적용 방법론에 대해 마스터해야 한다.

이 변화의 6가지 조건에서 가장 중요한 것은 첫째 조건인 개인이나 조직의 '잠재 능력(잠재 역량)'의 파악이다. 나머지 다섯 가지 조건은 리더로서 변화를 유도하기 위해 당연히 알고 있어야 할 조건들이다.

1) 조건 1: 잠재 능력

원래 모든 건강한 가치밈의식을 가진 사람은 변화를 위해 잠재적으로는 똑같이 열려 있거나 능력이 있거나 준비되어 있다. 그러나 유전적 소인, 심층무의식 문제(아뢰야식, 업장), 삶의 조건(LC)과 성장 환경으로 인한 신체·마음·정신(Body·Mind·Spirit)의 다양한 상태의 정신·심인성 장애 증후군으로 인해 변화의 잠재력이 사람마다 다르게 된다. 사실, 이전에 비해 달라진 사람도 있지만 변화에 대해 아무리 말해도 전혀 변화가 없는 사람들이 허다하다. 거의 모든 공동체에 꼴통 같은 '변화반대론자'들이 있다. 완전히 갇혀 있는 CAVE 사람들같이 요지부동의 삶을 사는 자가 많이 있다.

정상적으로 인간은 욕구, 가치, 소망의 잠재적으로 열린 체계 내에서 살 수 있다. 그러나 대개는 일관적이고 지속적인 방식 속에 작동하는 **폐쇄된**(가치밈의식) 상태로 보이는 의식 상태 속에 안주하는 경향이 있다. 대부분의 경우, 특정한 가치밈의 성취 수준에 한번 도달하면, 강력한 어떤 외적인 힘으로 교란되기 전에는 그런 안락한 밈존 meme Zone에 그대로 머물려는 경향이 있다. 변화의 중요성을 알고 관심을 가지고 있는 사람에게서도 왜 그런지는 모르지만 뇌신경계의 인지 과정과 무의식, 심층무의식, 자아의식의 역동이 복합적으로 작용하므로 '변화'를 확신하기는 쉽지 않다.

변화의 기선을 잡고 변화의 유도에 착수하기 전에 의도하는 방향으로 변화하도록 하기 위해 개인이나 조직에 대한 잠재 능력의 평가는 필요한 선행 과정이다. 기존 사고의 틀을 깨기 위한 조건으로는, 의도하는 방향으로의 가치밈의 변화를 유도하기 위해 제5장에서 기술하는 기존의 사고방식을 변화시키는 기법(유리 천장 깨고 나가기)과 잠재 능력의 나선역동적 발현 유도가 있어야 한다.

(1) 변화를 위한 잠재력 평가: OAC 상황(Status)

변화의 잠재력은 개방/열려 있음(OPEN), 포로/사로잡힘(ARRESTED), 폐쇄/닫혀 있음(CLOSED), 즉 OAC의 스펙트럼적 가치밈 상태에 따라 상당히 다른 변화를 보인다. 변화를 위한 효과적인 개입을 위해서는 개인이나 그룹의 가치밈 프로필을 확인하는 일뿐만 아니라 리더 자신에게도 이러한 다양한 밈 상태에 대한 포용력이 요구된다. 개인이나 조직 구성원들이 직면하는 어떤 문제에 대한 OAC 상황을 제대로 인식하고 식별하게 되면, 가치밈 전반의 변화 확률, 현재 밈에 대한 태도 및 내용의 수정 방법, 적정 수준의 변화 정도, 요구되는 변화 에너지의 양, 그리고 그것이 만들어 낼 스트레스의 정도도 알 수 있다. 개인이나 조직의 가치밈 프로필의 OAC 상황을 제대로 평가할 수 있다면 가치밈 이동 변화의 가능성과 그러한 변화를 실현하기 위해 무엇을 해야 하는지의 예측이 가능하다.

① 열려 있음(OPEN):
보다 더 복잡한 수준의 기능을 발휘하기 위한 잠재력이 있다.

• 새로운 환경, 생활 조건에 조정/적응하기 위한 아주 높은 가능성을 가진 가장 건강한 형태이다.

- 가치밈의 이동을 조성한 경험과 역량을 가지고 있다.
- 조건/현실을 변화시키면서 열린 상태의 사고로 변화한다.
- 변화의 장애물들을 효과적으로 처리할 수 있다.
- 어떤 밈 수준의 그림을 경직되게 제시하지 않는다.

② 사로잡힘(ARRESTED):
자기 내면이나 외적 상황 속의 (정신신경적) 장애물에 잡혀 있다.

- 장애물이 극복된다면 변화 가능성이 있는 상태이다.
- 무엇이 일어나고 있는가를 설명하는 통찰력이 부족하다.
- 변화를 점화하는 스파크가 생겨나게 하려면, 보다 더 큰 의식의 변화를 자극하는 부조화/불협화음이 요구된다.
- **현상 유지 상태에 대한 구실과 이유가 많고 합리화하려고 한다.**

③ 닫혀 있음(CLOSED): 생물심리사회적(BSP) 역량들이 차단되어 있다.

- 뇌신경계의 인지적 성능에 문제가 있고, 필요한 지능이 결핍되고 무의식의 정신신경적 장애가 있을 수 있는 상태이다.
- 어릴 적 혹은 이전의 극단적 환경의 충격적 상흔(트라우마)이 있고, 이러한 경험이 폐쇄를 촉발할 수 있다.
- 장애물들을 제대로 인식할 수가 없어 그것들을 극복하는 능력이 미흡하다.
- 변화의 위협을 받으면 그대로 있거나, 저항하고 혹은 벗어나려고 싸우게 된다.
- 반대로, 어느 수준의 밈에서의 삶에 크게 성공하면 점점 더 그 속에서 자기도취하고 합리화하며 강한 콘크리트 벽을 쌓으며 갇혀 있으려는 성향이 있다.

141

(2) 열린(OPEN) 사고 상태: 존재(생존/실존)의 새로운 모드를 수용할 준비 태세

열린(OPEN) 상태에서는 변화를 가져오게 하기 위해 부딪치는 제약 사항들을 제거하고 장애물을 극복하거나 혹은 돌아가거나 때론 그냥 통과하도록 허용할 수 있게 된다. 불리한 주변 환경을 변화시키고 자기 내면이나 **삶의 환경**에서 장애가 되는 조건들을 수정하고 해결하기 위해 적극적으로 노력할 수 있게 된다. 가치의식의 '개방성(Openness)'이라는 것은 '흐름과 같이 흘러가기' '창(pike)이 되어 위험하게 다가오는 것들을 처리하기' '나의 선택을 항상 열어 두기 또는 나 자신을 정돈해 나가기' 같은 것을 의미한다.

가치의식이 열려 있을 때, 쟁점들은 재구성되고, 기존의 전제는 수정되고, 새로운 것들이 선택된다. 그러나 열린 상태란 꼭 삶의 모든 면 전체에 대한 자세나 스타일만은 아닌 어떤 가치밈 분야의 쟁점에 관련된 생각이나 사고나 의식으로 나타나기도 한다. 즉, 사업에서는 열려 있을 수 있고, 가족관계에서는 사로잡혀 있고, 종교에 대한 사고는 폐쇄적으로 갇혀 있을 수 있는 것이다.

- 열린 사고에서는 습관적 패턴이나 검증되지 않은 가정 속으로 갇혀 버리지 않고 장애물들을 제거하려고 열정적으로 노력한다.
- 열린 사고는 변화가 불가피하다는 것을 알면서 유행되는 것에 휩쓸리지 않고, 변화는 상당한 탄성력을 가진다는 것을 예측할 수 있다.
- 열린 사고에서는 외적인 환경과 삶의 조건들이 사람들의 변화를 쉽거나 어렵게 만드는 역할을 받아들일 줄 안다.
- 열린 사고는 수많은 나선밈의 부 체계들에—자주색 밈 수준의 종족 축제를 축복하는 것에서 청록색 밈 수준의 지구의 날에 온생태생명, 가이아를 명상하는 것까지도—관여할 수 있는 능력들로 나타난다.
- 열린 사고라는 것은 깨어 있는 마음챙김, 알아차림, 성찰적 자각의식, 즉 바른 생각(正思), 바른 견해(正見)의 의식을 의미한다. 그래서 열린 사고는 잘 듣는 능력, 삶의 비판단적 접근, 차이에 대한 이해, 수용, 인내력이 있고, 경직된 마음가짐이 없는 것으로 확연히 드러난다.

---

(3) 사로잡힌(ARRESTED) 상태: 현재 상태를 흔드는 것을 싫어한다.

보통 사람들은 사로잡힌 상태에서 삶의 **현상 유지**를 위해 개인적·사회적 삶(생활·일)의 장애물들을 가지고서 그 안에서 변화 없이 타성 속에 그냥 살아가려고 애쓴다. 사로잡힌 상태에서는 삶의 장애물들이 약간은 조정될 수 있지만 기본 상태는 변경되지 않고 남아 있게 된다. 사로잡힌 상태에서의 변화 노력은, 현 상태의 근본적인 변화 없이 다만 좀 더 개선되고 더 세련되어지고 더 열심히 더 전략적으로 일하려는 것으로 나타난다(제1 변동성: First Variation의 변화).

사로잡힌 상태의 공통 주제들을 보면, 있는 것과 잘 지내기, 요동치는 세상과 타협해서 균형 회복하기, 이미 제대로 정립되어 있는 것들과 더불어 살기, 삶의 적재적소에 적당하게 맞추어 살기 등으로 나타난다. 사실 사로잡힘의 속성은 우리 삶에서 주요한 경종이 울리거나 열린 상태에 남아 있기 위해 부단히 노력하지 않는 한, 우리에게 보통 어느 정도는 있는 속성이다.

일단 사로잡히게 되면 새로운 환경과 변화된 삶의 조건들은 더 많은 근심 걱정과 삶의 불확실성을 만들어 낸다. 그래서 우리 신념의 어떤 내용이 변화에 대한 도전을 받지만 견딜 수 있는 한 그대로 남아 있으려고 애쓰는 형국은 마치 내용물에 따라 변형되는 스티로폼 컵같이 균열이 생길 때까지 오로지 그대로 휘어지기만 하는 모습과 같다. 이와 같은 상태에서는 환경과 생활 조건의 변화로 인해 어려움을 느끼게 마련이지만 그것에 대해, 원래 그런 것이기에 아무런 방도가 있을 수 없다고 믿는 경우가 허다하다. 이러한 변화된 상황에 대한 적응과 변화의 불가능성은 좌절감, 거부감, 분노, 후회, 과도한 '스트레스'로 발현된다.

> • 사로잡힌 사고는 삶의 장애물이 있어도 그 한도 내에서 살기 위한 방도를 찾는 쪽으로 가고, 가능한 한 최선의 방식으로 그 장애물들에 적응하려고 애쓴다.
> • 사로잡힌 사고는 과도한 스트레스, 위장장애, 소극적 · 공격적 행동, 개인적 · 사회적 좌절감의 형태 등으로 모습을 드러낸다.
> • 사로잡힌 사고자는, 변화에 대한 저항을 시도해 볼 만하다고 생각하는 한도 내에서는 자신들이 대상이 되는 불리한 개혁에만 집중하는 그런 변화와 치유변용 모델들은 거부한다.

(4) 닫힌(CLOSED) 상태: 이것이 곧 잠재적으로 가지고 있는 것의 모두이고 가질 수 있는 최상이다.

닫힌 상태의 사고자는 현재의 지배적 가치밈과 가치밈 짝들을 제외한 나머지 나선 밈상의 모든 바람직한 과거와 미래의 가치밈의 문을 닫아 버리고 오로지 자신이 갇혀 있는 폐쇄된 핵심 가치밈과 밈 짝들 의식만을 드러낸다.

이러한 폐쇄성은 내면적 · 외면적 요인의 두 가지 출처로부터 다 생겨난다고 보아야 한다. 왜냐하면 외부의 환경, 생활 조건들과 선천적 근기와 카르마에 상응하는 내면의 자아·무의식·심층무의식과 진Gene의 유전적 소인 및 뇌신경계(사부뇌: 지知·정情·의意·행行) 사이의 (상의상수相依相隨적) 인지(생성·변환·각인·반응) 회로에 의해 가치밈/가치식識의 변화와 창발을 주도하고 활성화시키기 때문이다. 정신의학, 정신분석·정신신경증 진단 같은 전문적인 심층 정신역동적 접근에서의 뚜렷한 설명과 어떤 환경·생활 조건과 역동성이 갇히게 되는 조건을 촉발시키는지 알아내기는 어렵다. 그러나 언급한 바대로 선천적 근기·카르마와 상응하는 후천적 삶의 조건, 성장 과정에 각인 형성된 내면자아/심층 무의식의 병리장애, 콤플렉스 등과 관련되어 가치밈, 심층 가치의식의 폐쇄성이 촉발되는 것으로 본다. 극단적인 생활조건들과 외적 환경 상황으로부터 준 폐쇄성이 온 것이라면 심리치료/심신치유가 필요하지만 변화는 가능하다. 그러나 가치밈의 폐쇄성이 개인의 생물학적 소인이나 심층의식의 병리장애적 소인으로 생긴 경우에는 변경이 거의 안 될 수도 있다. 생물학적 손상이나 성장기의 정신·심리적 발달장애 때문에 어떤 가치밈들에만 제한되어 있는 한정된 가치의식의 조색판만을 가질 수 있다. 이때에는 뇌신경생리의학적 치료, 심리치료나 정신의학적 진단, 약물치료를 병행하면 어느 정도 호전이 가능하다. 그러나 보다 근본적으로는 갇힌 상태의 심신 중독의 고통으로부터 벗어나고자 하는 간절한 욕구가 있는 경우에 치료·치유 의지의 고취에 수반하는 홀론의학적 통합심신치유에 의해서만 근본적인 치유가 가능하게 된다.

전형적인 닫힌 자들의 모습

- 광적인 열광자(광신도…), 극단주의(자기도취형) 정치가, 일 중독자들, 열혈 사회사업가들, 악질 범죄자들이 있다.
- 다른 시각/조망은 거부하고 저주하고 사탄/악마같이 본다. 즉, 자신의 길이(합리적인 사람이 생각할 수 있는) 유일한 길이라고 믿으며, 나선밈상의 다른 곳에 서 있는 자들을 이단자, 멍청이, 변절자, 범죄자, 바보로 본다.
- 이들에게 닫혀 있는 문제를 너무 지나치게 밀고 나가게 되면, 이런 사람들은 파탄으로 치닫게 되고, 공황적이고 광적인 행동, 쉽게 분노하는 체질, 폭력, 자살, 우울증, 사이코패스적인 사건으로 행태를 드러낸다.

(5) 닫힌 사고의 징후

닫힌 사고의 징후를 보면 다음과 같다.

① **부적절성**: 변화하는 환경에의 적응력이 결핍되어 있고, 모든 아이디어는 똑같은 색깔로 무차별하게 덧씌워진다. 웃음이나 성냄이나 대화의 주제들이 정상 맥락에서 벗어나 있고 행동은 아주 어설프게 애쓰는 모습인 경우가 많다.

② **탐욕성**: 충분한 것이 결코 없다. 개인의 욕구는 결코 만족하지 않는다. 폐쇄된 개인은 무엇이든 항상 더 필요로 하고 탐욕적으로 요구한다.

③ **배타성**: 있어야 할 다른 입장이란 있을 수 없고 다른 방식도 있을 수 없다. 다른 어떤 관점도 밀쳐 내며 거부한다. 극히 어떤 목적을 가진 아부자들을 제외하고는 몇 사람만 측근으로 있다.

④ **좌절감에 대한 과도한 반응**: 장애물들이나 차단당하는 데 대한 반응이 극단적이다. 예를 들면, 폐쇄된 사람은 스트레스를 받으면 참지 못하고 기절하거나 몸이 아프거나 상처받는 것이 극명하다. 예기치 않는 자극에 대해 갑작스럽거나 극단적 반응(폭발)을 예상해야 한다.

⑤ **극단적으로 과업들을 달성하려 한다**: 완벽주의자, 강박증, 하는 일이 '옳은지' '잘 되어 가는지' '옳게 형성되는지' 확실시하기 위해 끊임없이 체크하고 다시 체크하는 사람들이다.

⑥ **자신의 도피처(SHELL)를 만든다**: 다른 위치나 관점으로의 노출을 피한다. 자신 특유의 입장이나 관점에 반대로 나가는 정보를 감추거나 파괴한다.

조건 1(잠재 능력) 요약

• 마음/뇌는 지적·의식적 공간의 더 상위의 층으로의 발달과 확장을 위한 **잠재 능력**을 가져야 한다.

• 이는 열린 의식의 개방성(또는 최소한 변경 가능한 사로잡힘 속성)과 새로운 생활 조건들을 처리할 수 있는 필요한 지능(지적 인지 능력), 지성, 성찰적 각성, 자각, 마음챙김 역량을 포함한다.

> • 아무리 나선맆을 따라 도약적 출발의 변화를 자주 시도한다고 해도 이에 필요한 내면의 잠재 능력이 깨어나게 하고 가치밈의식의 변화와 변용이 생겨나게 하려면 성찰적 자각, 인지적 각성자각 훈련, 혼의 치유 훈련을 넘어 자기치유와 자기실현을 위한 깨어 있는 온전한 마음챙김 수련이 필요하다. 그렇게 하지 않으면 근본적인 가치밈의식의 변화가 일어날 수 없다.
>
> **조건 1에 맞기 위한 자질 요건**
>
> • 첫째, 사고력이 완전히 닫혀 있지 않고 어느 정도 열려 있거나 최소한 사로잡혀 있는 상태여야 하며,
> • 둘째, 보다 복잡한 **삶의 환경**에서 문제를 다루기 위한 필수적인 핵심 지능, 지성, 마음챙김, 성찰적 자각 능력이 잠재 능력으로 존재하고 있다.

2) 조건 2: 해결책(SOLUTIONS)

현재(그리고 이전의) 생존/실존 문제에 대한 해결책을 말한다. 개인이나 조직의 현재 상태 내에 심각하고 해결되지 않은 문제들이나 위협들이 존재하는 한, 새로운 가치밈 수준으로의 변화는 기대하기 어렵다. 민감한 사람들은 생존/실존의 현재 수준에서 필요한 쟁점들에 집중하면서도 가장 중요하게 해결해야 할 것들을 우선순위에 놓을 수 있다. 이것들을 깨어 있는 열린 의식으로 해결하지 않게 되면, 그러한 원초적 문제들을 해결하기 위해 이전보다 수정 보완된 다른 가치밈들을 일깨운다 해도 나선역동적으로 상위 단계로의 성장은 일어나지 않고 오히려 퇴행이 일어날 수 있다. 문제들의 원인을 제대로 성찰적·각성적으로 인식하고 해석해서 그들에 대한 현재 수준에서의 해결책을 구해야 한다(예: 조직의 안정이 중심 쟁점이면 질서부터 가져오게 한다).

조건 2를 만족하기 위한 요건

- 첫째, 현재의 **나선** 수준에서 가치밈들의 제반 문제들이 적절하게 관리되고 있어야 한다.
- 둘째, (개인이나 조직에 필요한) 가치밈이나 밈 짝들이 비교적 편안하고 건강한 존Zone에 도달해 있는지, 상대적으로 균형이 성취되어 있는 상태인지 아닌지 알아야 한다.
- 셋째, 여분의 의식 에너지가 보다 복잡한 가치밈 체계를 탐색하기 위해 이용 가능한 상태에 있어야 한다.

3) 조건 3: 불협화음(DISSONANCE)

개인이나 조직의 현재의 가치밈 체계 내에 변화가 일어날 만한 불협화음(갈등)이 있어야 한다. 보트가 흔들리지 않으면 변화는 일어나지 않는 것이다. 요동은 개념적 화물의 이동(내부 요동)에 의해서나 현재까지의 정상 상태 시스템에 충격을 가하는 어디서든 생성된 파도(외부적 환경, 생활 조건의 변화)에 의해 만들어진다. 그래서 종종 컨설턴트, 상담가, 코치들은 의도적으로 불협화음/부조화/갈등(자극)을 주입해서 사람들이 '그들의 뒷마당에서 앞으로 나와' 일이 더 나빠지기 전에 적극적으로 행동하도록 유도하는 것이다.

147

불협화음/불안의 느낌을 만들어 내는 요인들

- **삶의 조건들**과 그러한 문제들을 취급하기 위한 현재의 수단들 사이에 점점 더 커져 가는 간극을 알아차리면서 불안의 느낌이 커질 수 있다.
- 온 세상이 박살 날 만큼의 그런 혼돈은 없어도 '무언가 잘못되어 있다'는 느낌을 생기게 할 만큼 충분한 요동은 있을 때이다.
- 새로운 **삶의 조건**의 문제들을 풀기 위한 기존의 낡은 해법들의 굴욕적 실패가 오히려 신선한 사고를 자극하고 갈등 에너지를 풀어 주고 나선에 따른 다음 윗수준의 **가치밈으로** 해방시킬 수 있다.

4) 조건 4: 통찰력(INSIGHT)과 각성적 자각

변화를 위해서는 가능성이 높은 문제의 원인과 실행 가능한 대안에 대한 통찰력과 각성적 자각이 필요하다. '통찰력'이란 말이 의미하는 바는, 무엇 때문에, 왜, 이전 시스템이 잘못되었는가에 대한 직관적 이해이다. 각성적 자각이란 문제를 더 잘 처리하기 위해 어떤 내부적·외부적 자원이 이용 가능한가에 대한 성찰적 깨우침의 자각에 의한 이해이다. 각성적 자각 훈련과 온전한 마음챙김 수련이 되면 보다 깊은 통찰력이 생긴다. 이와 같은 깊은 통찰력은 오래된 문제에 계속 초점을 두면서도 새로운 것을 보다 명확하고 명료하게 알게 해 준다.

대부분의 리더가 문제 해결과 변화 유도를 위해 내부의 사고 체계(심층 가치 체계) 대신 사람들의 피상적 사고/언행의 유형에만 초점을 두는 경향이 있다. 통찰력에 의해 개인이나 조직이 새로운 가치밈 시스템으로 이동해 가려면 이를 위한 상이한 밈의 패턴들과 모델들, 그리고 그들을 구현하기 위한 단계적 이동/변화 과정이 필요함을 알고 있어야 한다. 그리고 이러한 대안 시나리오들은 실제로 실행을 고려하기 전에 먼저 조직의 집단밈의식 속에 어느 정도 활성화되어 있어야 한다. 이러한 것들이 구성원 전체가 아닌 소수의 엘리트 '기획자'나 '의사 결정권자'의 마음속에만 자리 잡고 있어서는 안 된다.

(통찰력 · 각성적 자각에 기반한) 변화를 새로 시작하기 위한 방식들

- 현재의 더 큰 복잡성을 제대로 표현할 수 없는 과거의 지나간 낡은 양태로 되어 버린 기존의 해답들을 뒤적거리는 시간 낭비적인 퇴행적 탐색은 멈추도록 해야 한다.
- 우선 적용 가능한 출처로부터 구한 선택적 실행 시나리오들, 신선한 새로운 모델들, 과거의 경험들을 통합적으로 고려해야 한다.
- 경쟁 대안들을 탐색하고 그 대안이 어떤 모습을 가질 것인가에 대해 구체적으로 분석·평가하여 드러내어 보여 주도록 한다.
- 서로 일치하는 쪽으로 움직이도록 요구되는 새로운 삶의 조건들과 가치밈들의 모습을 재빨리 인식한다.

5) 조건 5: 장애물들(BARRIERS)

변화를 가로막는 모든 장애물을 **확인**하고 **극복**해야 한다. 장애물들은 변화를 불가능하게 하지는 않는다 해도 어렵게 만드는 것은 확실하다. 장애물들을 더 이상 거부하지 않고 바르게 알아차리고 각성적으로 지각하고 인식해야 하고, 그것들을 구체적으로 거명하면서 확인해야 한다. 그리고 나서 그것들을 제거하거나 지나쳐 버리게 하거나 중립화하거나 다른 어떤 것으로 재구성해야 한다. 이러한 장애물들은 처음에는 외부적인 (자연·사회 환경·지정학적 환경, 정치·경제·문화 등의) 장場과 **삶의 조건**의 일부인 것으로 보이지만, 결국에는 대부분 개인이나 조직의 닫히거나 경직된 사고방식과 문제의식으로 인해 나타난다는 것을 알아야 한다.

장애물의 대처 요령

• 과거의 것이거나 현재적인 것이거나 간에 장애물들은 확인되고 제거 대상의 목표물이 되어야 한다. 깨어 있는 각성적·성찰적 자각에 의해 개인이나 조직의 외부 세계와 내부 세계 양쪽 모두의 변화를 방해하는 장애물들을 해체하고 그로부터 벗어나게 해야 한다.

• 장애물 제거의 위험성과, 그 결과 수반되는 고통도 함께 통찰적으로 고려해야 한다. 조직 내 장애물들과의 기존의 개인적·조직적 연결 가교들은 모두 태워 없애고 지혜롭게 혁신할 필요가 있다.

• 변화를 구현하지 않기 위한 어떠한 변명이나 합리화도 용납되지 말아야 한다. 동시에 기존 장애물의 토대를 침식하고 제거하는 데 필요한 현명한 압박 전략과 책략이 채택되어야 한다. 장애물 제거 후, 새로운 가치밈 체계의 재건에 착수하기 전에 이를 위한 새로운 견고한 가치의식의 기초가 존재하고 있다는 사실을 확실하게 인식시켜야 한다.

---

6) 조건 6: 조정 통합의 공고화(CONSOLIDATION)

새로운 가치밈 체계로의 전환기 동안에 조정 통합의 **공고화**와 지속적 **지원**이 필요하다. '씨 뿌리는 자의 우화'에서처럼 변화의 씨앗은 종종 잡초와 척박함으로 가득 찬 얄팍하거나 악성의 토양 위에 떨어지기 쉽다. 그래서 변화에 대한 군건한 지원 문화가 결핍되면 새로운 가치밈들은 거의 제대로 싹트기 어렵고 제대로 꽃피게 되는 경우가 적다. 설사 어느 정도 꽃피게 된다 해도, 새로운 가치밈으로 깨어나기 위해 높은 에너지가 소모되는 까닭에, 그 결과는 아주 형편없게 되기 쉽다. 그래서 성숙한 상태가 아닌 절반 정도로 설익어 어설프게 보이기 쉽다. 이 조정의 시기는 급변하고 어느 정도 흔들리게 되지만, 결국에 가서는 조직 내 각자 구성원들의 핵심 인지 지능과 가치식識들은 스스로 재연결되고 새로운 가치밈 체계에 친숙해지게 된다.

상당한 수준의 변화가 일어날 때는 흔히 혼란, 거짓 출발, 변화를 위한 오랜 학습기간, 어설픈 동화同化의 기간을 경험하기도 한다. 이 과정에서 무엇이 일어나고 있는지 제대로 이해 못 하고 아직 변하지 않고 남아 있는 낡은 사고의 기존 세력들에 의해―자신들이 뒤처지고 줄을 잘못 서고 위협받고 있다고 느끼는 자들에 의해―처벌받거나 보복당할 수도 있다. 오래된 장애물들이 처벌 규정, 세력 전쟁, 권력 투쟁 등의 형태로 다시 재건되고, 새로운 장애물이 만들어질 수도 있다. 그래서 때로는 우회하고 그들과의 연결 가교를 태워 버리고 뒤돌아보지 말고 앞으로 나가야 한다.

앞에서 언급한 모든 6가지 조건이 모두 충족될 때, 새로운 가치초밈이 깨어날 수 있고 나선상에 따른 가치밈 체계의 상향 이동이 일어날 수 있다. 이 모든 6가지 조건이 다 충족되지 않으면 기존 조직의 시스템 내에 다른 변동들이 생겨날 수 있게 된다(뒤에서 설명할 7가지 변동). 그러나 나선 변화의 6가지 조건은 어디까지나 원리적 필요조건이지 충분조건은 아니다. 변화라는 것은 이러한 필요조건을 21세기 시대적 패러다임(3대 과학기술혁명, IT 정보화 통합·통섭·융합 기술, AI 중심의 스마트화·자동화·양자화 제4차 산업혁명시대, 통합·소통·평등·상생의 양자사회화 등의 새 패러다임)에 따라 역동적 통합치유변용(변혁) 리더십을 발휘 할 수 있을 때, 필요충분조건이 되어 일어나는 것이다.

나선 변화의 원리 요약

1. 잠재 역량: 마음/뇌에 있어서
2. 해결책: 현재의 문제에 대한
3. 불협화음: 그리고 불확실성
4. 통찰력·성찰적 자각: 그리고 대안들
5. 장애물들: 확인되고 해결되어야 할
6. 조정 통합: 그리고 지원

II

가치초밈 변화의 경로와 변동성

앞에서는 기본적으로 벡과 코완의 『나선동역학』에 의한 나선 달인 리더나 DIHT 지혜의 달인 리더가 알아야 할 나선 변화의 원리와 변화의 조건에 대해 고찰하였다. 그러나 어느 개인이나 조직에서 나선 변화가 일어날 때는 그 변동 과정과 경로가 있다. 이러한 변화의 단계와 경로와 변동성으로 나타나는 것에 대해서는 언급하지 않았다.

이 절과 다음 절의 내용도 기본적으로 『나선동역학』에 따르나 이 시대의 나선 달인 리더십 패러다임에 맞게 수정 보완하였다. 일반적으로 개인이든 조직이든 사회이든 문제가 없는 것은 없다. 겉으로는 평온하면서도 내부적으로 문제가 있거나 안팎이 모두 불안정하고, 파탄이나 붕괴나 와해 직전에 있는 개인·조직·사회·국가가 많은 것이 현실이다. 따라서 어떤 조직이 일시적으로 겉보기에 평온하거나 평화로운 상태에 있는 것처럼 보여도 그 내부를 들여다보면 긴장 상태나 불안·갈등·투쟁 상태, 붕괴 직전 상태에 있는 경우가 빈번하다. 이들은 어떤 변화의 경로를 거쳐서 새로운 안전과 평화, 번영을 추구하려는 추동을 하거나 혹은 안전과 불안 상태를 오가는 단계와 경로를 반복하기도 한다.

이런 과정에서 나타나는 개인이나 조직이나 사회나 국가의 나선 변동성의 정도는 매우 다양하게 나타난다. 즉, 어느 특정한 지배적 가치밈 상태 내에서의 안정 추구를 위한 변화이거나, 극심한 외적 환경이나 삶의 조건의 변화가 주는 충격에 의한 아래위의 인접한 가치밈으로의 변동이거나, 또는 개인이나 조직이나 사회의 양자도약적 상위 밈으로의 변동성일 수 있다. 이러한 변동이 무엇이든 간에 모두가 나선 변화의 리더십을 가진 리더의 역량이나 나선 달인 리더나 DIHT 지혜의 달인 리더의 리더십에 따라 그 변화의 변동성의 정도 및 단계 경로가 현저히 달라진다.

여기서는 먼저 가치초밈 변화의 경로상에서 만나는 상이한 5단계의 특성과 상태, 일어나는 현상에 대해 알아볼 것이다. 그리고 나서 변화의 주제에 따라 나타나는 7가지 변동성의 속성들과 그 변화의 조건이나 경로와의 관계들에 대해 살펴보도록 한다.

1. 가치초밈 변화의 5 단계 경로

변화의 경로에 따른 다섯 이정표/단계(Phases)

- **알파**(ALPHA) 단계: 안정되고 균형 잡혀 있는 시기
- **베타**(BETA) 단계: 불확실하고 의문의 시기
- **감마**(GAMMA) 단계: 분노와 혼란으로 차 있는 시기
- **델타**(DELTA) 단계: 열광으로 고무되어 있는 시기
- 새로운 **알파**(NEW ALPHA) 단계: **나선상의 위아래로의 다음 가치밈 시스템에서의 안정된**
  시기

---

1) 단계(Phase) 1: 알파 맞춤(ALPHA Fit) 상태

알파는 개인의, 조직의 또는 문화적 **가치밈** 체계가 **삶의 조건**과 잘 적응하는 상태에 있고 그 대처 방법에서 비교적 성공적 상태에 있는 단계이다. **알파** 단계는 균형과 안정성의 특성을 가진다. 알파는 PC(Prestressed Concrete) 구조와 같이 역동적 긴장 상태로 생각해야 한다. 이러한 통제된 긴장이 오히려 조직의 상태를 안정시키고 힘이 생겨나게 한다.

알파 단계의 특성

- 개인에게 있어서 이 단계는 자신의 개인적 세계 안에 '이것을 함께 지니고 있고 그것이 얼마 동안은 비교적 순조롭게 항해할 것이라고 믿는다'.
- 기업은 일차적 지수들, 즉 시장 점유율, 투자 회수, 근로자 만족 등으로 나타나는 경영 영역에서 잘하고 있다
- 사회는 도전과 기회들이 자원과 사람들에게 잘 맞아 어울리게 되면서 시민들의 욕구를 만족시키고 있다
- 인간(생명) 세계는 평형, 항상성, 통합의 상태에 있다. 상징적 의미로는, '하느님은 우리의 천국에 계시고 모든 것은 그대로 괜찮다.'이다.

하지만 알파는 종종 혼란스럽다. 안정되어 보이는 것 같지만 그렇지 않고, 정지 상태에 있는 것 같아 보이지만 표면 바로 아래에서는 움직이고 있다. 보이지 않는 베타와 감마 상태는 곧 내외부의 불안정, 소란, 혼돈의 내재된 조건을 나타낸다. 이러한 변화는 사물들의 본성 안에 내재되어 있으므로 이 두 가지 상황의 발달이 알파의 안정성에 도전한다.

첫째, 외부 세계 자체는 자연 현상(기후, 전염병, 재해, 지진 등)과 인공적 사건들(전쟁, 경제적 요동, 개선된 보건 제도, 사회적 불안, 환경 변화 등)에 응하여 변한다.

둘째, 알파 단계에서 사람들의 요구에 부응하는 것들은 다른 삶의 조건들을, 즉 가치밈 체계의 다른 링크들을 일깨우거나 균형을 잃게 할 수도 있고, 그래서 알파의 고요를 뒤엎을 수 있다.

그러므로 알파 상태는 비록 많은 사람에게 안전성의 영구적 지속에 대한 환상을 심어 주지만 이 상태는 일시적이고 전이적이다. 그 해결책들은 그다음에 오는 불안정하고 불안한 단계에 문제의 씨앗을 뿌리게 된다.

153

2) 단계(Phase) 2: 베타 조건

기업은 물론이고 어느 단체·사회의 조직을 막론하고 역동적으로 변하는 외적 환경(자연환경, 인위적 환경), 다양한 삶의 조건과 내적 환경(불화, 갈등, 반목, 파벌, 음해 등)으로 인해 조직은 자칫하면 불안정한 상태로 빠져들기 쉽다. 특히 기업의 경우, 어느 정도 안정된 알파 상태에서 돌아가고 있는 것 같아 보여도 외적 환경의 급변으로 인한 시장 환경의 변화가 기존 시장의 상실, 레드오션적 경쟁의 심화로 인한 시장 불안전성이 기업의 생존을 위협하게 되는 상황에 부딪칠 때, 베타 상태로 인한 조직의 동요와 반응은 가치밈의 수준별로 다르지만 점점 더 심해지게 된다.

따라서 이 불안정한 베타를 변화를 통해 극복하기 위해서는 CEO는 물론 각급의 리더들에게 변화(변용·변혁)의 리더십이 절대적으로 필요하다. 이러한 베타 조건은 조직의 분야, 종류, 형태 그리고 내외적 환경 조건에 따라 다양한 불안정한 상황이 일어날 수 있으므로 한두 가지 구체적인 사례를 든다는 것은 의미가 없다. 이보다는 오히려 베타 조건에 대한 개념적인 확실한 이해가 필수적이라 하겠다.

그래서 베타 단계의 불안정한 상황, 즉 베타 현상, 베타 문제는 다음과 같이 단순하게 말할 수 있다. 한마디로, 베타 단계는 불확실성의 시기, 의문 제기와 좌절의 시기로 이 단계는 회의(doubts)의 장소이다. 무엇인가 잘못되어 가고 있지만 그게 무엇인가? 이제 삶의 구닥다리 방식은 더 이상 먹혀들지 않는다. 개인·기업·조직·사회에서 일어나기 시작하는 다양한 이상, 침체, 비정상 징후들이 나타나고 나쁜 쪽으로 변화되어 가기 시작한다.

베타 문제는 말로 하기보다 느낌으로 더 잘 느끼고, 우리 마음보다 가슴으로 좌절과 불행을 체험하고, 보고 만지고 접촉하고 맛보고 냄새를 맡을 수 있지만 그 까닭을 설명할 수 없고, 왜 우리가 설명하지 못하는지에 대해서도 설명하지 못한다.

처음에 베타 쪽을 향해 알파 단계를 떠날 때 기존의 알파 체계에 문제가 있다고 믿고 더 세게 알파 체계를 강화시키지만, 그럴수록 일은 더 악화되기만 한다. 이 현상이 더 깊은 베타 쪽으로의 이들의 이동을 가속화시키고 그런 것이 반드시 나쁜 현상만은 아니다. 처음에 베타 조건에 도달하게 되면 알파 체계의 주요 특징을 유지하면서 그것을 재현하거나 잘 조율하거나 적응하는 방도를 둘러보는데, 이때는 베타 상태의 연속적인 개선이 슬로건이다. 때로는 베타 조건에서는 모든 것이 잘되어 갔던 예전의 좋은 날들에 대한 향수를 체험할 수도 있다.

나선상의 가치밈들에서 나타나는 전형적인 베타 현상

- 베이지색 밈 세계: 거주 환경이 식량을 구하기 더 어렵게 되면서 더 이상 무리를 먹여 살릴 수 없게 된다.
- 자주색 밈 세계: 종족 질서가 붕괴하기 시작하면서 신성시된 헌납·제례 의식이 부정적인 것들을 막아 주는 데 실패하게 된다.
- 적색 밈 세계: 강력한 '가진 자들'이 힘의 균형 쪽에 더 무게를 두게 되고 그들에게서 무능하거나 부족한 것이 발견될 때, '가진 자와 갖지 못한 자' 사이의 계약이 허물어지기 시작한다.
- 청색 밈 세계: 의심, 회의주의 같은 새로운 대안 선택이 나타나면서 절대적 **진리**는 더 이상 질서와 미래를 보장하지 못하게 된다.

- 오렌지색 밈 세계: 내면의 평화를 위한 가치 추구가 강력해지면서 '좋은 삶'의 균형이 무너지고, 개인주의적, 물질/소유적 삶의 의미가 퇴색하게 된다.
- 녹색 밈 세계: 복잡한 사회 문제와 제한된 자원의 실체가 노출되면서, 공동체에 대한 따뜻한 인간적 소망이 엷어지게 된다.
- 황색 밈 세계: 개인적 선택과 자유에 대해 믿고 의지하는 것이 결과적으로 전반적 생존에 필요한 통합적 · 시스템적 유연한 협력 활동의 제공에 실패하게 된다.

3) 단계(Phase) 3: 감마 덫(GAMMA Trap)

베타 단계의 조직의 불안정한 상태가 심화되면, 기업은 극심한 노사 갈등/부도/도산/합병, 조직 해체/대규모 구조 조정 등과 같은 덫에 걸리게 된다. 안정된 알파 상태에서도 금융 공황, 천재지변, 전쟁, 정치 혁명 같은 상황이 일어나게 되면 피할 수 없는 강한 장애물, 덫으로 인해 조직과 사회가 와해되거나 파탄을 맞이하기 쉽고, 모든 구성원은 공황 상태에 빠져들게 된다.

이런 극도의 위기 상황에서는 진정한 나선 달인 리더십과 DIHT 지혜의 달인 리더십이 강한 위기의 시기에 최고의 극복력과 함께 리더십의 빛을 발휘하게 된다. 이러한 위험한 위기 단계에서는, 특히 최고의 리더, CEO의 강력한 나선 변화, 통합치유변용 리더십이 절대로 필요하게 된다. 여기서는 먼저 조직이 감마 덫에 걸리게 될 때의 상황과 각각의 가치밈 수준별 반응 상태와 나타나는 현상을 중심으로 간략하게 요약하였다.

만약 분노, 절망, 혁명의 상태로 일들이 아주 나쁜 상태로 되면, 그 나쁜 실체들은 베타로부터 감마 쪽을 향해 아래로 이동하는 것이고, 극복할 수 없어 보이는 장애물의 덫에 빠지게 된다. 이때 베타의 거부적이고 흐릿한 사고는 이제는 있는 그대로의 심각한 진짜 현실 앞에 굴복한다. 이제 얼마나 일이 나쁜가에 대한 분명한 전망이 보이면서, 지각이 정확하든 그렇지 않든 간에 무엇이 왜 나쁘게 되었는가에 대한 매우 현실적 감각이 생긴다.

감마 위기를 깨닫게 되면 덫에 빠지기 앞서서 개혁 대안 선택이 가능하게 된다. 통찰력만 있으면 아주 극심해진 감마 상태로의 여행이 꼭 불가피한 것만은 아니다. 흔히 그 인접부에는 **개혁 대안의 선택**이 여전히 앞에 놓여 있고, 그것을 재빨리 취하기에 충분 할 만큼 **덫** 주위로의 우회로를 제공한다.

변화에 필요한 대부분의 **여섯 조건**이 만족되고 나머지도 거의 그렇게 되면, 개인들 은 그들의 삶의 부담을 견디어 내고 감마의 깊이를 우회할 수 있다. 기업이나 조직이 나 사회는 앞에 놓인 무시무시해 보이는 위험을 인식할 수 있고, 무너지기 전에 무엇 이든 할 수 있다.

심층 감마 상태는 핵심 인지 능력(지능·지성)의 지각 일부가, 그리고 마음챙김에 의 한 성찰적 자각·알아차림이 그것에 대해 아무런 대응을 할 수 없을 정도로 생존 위력 의 총체적 결여에 너무 근접해 있기 때문에 아주 어려운 시기이다. 흔히 근접할 수 있 는 **가치밈** 체계는 그 자체가 장애물일 수도 있다. 그래서 베타 단계에서의 좌절과 통 한의 정서는 감마에서 깊숙한 분노로 빠지게 된다. 이제 과거조차 더 이상 맞지 않는 다. 존재의 느낌은 옴짝달싹하지 못하고 자동차 트렁크에 갇힌 것같이 느끼기 쉽다. 그래서 아무리 도움을 갈망해도 그러한 절망적 애원을 들을 수 없는 상태가 된다. 숨 쉴 공간이 없고, 아무것도 더 잃을 게 없는 최악의 상태에 이르게 된다.

감마 덫의 전형적 현상

- 일반적으로 조직의 시스템들이 감마 단계로 이동하게 되면, 옛 알파의 좋은 삶의 방식들 로부터 떨어져 나온 것을 제대로 깨닫지도 못한 채, 어떻게 그렇게 하곤 했는지도 모르고 되돌아가는 길도 없고, 그렇다고 갈 곳이라곤 아무 데도 없는 상태가 된다.
- 감마 덫에 빠진 상태에서 조급하게 일시적으로 육체적 쾌락·행복, 도피적 피안의 길을 찾아서 **나선** 아래로 미끄러져 내려가는 개인들이 적지 않다는 것을 발견할 수 있다.
- 마찬가지로 조직과 전체 사회는 내일을 지나 생존할 수 있는지 어떤지 모른 채로 자유 낙 하하는 자신들을 발견할 수 있다.
- 감마 덫에 걸리면 모든 가능한 전환점이 다 차단당한 느낌이 든다.
- 새벽이 오면 오직 도망가느냐 싸우느냐의 원초적 본능이 깨어나지만, '불 속으로 돌진하는 나방'이 무슨 좋은 일이 겠는가? 무슨 소용인가? 미래는 없다는 느낌이 든다.

따라서 감마 장애물에 봉착할 경우 감마 상태의 조직이나 개인은 당면 장애물에 맹공을 퍼붓는다(변화의 조건 5: **장애물 극복**) 이러한 장애물들은 가능한 모든 형상, 크기, 강도의 수준으로 나타난다. 강력하고 침투성이 강한 장애물에 직면할 때 **나선상** 각 수준의 **가치밈**들은 다음과 같이 특유의 방식으로 대응한다.

통상 장애물들이 엄청나게 불어나면, 나선상 아래쪽의 이전 수준으로 전면적으로 퇴행하는 위축을 보인다. 즉, 청색은 적색 쪽으로 이행, 적색은 자주색 쪽으로, 녹색은 오렌지색 쪽으로 이행하게 된다.

각 가치밈이 감마 덫 장애물에 봉착할 때 나타나는 현상

- 베이지색 밈: 태아 상태에서 비틀려 감겨 죽게 될 것이다. 아프리카의 부시맨이 경찰에 의해 투옥되었을 때 종종 아침에 죽어 버린다.
- 자주색 밈: 제사, 의식, 불길한 징조 속에 전적으로 휩싸이게 하여 미신적 두려움과 공포에 빠진 존재로 떨어지고 만다.
- 적색 밈: 폭탄을 가지고 전속력으로 돌진하는 형국으로, 이 악물고 싸우고 감옥에 가는 것도 불사할 것이다. 반대로 무릎 꿇고 비열한 짓도 서슴지 않는다.
- 청색 밈: 정의롭다고 보는 성전 속으로 뛰어들고, 이단과 마녀사냥을 호응하고, 진정한 애국자는 신격화하지만 적에게는 악마의 저주를 퍼붓는다.
- 오렌지색 밈: 무슨 대가를 치러도 이길 수만 있다면 지저분하고 수상한 거래, 공갈 협박과 뇌물, 그리고 다른 은밀하고 부정한 술수에 빠져든다.
- 녹색 밈: 생태·환경이나 공동체의 진보 이념적으로 경직되고, '내가 너보다 더 고상하다'는 정치적으로 옳다는 자세. 다른 모든 사람의 동기를 교만하게 질문하는 쪽으로 빠져든다.
- 황색밈: 카드 패(수단, 방책)들이 긍정적 활동에 어긋나는 쪽으로 쌓여 있는가를 분석하고, 상황을 평가한 후 조직을 떠나거나 그냥 있거나 할 것이다.

4) 단계(Phase) 4: 델타(DELTA) 파고 상승

　조직이 와해되거나 붕괴되지 않고서 감마 덫에 걸린 상황을 벗어나는 것은 뛰어난 리더십 없이는 쉬운 일이 아니다. 반면, 감마 상태를 야기한 내외적 환경의 장애물이 사라지면 조직이 붕괴·와해되기 전에 감마의 덫을 자연스럽게 벗어나게 될 수도 있다. 대부분의 경우 감마의 덫/장애물을 벗어나서 조직이 새롭게 재정비되고 재조직화되면, 새로운 상승의 시기의 도래에 대한 기대감이 구성원 전체에 높아지게 된다. 이때 새로운 리더의 강력한 비전은 구성원들을 더욱 고무시키고 열광하게 만든다. 그러나 어느 기업이나 조직사회든 새로운 리더가 내놓는 장밋빛 비전에 열광하지만, 진정한 나선 달인 리더나 DIHT 지혜의 달인 리더가 아닌 야욕과 야심에만 차 있는 리더나 리딩 그룹을 만나면 다시 베타와 감마 단계로 퇴행할 수 있다.

델타 파고 상승 단계의 일반적인 특성과 문제점

- 드디어 감마 덫의 스프링이 튕겨져 나가 버리게 되면 구속의 벽에는 금이 가고, 제약에서 해방되고 그래서 델타 파고 상승이 점화된다. 하지만 이는 아직 불완전한 시기로, 장애물이 극복되고 이전의 제약이 떨어져 나가는 곳의 흥분과 급격한 변화의 기간이다.
- 사람들은 그들 자신의 운명을 감당할 준비가 되어 있고, 과거는 더 이상 현재를 통제하지 못한다. 델타 에너지의 쇄도는 종종 덜 익숙하고, 열광적이고 거친 모양으로 일어난다.
- 새로운 유토피아와 다가올 영광스러운 새 알파 단계의 탐색 속에 해방의 흥분이 사람들을 움직일 때, 모든 곳에서 '바로 이거야! 아하! 드디어!' 하는 소리가 들린다.
- 하지만 델타 파고 상승은 위험천만일 수 있다. 다른 쪽의 초목이 더 푸르게 보이지만 분할선을 넘으면 종종 그것은 페인트칠에 의해 그렇게 만들어진 것임을 발견하기도 한다.
- 환호가 멈출 때에만 냉혹한 현실이 도로 기어들고, 그것은 때로는 감마 쪽을 향해 도로 미끄러져 내려가게 이끌어 가기도 한다. 치명적인 방해물에 대한 승리는 환상이거나 조작일 수 있다.

5) 단계(Phase) 5: 새로운 알파(NEW ALPHA) 단계

감마 트랩을 벗어나서 순조로운 델타 파고 상승 단계를 맞이하면 조직은 새로운 알파 단계로 진입하게 된다. 베타의 불안정성은 항상 내외 환경의 변화에 따라 조직 내에 내재하게 되어 있다. 하지만 새로운 리더의 리더십이 나선 변화 리더십이거나 DIHT 리더십인 경우에는 오히려 감마의 장애물을 극복함으로써 조직의 구성원 모두가 한 단계 이상 성숙하게 변화되는 경우가 많다. 이때 나선 변화 달인 리더십이나 이 시대의 새로운 패러다임을 모두 포괄하고 통합적으로 내포하는 보다 위력적인 DIHT 리더십은 조직의 지속적인 변화와 불안정한 베타 조건의 잠재성을 조직 발전의 원동력으로 전환시키는 진정한 치유변용으로 빛을 발휘하게 될 것이다.

159

새로운 알파 단계의 특성

- 새로운 알파는 베타와 감마에서 벗어나 델타의 파고 상승을 거친 새로운 아이디어와 통찰의 공고화를 반영한다.
- **베타 조건**의 상태로부터 흐르는 **변화**의 **변동성**은 감마 덫으로부터의 어렵고 성난 추동의 파고 상승보다 훨씬 부드럽고 유연하다.
- 세계가 다시 한번 동조 상태로 들어가면서 개인들은 정상 상태로 돌아간다. 기업이나 조직은 그 시장 분야나 전문 분야의 적재적소와 하나가 되어 어울린다. 사회는 그 환경과 함께 정상적으로 진보하는 것으로 보인다.
- **외부 조건과 가치밈 내부 체계 사이**에 균형이 회복된다.
- 많은 사람이 절정에 도달한 것으로, 그래서 그 상태가 오랫동안 지속할 것으로 믿는다.
- 물론 수평선 넘어 굽어 들어간 곳과 보이지 않는 도로의 위쪽에는 또 다른 베타 조건이 놓여 있다.

2. 변화의 주제에 따른 일곱 가지 변동성

개인이나 조직의 내외적 환경이나 삶의 조건의 변화에 수반하는 가치밈, 심층 가치의식의 변화는 개개인이나 조직의 현재의 가치밈 상태, 수준, 변화 유발 조건의 강도에 따라 다양하게 나타난다. 만약 리더나 구성원들이 이러한 다양한 변화에 대한 이해나 인식이 제각각 다르게 되면, 변화에 대한 잘못된 이해나 인식의 오류로 인해 현재의 나쁜 상황과 장애물을 극복하여 구성원의 밈 상태와 수준을 변화시키고 조직을 다시 활성화시키기 위한 치유변용 리더십 발휘에 실패하게 된다.

'변화'는 사람들마다 너무나 서로 다른 의미로 이해되거나 사용되고 있다. 실제 사람들이 변화란 말을 사용할 때는 다른 사람도 같은 의미로 사용하고 있다고 가정하는 오류를 범하게 쉽다. 그럴수록 현재의 문제나 상황에 대한 오판의 함정에 빠지지 않기 위해서 리더들은 현재 개인이나 조직의 상태와 이들에게 일어나는 가능한 변화의 패턴과 변동성을 명확하게 이해할 필요가 있다. 여기서는 변화에 대한 접근이 각각 다른 모습을 가지면서 나타나는 일곱 가지 변동성을 중심으로 설명하였다.

변화에 대한 이러한 접근에 의하면, 변동성은 **나선밈** 체계 자체는 안정되어 그대로 남아 있는 두 개의 수평적 변동(HORIZONTAL Variations), 가치밈 상호 간(intervMEME)에 약간의 요동이 있는 두 개의 경사(OBLIQUE) **변동**, 그리고 기존 **가치밈**에서 **새로운 가치밈** 수준으로의 이행이 있는 세 개의 수직적(VERTICAL) 변동의 7가지 유형으로 나타난다.

1) 제1 변동성의 변화: 수평적 변화를 위한 '개선 조율(FINE-TUNE)'

이러한 변화의 경우, **가치밈**의 기본 체계는 변화되지 않지만 특정한 내용이 개선되고 조율되고 대체되기도 한다. 변화에 대한 노력의 목표는 주어져 있는 것 내에서 균형과 조화를 되찾고 조정하고 개선하는 것이다. 기존의 조직을 개선하고 재정비하여 보다 더 효율적으로 "더 열심히 더 스마트하게" 일하려고 애쓴다. 수평적 변화가 진행

중에 있을 때, 신선한 새로운 패러다임을 소개하기 위한 동기 부여 세미나, '관심이 뜨거운' 새 책, 신업무 수행기법 훈련 등의 도입이 인기 있다.

지배적인 **가치밈**이 닫혀 있거나 꽉 **사로잡혀** 있을 때에 가능한 최선의 시도이다. 그래서 많은 사람의 경우 이 제1 **수평적 변동성**이 그들의 실질적 한계이다.

제1 변동성: 개선-조율(Fine-Tune)			
	NO	SOME	YES
1. 잠재력	×		
2. 문제 해결		×	
3. 불협화음		×	
4. 통찰	×		
5. 발견 장애물	×		
6. 조정 통합	×		

현대의 오렌지색 밈 병리들 중의 하나가 이러한 수평적 상향 이동이 조직에서의 더 높거나 **나선상**에 따라 있을 수 있는 유일한 중요한 변화의 이행이라는 것이다. 즉, 현재의 일을 더 잘하는 것이 오렌지색/청색 밈 직업 윤리 내에서 기대할 수 있는 유일한 것이다.

2) 제2 변동성의 변화: 수평적 발달을 위한 '확장해 나감(Expand-OUT)'

변화의 제2 수평적 변동성은 기존의 **가치밈** 시스템의 정교화이다. **확장해 나가는** 변화는 새로운 내용을 추가하거나 필요한 재능을 증가시키거나 신지식의 기반을 넓히는 일을 하기 위해, 비록 핵심 골격(거대 **가치초밈**)은 변하지 않아도 아이디어, 태도, 신념의 변화가 수반된다. 이것은 사람들이 그들이 하고 있는 일에 대해 더 많이 배우거나, 주어진 과제의 정복을 향해 나가거나 시스템의 운영을 개선할 때 훈련의 결과로 나타나는 결과이다.

조직의 리더들은 그들이 조직 구성원들의 자질 향상을 주도하기 위한 전략적 계획을 착수할 때, 자신들이 극적으로 근본적인 **수직적 변화**를 수반하고 있다고 스스로 확신하는 경우가 있다. 그

제2 변동성: 확장해-나감(Expand-OUT)			
	NO	SOME	YES
1. 잠재력	×		
2. 문제 해결		×	
3. 불협화음		×	
4. 통찰		×	
5. 발견 장애물	×		
6. 조정 통합	∨		

러나 그 과정의 끝에 오면 많은 경우 그들이 실제로는 **변동성 2**에 그대로 있다는 것을 발견하게 된다. 주어져 있는 것들의 수평적 향상과 어떤 눈에 띄는 새로운 **비전미션목표**(VisionMissionsGoals)들 정도가 그들이 성취한 거의 대부분이다. 하지만 이용되지 않은 잠재력이 발휘되지 않고 대책이 마련되어지지 않는 한 부딪치는 장애물과 그대로 대치해야 하고 새로운 시스템의 긍정적 조정 통합을 위한 지원 골격은 그냥 그대로 놓여 있게 된다. 따라서 확장해 나감은, 비록 그것이 충분해 보인다고 해도, 그 자체가 한계인 것이다.

(1) 각 가치밈의 내용을 조정하는 방식들

- 두 번째 변동성의 변화는 언제나 정확히 개인과 조직이 필요로 하는 것일 것이다
- 빈번하게, 그것은 마케팅과 홍보 활동 노력의 목적이다
- 내용의 조정이 목적이면 다음과 같은 몇 가지 접근법이 각 가치밈 수준에서 가능하다.

(2) 공동체 공존적 · 집합적(COMMUNAL/COLLECTIVE)

〈자기희생 속, 외부통제(OutsideControl)의 한색 존(ColdColored zones)에서〉

① **자주색 밈**: '조상들의 방식대로 이제 희생하라.'

- 전통적, 조상들의 방식에 순응하는 어른들(또는 의견 주도급 친척들)의 말
- 새로운 관점에 대한 샤먼, 연장자, 추장들로부터의 제식화되고 의식 행사화된 선언
- 심령 영역으로부터의 메시지: 징조, 예언, 주문, 채널링

② **청록색 밈**: '단지 나의 생명만이 아닌 모든 생명이 다 함께 살아갈 수 있도록 자기를 희생(헌신)하라.'

- 자신의 본능과 직관으로부터의 자각 인식에다 여하한 다른 출처의 정보들도 추가하여 판단
- 대규모 자연 체계의 생존 관련 감지된 위협들에 대비하여
- 개인, 조직, 사회에서의 나선밈 전체의 장기간의 건강을 위해

③ **청색 밈**: '뒤에 올 보상을 위해 지금 자신을 희생하라.'

- 적절한 종류의 더 높은 권위로부터 내려오는 선언이라 하지만 공동체의 구성원들이 승복하는 올바른 권위라야 한다. 예컨대, 천주교의 가톨릭 주교, 정통유대교의 랍비, '선서로 취임한 고위 관료', 급진파의 동료 극단주의자의 권위 같은 것이다. 청색 밈에서는 오직 일부 어떤 사람들만 권위를 소유하고 다른 사람들은 종종 불신자인 적대적 캠프에 비해 적절한 대접을 받지 못하거나 신분이 평가절하되어 대조가 되기도 한다.
- 공동체 내의 지휘 체계를 통해서나 '성스러운' 경전(들)을 인용하면서 적시에 즉각 전달되는 문서화된 지시 사항들

④ **녹색 밈**: '자기와 타인을 위해 보상받기 위해 지금 희생(봉사, 협동)하라.'

- 가치 있고 비중 있는 평가 그룹의 합의적 의견으로부터의 압력 또는 순환적 공동체 내에서 무시할 수 없는 타인(들)에 의한 설득이 있을 때 응한다. 하지만 변화는 동료 권위자로부터 유도된다. 공동체는 '팀 플레이어'가 아닌 자들을 거부하는 위협을 한다. 통상 가치 있고 비중 있는 멤버들이 어떤 정보를 쓸 것인가, 어떤 것을 무시해야 할 것인가에 대한 판단을 내린다.
- 희생의 대가로 얻는 편익은 힘든 틈새시장이나 적대적 경쟁자들과 직접 싸우는 대신에 공동체 내에서 자기 자신이 해야 하는 전체 관심사들에 봉사하는 데서 생겨난다.

163

(3) 개인적 · 엘리트적(INDIVIDUAL/ELITE)

〈자기표현의 내부 통제, 난색 존에서〉

① **적색 밈**: '수치심이나 죄책감 없이 (자기욕구대로) 충동적으로 자기표현'

- '내가' 잘 보이고, 좋은 기분이고, 체면이 서고, '내'가 원하는 것을 갖기 위해 감지되는 즉각적 편익의 충족을 위해
- 다른 사람들을 통제하고 상황을 지배하기 위해 가진 이점과 더 커진 힘에 대한 느낌으로
- 보다 강화하는 것으로서 의미 있고 확실한 포상을 받고자 하는 압박감하에 반복하여

- 고통이나 심지어 죽음의 공포가 없이는 거절할 수 없는 위압과 제안을 하며

② **오렌지색 밈**: '약간의 수치심이나 죄의식을 갖고서 계산적으로 자기표현'

- 자기 특유의 올바른 사고를 하는 마음이나 직접 체험에 의해 획득된 새로운 정보나 새로운 아이디어는 그들 자신의 주도 하에 얻는 창의성인 경우에만 유용하다.
- 오렌지색 밈은 더 높은 권위로 비웃고 다른 사람들의 관점을 무시한다. 그래서 영리한 어떤 부류의 사람들은 단순히 대안들이 그들 자신의 최초의 생각에서 나온 아이디어라는 것을 다른 사람들이 확신하도록 만든다.
- 자신이 응분의 대가를 치르고 획득한 귀한 고급 출처로부터 구한 연구 자료와 '과학적 사실'일 때, 특히 그들이 이미 기존에 팽배해 있는 성공에 대한 예감에서 나온 지지를 받을 때 그렇게 한다.
- 그렇게 하는 게 경쟁적 위계 내에 신분, 특권, 위치의 획득으로 이끈다.

③ **황색 밈**: '자기를 표현하지만 결코 타인이나 세상의 대가를 치르게 하면서 하지는 않는다.'

- 출처에 불문하고 신뢰할 만한 새로운 정보와 존경받는 권위로 인해 타인의 의견이나 자기가 혼자 하거나 생각하는 것을 변경시킬 수 있다. 변동성은 이 가치밈에 스트레스를 주지 못하고 절대적 확신도 목적이 아니다.
- 나타나는 결과의 늘어난 기능성으로 인해 일들을 보다 자연스럽게 수행한다.
- 인적 에너지와 지구 자원에 있어서 점점 더 많이 높은 질, 높은 수용성에 낮은 비용으로 수행하게 된다.

3) 제3, 제4 변동성의 변화: 경사적으로 '아래로의 확장(Stretch-DOWN)'과 '위로의 확장(Stretch-UP)'

경사 변동성은 일이 알파의 알맞은 상태를 넘어 베타 조건을 향해 갈 경우에 적합하다. 이 변동성은 약간의 열린 의식·개방성, 더 많은 잠재력이 있을 때 그리고 대안을 보는 충분한 통찰력이 있을 때 생긴다. **변동성 3, 4에서 기반 가치밈 체계는 나선상의**

인접 밈들의 일부 (긍정적) 측면들을 취
한다. 비록 기반 가치밈 시스템이 인접
시스템의 일부 특징들을 취한다고는 하
지만, (가치 체계의) 앵커는 여전히 기존
나선 쪽으로 여전히 붙잡혀 있고 전체의
치유변용적 전환은 허용하지 않는다.

확장은 나선상 위(UP)나 아래(DOWN)
로 일어날 수 있지만, 특히 아래로의 **확
장**이 더 골치 아프다. 이때는 경제적으

제3, 제4 변동성: 확장 상향/하향 (Stretch UP/DOWN)			
	NO	SOME	YES
1. 잠재력		×	
2. 문제 해결		×	
3. 불협화음			×
4. 통찰		×	
5. 발견 장애물		×	
6. 조정 통합			×

로 골치 아프고, 가족들은 스트레스로 차 있고, 지나치게 확장된 기업은 생존을 위해
분투하는 경우가 많다. 이러한 **제3 변동성의 변화**가 있는 동안, '좋은 옛 시절' '기본으
로 돌아가는 것' '근본을 재방문하는 것'에 대한 향수를 느끼고, 때로는 절망적으로, 하
향 나선의 탐색도 기대한다. 일단 그런 것이 찾아지고 욕구가 충족되면(아니면 위협이
사라지면) 개인은 즉각 기존의 기반 나선 프로필로 되돌아간다. 의사 결정 시스템은
그것이 무엇이었던 간에 이전 수준으로 향해 도로 내려가기 쉽다.

예컨대, 녹색은 보다 오렌지적 '투자'와 경제적 관심을 향해 뒤로 향해 확장한다. 오
렌지색은 경박한 신유행의 개혁이 골치 아파 보일 때 청색의 절대적 정의가 되살아난
다. 청색은 시간이 촉박하고 성스러운 주장이 위기에 처해 있고 적이 문 앞에 있을 때
적색 쪽의 하찮고 지저분한 힘의 수법을 취한다.

제3 변동성의 변화를 촉발하는 것들

- 자주색: 사악한 힘에 의해 급작스런, 설명할 수 없는 삶의 환경 변화
- 적색: 잠재된 수치심, 통제의 상실, 존경심 상실
- 청색: 모호성과 취약해진 권위, 무질서와 반대하는 이념들의 증가
- 오렌지색: 자율성과 자유의 상실이나 무기력성의 증가
- 녹색: 한때 수용하던 공동체의 부조화와 파편화
- 황색: 올바른 통합적 지식으로의 접근이 없고 무의미한 연대만 있음

제4 변동성의 변화는 상향 확장(Stretch UP)이다. TQM이나 대부분의 기업의 연구 개발 노력이나 정부 사유화 정책 등의 차세대의 새롭고 개선된 방법 등을 위한 교육에 대한 지속적 열기는 일반적으로 이러한 변동성이다. 이러한 상향의 경사 변동성은 간극을 없애는 회유이며 외관을 향상시키고 신선한 페인트로 위층을 도장한다. 이러한 노력은 진지하지만 제1층 너머로의 가치밈의 체계적 변화에 영향을 주지는 않는다. 만약 사고의 새로운 방식에 의한 실험이 너무 위험성이 있다고 입증되면, 개인은 이전 밈 기반의 안전성 있는 쪽으로 도로 미끄러져 가기 쉽다.

불행하게도, 제4 **변동성의 변화**에 대처하지 못하는 사람들은 종종 기업의 창업에 기여한 동일 인물들이다. 이러한 구시대의 참여자들은, 특히 오렌지색이 변화의 전권을 쥐고 있을 때 단지 신선하고 젊은 쪽으로 면모를 일신하고 편익을 도모하기 위한 경사의 상향 **확장**의 산고産苦에서 무시당하고 밀어내어진다. 그래서 흔히 이와 같은 경사 변화의 게임에서 잃어버리게 되는 지혜, 경험, 통찰이 무수히 많다. 이미 언급한 바와 같이 경사 변화 **변동성**의 최선의 좋은 설명 중 하나는 품질 혁신 운동에 있어 왔다. 그러나 그 한계는 자명하다.

4) 제5, 제6, 제7 변동성의 변화: '수직적 변화'

수직적 변동은 일반적으로 기존의 패턴을 깨고 새로운 **가치밈**을 깨어나게 한다. 비록 그 과정에서 묻혀 있고 사라졌다고 생각되던 이전의 것들이 되살아날 수 있어도 상이한 **가치밈**들이 문제를 넘겨받는다. 그리고/또는 기존의 가치밈 스택들stacks이 재정돈된다. 개인에게 있어서 이것은 중요한 삶의 치유변용이다. 조직에서는 수직적 변화는 곧 치유변혁이고, 그들이 해 왔다고 생각하는 비즈니스들을 새로운 접근으로 이끈다.

수직적 변화의 세 가지 변동성

- **뚫고–나가기(Break–OUT, 제5 변동성)**: 장애물을 공격하나 때로는 공격이 실패하면 감마 덫으로 곧바로 미끄러진다.
- **위로의 전이(UP–Shift, 제6 변동성))**: 보다 제어된 위로의 전이는 감마를 우회함으로써 새로운 가치밈을 깨어나게 하는 성찰적 자각·각성 훈련, 마음챙김 수련 같은 진화적 접근을 취한다.
- **양자도약적 변화(제7 변동성)**: 가장 복잡한 제7 **변동성**에서는 여러 가지 **가치밈**의 전환이 동시에 진행되고, 그래서 **양자**–도약적 변화이다. 개인, 조직 구성원의 대다수가 지각 훈련, 마음챙김 수련으로 깨어날 때 가능한 양자도약이다.

5) 제5 변동성의 변화: '뚫고 나가기(Break OUT)'

뚫고 나가기는 일단 불안정성과 요동이 문제가 되는 대상 실체를 감마 덫—좌절감, 분노, 절망—속으로 몰고 가면 생겨난다. 베타로부터 나가는 도중에 아무도 적시에 베타로부터 델타를 가로질러 부드럽게 이동해 가기 위한 **개혁 옵션(Reform Option, 제6 변동성의 변화)**을 알아차리지 못하거나 단순히 요구되

제5 변동성: 뚫고 나가기 (Break OUT, 혁명적)			
	NO	SOME	YES
1. 잠재력			×
2. 문제 해결			×
3. 불협화음			×
4. 통찰		×	
5. 발견 장애물		×	
6. 조정 통합			×

는 조건을 만족시키지 못했거나 한 경우이다. 대신에 감마로의 미끄러짐은 곧바로 바닥으로 떨어진 것이다. 모든 것이 엉망이 되어 버린 시기에 그러한 변용/변혁적 변화는 매우 소란스럽고, 그것은 삶의 극적 통과와 아주 심각한 정서적 사건을 표시한다.

제5 **변동성**의 변화는 조직이나 기업의 역사에서 변용/변혁적 전환기에 해당한다. 뚫고나가기 변화가 다가올 때, 대개 우리는 여러 **가치밈**으로부터 한꺼번에 델타와 감마 신호를 알아차린다. 이때 모든 시스템이 위기에 처하게 되면서, **공존적·집합적**에서 보다 더 **개인적·엘리트주의적**으로, 아니면 그 반대에 초점을 두고 일반적인 전이가 이루어지는 것이 특징적이다.

167

제5 변동성 변화의 특성

- 근본적인 변화가 조직 · 기업 · 공동체의 지배적인 구조와 체제에서 요구된다. 타협은 바람직하지도 않거나 추구되지도 않는다.
- 장애물/방해물에 대한 무자비한 '싹쓸이'식 공격을 감행한다. '변화시키거나 아니면 파괴시켜라.'이다.
- 바리케이트를 넘어오기를 거절하는 이전의 동료와 '온건주의자들'은 매국노, 배신자, 반역자로 규정된다. 그들은 적보다 더 나쁘다.
- 이러한 활동은 숭고한 목적을 변화가 필요한 '원인'으로 추상화함으로써 옹호되고 정당화된다. 누구나 무엇이든 간에 자유의 깃발이나, '세상을 안전하게'… 등을 위해 싸운다.

손상을 받지 않고 생존할 수 있는 뚫고 나가기 변화는 리더의 **제2층 (Second Tier)** 사고를 요구한다. 만약 많은 그룹의 사람들의 가치밈이 상당히 균질하고 **나선상** 더 아래 수준에 있다면, 그들을 변화시키기 위한 노력은 그들이 더 높은 수준들에 있는 경우보다 변화의 내용이 더 좁고 구체적이고 즉각적이어야 한다. 더 높은 범위에 걸쳐 비슷한 수준의 사고로 중심화되어 있는 가치밈 실체들에게서는 훨씬 더 추상적이고 더 광범위하고 더 멀리 떨어져 있는 목표를 향한 실행이 가능하다.

만약 가치밈들의 실체가 비균질적이면 상호 소통이 되는 목표들은 구체적이고 추상적이며, 즉각적이고 원격적인 양면성이 있어야 한다. 그것들은 그 집단이 듣고 있는 모든 **가치밈** 주파수 내에서 모두 동시 방송되어야 한다.

수직적 변화는 그것이 개인을 위한 것과 똑같이 모집단의 **나선 수** 준(들)을 통해서 구현되어야 한다.

- **적색** 주위로 중심화된 조직사회에서는 위계에 따라 일하는 자들에게 변화에 응하는 조건 부여를 요구한다. 이를테면, 실현 가능한 것으로 사람들의 욕구를 구체적으로 만족시키는 것을 요구한다.
- **청색**은 전환 기간 동안에 교조적 권위주의를 필요로 한다.
- **오렌지색**은 개인적 성장을 위한 기회를 감지해야 한다.

• 녹색은 합의 도출과 공유되는 논증을 요구한다.

6) 제6 변동성의 변화: '위로의 전이(UP-Shift)'

감마 덫의 깊은 바닥으로 떨어지기보다는 아직 사용되지 않은 잠재력과 통찰을 갖고서 델타와 새로운 알파를 선호해서 감마 위기를 거의 다 우회하는 진화적 변화이다. 이러한 대안 코스를 발견하기 위한 요구조건이 있다. 첫째, 포함된 사람들이 사로잡힌 또는 닫힌 사고보다 대체로 열린 의식 속에 있어야 한다.

제6 변동성: 위로 전이(UP-Shift, 진화적)			
	NO	SOME	YES
1. 잠재력			×
2. 문제 해결			×
3. 불협화음			×
4. 통찰			×
5. 발견 장애물			×
6. 조정 통합			×

둘째, 신선한 사고를 위한 풍부한 내부적·외부적 원재료들이 있어야 한다. 셋째, 다음 알파가 어떤 것인지에 대한 분명한 통찰을 가져야 한다. 넷째, 나머지 **변화의 여섯 조건들**이 모두 충족되고 있어야 한다.

이상과 같은 경우에만 현재의 베타 조건으로부터 새로운 알파로의 비교적 평화롭고 진화적인 치유·변용이 가능하다. 효과적인 수직적 변화는 '삶의 조건' 그리고 이에 상응하는 체계로서 가치밈 스택 양쪽 모두에 주의를 요한다.

예컨대, 자주색과 적색 가치밈들의 경우 그들의 비참하거나 병리적·범죄적 측면들이 그들의 생존을 위해 필요한 것으로 보이는 열악한 **삶의 조건들**을 개선하기 위해 마땅한 적절한 주의를 집중하지 않고서는 그들의 변화를 기대할 수 없다. 그들의 행동과 태도를 수정하도록 만들기 위한 그들의 장애·병리의 치료와 범죄의 교정과 위기 개입에 얼마나 엄청난 에너지가 드는가는 정말 놀랄 만한 정도이다.

즉, **삶의 환경**을 단순히 변경시키는 것만으로는 수직적 변화는 충분하지 않은 것이다(여섯 가지 변화의 조건과 함께 구성원들의 가치의식의 자발적 변화를 유도하는 나선 변화 달인 리더십이 필요하다). 어떤 사람은 모든 **여섯 가지 조건**을 충족시키지만 다른 사람들은 그렇지 못하다. 그들은 **잠재력, 통찰력, 불협화음** 또는 어떤 다른 것들이 결여되어

169

있기 때문이다. 구성원의 상당수는 **가치밈** 프로필에서 닫힌 상태에 있을 수 있다. 리더가 강요하여 사람을 변화시킬 수는 없지만, 리더는 사람들이 변할 수 있도록 그 과정을 마련해 주고 그 변화의 길에 같이 동참하고 있어야 한다.

변경된 새로운 환경과 삶의 조건은 새로운 **가치밈**의 깨어남을 자극한다. 리더가 **나선상의 변화**의 원리를 안다면, 그리고 **생존/실존의 조건**들을 정말로 변경시킬 수 있다면, 그리고 사람들이 충분히 열려 있다면, 리더는 그들이 보다 정교하고 깊게 사고를 하는 쪽으로, 아니면 최소한 보다 적절한 사고를 하도록 그들을 쉽게 변화를 향해 이행하는 방향으로 나아가게 도울 수 있다.

7) 제7 변동성의 변화: '양자도약(Quantum Jump)', 수직적(Vertical)

제7 **변동성의 변화**에서는 수많은 **가치밈** 체계가 전 지구적으로 지역·국가·사회 전체를 통해 글로벌하게 변화와 치유변용의 전환 과정에 있다. 거시적으로는 21세기 IT 정보화시대 과학기술의 혁명적 변화와 함께, 이에 따른 개인·조직·사회·국가·신인류 전체의 존재의 치유변용과 존재의 혁명이 전 세계적으로 양자도약적 변화를 가져오고 있고, 이를 위해서는 리더들의 **제2층** 사고를 필요로 한다.

제2층 사고에서는 직접적 관리는 훨씬 적게 하며 수평적·평등적·자발적 소통·상생에 의한 다중 시스템의 전일적·통합적(통전적統全的) 변화를 관조하는 게 필요하다. 양자적 도약의 전이는 위험하다. 왜냐하면 **뚫고 나가기**(Break OUT, 혁명적)나 **위로의 전이**(UP-Shift, **진화적**) 트랙 모두가 필요할 가능성이 있지만 쉽게 양립할 수는 없기 때문이다.

제7 변동성: 양자도약적, 수직적(Quantum Jump, Vertical)

1. 잠재력: 나선 전체에 걸쳐 그들을 위해 다음 단계로 이동하기 위한 것
2. 문제: 많은 수준에서 적절하게 해결되고 있다.
3. 불협화음: 모든 수준에서 적절한 방식으로 시스템 전체로 확산된다.
4. 통찰력: 공유되고 대안들은 전체 구조에 맞추어진다.
5. 장애물들: 수준들을 가로질러 수직적·수평적으로 모두 해결된다.
6. 조정 통합: 상호 지원적인 층들(layers)에서 상호 의존적으로 이루어진다.

(1) 변화를 구현하기 위한 유념 사항

- 개인, 조직, 기업, 사회(운동)의 변화에서 금기시되어야 하는 질문: '어떤 수준에 이 사람이 있고, 변화의 규칙은 내가 어떻게 하도록 지시하고 있나?'

- 바바라 조단(Jorden, B.)의 질문

  : … 무엇으로부터 무엇으로 변화…? 당신 자신을 어떤 개인적이거나 비즈니스 관계에서 다른 사람과 관여하기 전에 그 사람의 가치밈 프로필과 OAC 잠재력 양쪽을 평가하라.

  - 완고한 닫힌 적색/청색?

  - 정치적으로 옳은 닫힌 녹색/오렌지색?

  - 주도면밀하게 정직한 열린 청색?

- 당신이 회사를 구입하거나 합병하기 전에, 맨 밑바탕의 계수적 숫자나 제품을 넘어서는 심층 문제를 꿰뚫어 볼 수 있는가를 확실시하라.

  - 기업의 나선밈 프로필과 어떤 미래가 그 때문에 예측 가능한가를 평가해야

  - 무엇이 가치밈 스택을 지배하고 있나?

    : 사로잡힌 오렌지색? 너무 지나치게 전통 지향적 청색? 일할 준비가 되어 있는 건강한 적색? 녹색에 치중? 사용 안 된 황색?

171

(2) 중요한 코멘트

- 나선 프로필의 그림을 제대로 갖기 시작하려면, 여러 쟁점에 관한 개인성(혹은 기업 문화) 그리고 그러한 쟁점들에 응하는 데 따르는 반응들을 조사해야 한다. 이것은 가치밈 프로필이 되는 것이지 나선 연속체상에서의 밈의 어떤 범주적 위치를 조사하는 것이 아니다.

- 그렇게 되면 조직과 구성원들을 관리하고 교육하고 도와주기 위한 전략적 의사 결정을 위한 효과적인 접근은 비교적 아주 쉽게 된다.

  - 쟁점들의 조사에 대해 나선 가치밈들이 반응하는 피드백을 읽어라.

  - 나선 스펙트럼 프로필을 통해 들으면 사람들은 그들이 행동하면서 왜 그렇게 행동하는지, 그들이 믿는 바를 왜 믿는지를, 그리고 어떻게 하면 우리가

그들과의 거래에 있어서 가장 효과적일 수 있는가를 끊임없이 말하고 있다는 것을 알 수 있다.

−그들은 변화에 대한 준비가 되어 있는지 어떤지, 그리고 어떤 변동이 적절한지에 대해 우리에게 말해 준다.

(3) 7가지 변동성 요약

7가지 변동들	특징
제7 양자도약적 (7th Quantum Jump), 수직적(Vertical)	여러 가치밈이 동시에 이동이 있을 때 유용. 성공적인 국가 건설, 공동체 통합, 글로벌 시장에서 기능 수행에서의 통합. 산업혁명이나 정보화시대 같은 시대 전환 시기에 보여진다.
제6 위로의 전이 (6th UP−Shift), 수직적(Vertical)	나선상 어느 하나의 가치밈 수준에서 다음 수준으로 임계 질량의 이동. 열쇠 개념은 새로운 층이 추가되면서 일어나는 진화이다. 델타 파고 상승에서 보여진다.
제5 뚫고 나감 (5th Break−OUT), 수직적(Vertical)	감마 같은 장애물에 대한 공세적 도전을 서술. 통상 혁명을 특징짓지만, 언제나 어떤 문제를 날려 버리고 새롭게 재형성해야 할 필요가 있을 때마다 유용하다. 하지만 퇴행의 위험이 있다.
제4 위로−신장 (4th Stretch−UP), 경사적(Oblique)	지배적 사고는 애초의 가치밈 위치에 머물고 있지만 약간 보다 더 복잡한 가치밈들의 요소를 내포한다. 델타로부터 감마 덫들을 피하는 데 잠재력이 제한되어 있을 때 유용하다.
제3 아래로 신장 (3rd Stretch−DOWN) 경사적(Oblique)	압박받는 상황을 대처하려는 시도에서 일시적으로 기반 위치에서 이전의 가치밈 체계를 다시 깨어나게 하지만, 원래 기저 가치밈 위치에 그대로 머문다. 델타조건으로부터 빈번한 반응이 온다.
제2 확장해 나감 (2nd Expand−OUT), 수평적(Horizontal)	보다 많은 내용을 포함하고 그 레퍼토리를 신선하게 확장하기 위해 기저 가치밈 체계를 보다 정교하게 만든다.
제1 개선−조율 (1st Fine−Tune), 수평적(Horizontal)	알파 맞춤 이내에서 조직을 협조 체제하에 원활하게 돌아가도록 유지하기 위해 기존의 가치밈을 조정한다. 사고와 가정은 본질적으로 똑같지만, 기법과 정보는 개선된다.

나선 변화 리더십 달인

기존의 정적靜的인 리더십 이론 및 강론 그리고 리더십교육의 문제와 한계는 이미 제1장에서 고찰하였다. 여기서는 벡과 코완이 『나선동역학』에서 강조하고 있는 나선 가치밈 체계의 역동적 모형을 바탕으로 하는 나선 변화 리더십/나선 달인 리더십과 기존·변화 리더십과의 차이에 대해서 그들의 관점을 중심으로 요점만 간추려 소개하였다. 그러나 '역동적 통합치유변용(DIHT) 리더십'은 비록 '나선동역학'의 나선 변화 리더십과 그 핵심 이론의 바탕 얼개는 같지만 실제 적용 이론은 여러 면에서 다르다. 그러므로 21세기 과학기술혁명이 가져온 IT 정보화시대 양자과학시대 양자사회의 모든 시대적 패러다임을 포함하고 통합하는 리더십으로서 적합한 DIHT 지혜의 마음챙김 기반 달인 리더십과 그 적용 도구 및 적용 가이드에 대해서는 제5장에서 다루게 될 것이다.

제1장에서 이미 언급한 바와 같이, 80년대 이후의 리더십 이론을 보면 기존의 상황 리더십, LMX 리더십, 참여 리더십 등의 이론들 외에 21세기 시대 패러다임과 상통하는 자기/슈퍼, 치유변용, 통합, 소통, 지혜, 봉사, 진성, 행복 등의 리더십을 강조하는 이론도 무수하게 많이 나와 있다. 하지만 이들 거의 모두가 여전히 20세기 산업화시대의 위계적·구조적 조직 내 리더의 지위에 따른 리더 중심의 지시적 리더십에다 이러한 새로운 리더십 패러다임을 가미하고 있지만, 리더의 지위에서 나오는 지시적 리더십에 있어서는 거의 변화가 없다. 제1장에서 강조했듯이, 21세기 수평적 초연결 양자사회에서는 리더십의 '코페르니쿠스적 전환'에 의해 개개인이나 조직의 구성원 중심의 자기 리더십/슈퍼(메타) 리더십이, 역동적 통합적 치유 변용/변혁 리더십은 물론이고, 최근의 창조·지혜·현자·봉사의 리더십의 기본 바탕이 되어야 한다.

대부분의 기존 리더십 이론들은 **청색**과 **녹색** 사이에서 리더 중심의 **오렌지색** 가치밈 위주의 리더십을 권장하고 있다. 그러나 21세기 **혼돈의 시대**에 **제1층** 생존·소유의 가치밈 수준에 의존하는 이러한 정적靜的 리더십 이론 패러다임들로는, 빛의 속도로 변하는 첨단 고도 하이테크 과학기술의 주도하에 격변하고 있는 21세기 IT 정보화 초연결 SNS 네트워크시대의 평등한 소통 환경에서는 제대로 된 리더십을 충분히 펴 나가지 못한다는 것은 자명하다.

그들은 전체 나선보다는 여전히 제1층의 오렌지색 가치밈 위주의 리더십에 의존하고 있다는 데에 한계가 있다. 21세기 혼돈의 시대, New Age 양자시대에 인간의 사고 체계는 제1층 생존·소유 중심의 가치밈에서 제2층 실존·존재·영성 중심의 가치밈으로의 도약이 필요하다.

특히 이러한 위험하고 위태로운 위기의 시대, 불확실성이 지배하는 양자사회에서는 하루하루 급변하는 초고도 과학기술과 현대인의 가치밈 간의 간격이 점점 멀어지고 있는 것이 시대적 상황이다. 이러한 상황에서 역사상 모든 사람이 본격적으로 한 번도 겪어 본 적 없는 통합적 황색과 통전적 청록색 가치밈의식 수준에서 제1층의 모든 수준의 가치밈의 개인·조직·사회·국가를 이끌어 갈 글로벌 **제2층 나선 리더십**의 **통합나선지혜 달인(마법사Wizards)** 리터가 절실하게 요청되는 시대가 되었다.

174

1. 가치밈 달인과 변화의 달인

1) 가치밈 달인

인간성(사회적 자기, 실존적 자기, 통합지성, 통합영성) 창발의 **나선 스펙트럼**상에서 가치밈의 달인들 각각은 그들 자신 수준의 마법적 달인의 특성 표현이 탁월하다. 이러한 가치밈 달인들은 그들과 세계관을 공유하는 이들을 위해 어떻게 '안내자와 수호자'로서 기능해야 하는가에 대해 잘 안다. 그래서 그들은 조직·기업·공동체의 지배적 가치밈 수준에 따라 **나선밈**의 각 색깔의 옷을 입게 된다. 가치밈 달인은 하나의 재주만 잘 부리는 경주마일 수 있으나, 그들은 그 재주를 아주 뛰어나게 부려서 모든 사람이 그것을 보기를 원하고 우리 사회 전체가 그 때문에 그들을 간절히 원한다. 각 가치밈 달인의 특성을 다음과 같이 요약하였다.

(1) 자주색 가치밈 달인

자주색 가치밈 달인 중에는 신비 마술사/마법사, 주술사, 예언자, 퇴마사/굿무당들을 계속 만들어 낸다. 때로는 주술적·서사적 운율이나 심령적·초혼적 영가 음송, 다른 때 그들은 심령적 카리스마 같은 것으로 감싸 주는 리더십을 열망하는 사람들에게 바로 그 순간에 그런 마법을 발산한다. 신정시대에는 샤먼들이 바로 그들이었으나 오늘날 현실 세계에서는 뉴에이지적이거나 신비주의적인 신흥 종교 단체를 제외하고는 그들을 원하는 조직은 없다.

(2) 적색 가치밈 달인

적색 가치밈 달인들은 제우스와 비너스의 현대판, 신과 같은 서사적 남녀 영웅들이다. 일부는 지배적인 정치적 인물, 일부는 사이비 종교의 교주로 나타날 수 있다. 이 수준의 많은 사람은 슈퍼맨 같은 초인적 역할 모델의 강력한 리더들이다. 그러나 오늘날 21세기에는 모험적이고 위험이 많은 임무를 수행하는 군대를 제외하고는 이들이 설 곳이 없다. 21세기의 군대에서는 적색 가치밈 달인보다는 RBO 영역 달인이 요구된다.

(3) 청색 가치밈 달인

청색 가치밈 달인 리더는 선과 악, 정正과 사邪 사이에 분명한 선을 긋는다. 그들은 사회적 안정성과 공손한 시민 정신을 구하는 삶에 의미와 목적을 제공한다. 조용기, 빌리 그래엄 같은 목사들은 청색에 강한 존경받는 달인으로 오랫동안 여겨져 왔다. 넬슨 만델라 남아프리카 대통령은 정의롭고 신성한 의무, 애국적 국가 정신을 청색 가치밈 언어로 말하는 것 같지만 청록색 밈 수준의 나선 달인 리더로 전 세계적으로 추앙받는 거의 성인聖人에 가깝다. 그러나 오늘날은 꼴통 근본주의, 보수주의 정치·종교 단체 지도자들을 제외하고는 어느 분야에서도 청색 밈 달인만을 필요로 하지 않는다. 최소한 RBO나 BOG 가치밈 영역 리더가 요구된다.

(4) 청색/오렌지색 전환 영역의 달인

청색/오렌지색 전환 영역의 달인들로는 동기 부여자 리더십의 달인 지글라(Ziglar, Z.)를 들 수 있다. 그 두 가지 핵심 가치밈 사이의 전환 영역에 전문성이 놓여 있는 자들에게 꾸준한 인기를 유지하는 최상의 달인 리더 가운데 있다. 지글라의 기여는 책임감 있는 **청색**의 견고한 기반과 연관하여 건강한 **오렌지색**의 기업을 하는 '자기'를 일깨우는 데 있다. 그러나 지글라와 같은 리더는 오늘날 기업 조직에서는 더 이상 필요 없다. 정치, 종교 지도자도 최소한 BOG나 BOGY 리더가 되어야 한다.

(5) 오렌지색 가치밈 달인

오렌지색 가치밈 달인들로는 아이아코카(Iacocca, L.), 빌 게이츠(Gates, B.) 머독(Murdoch, R.), 트럼프(Trump, D.) 스티브 잡스(Jobs, S.) 등을 들 수 있다. 그들은 일을 제대로 수행하고, 개발을 촉진시키고, 이미지를 새롭게 하고 기술적 직감의 씨를 뿌리는 탁월한 역량이 있다. 『나선동역학』에서 벡과 코완이 트럼프를 오렌지색 밈의 탁월한 달인으로 꼽은 것은 사악하고 부도덕한 장사꾼, 오직 거짓으로 자기의 힘과 권력을 휘두르는 병적 자기애의 귀재를 탁월한 역량의 리더로 보는 실수를 범한 것이다.

(6) 녹색 가치밈 달인

녹색 가치밈 달인들로는 오늘날 수많은 환경 생태 운동가, 생태 사상가, 가이아 생태주의자, 『조화로운 삶의 지속Continuing The Good Life』의 저자 헬렌(Helen)·스코트 니어링(Nearing, S.) 부부를 들 수 있다. 또한 칼 로저스(Rogers, C.)와 다른 녹색 가치밈 거인들은 변형적 심리학 분야에서 수많은 사람을 심층적 인간 감성과 상호 개인적 유대감의 '신비한' 합일 영역으로 깨어나게 했다. 카보존(Cavoson), 쿠우스토(Cousteau), 러브록(Lovelock) 등은 생태의식에 통달했던 선각자들이다. 21세기에 녹색 가치밈은 모든 분야의 리더에게 요구되는 기본 덕목이며 자질이다.

2) 변화의 달인

(1) 변화의 달인들은 가치밈들 사이의 걸림돌들을 이해한다.

레이건(Reagan, R.) 대통령은 청색 애국주의적/교조주의와 오렌지색 개인주의적·엘리트적 세계관에 동조한다. 하지만 그는 녹색 평등주의 공동체에는 거의 의미를 두지 않았고 지나친 단순화를 지닌 황색에도 불만이 많았지만 청색-오렌지색 지도자로 냉전시대를 끝내며 성공적으로 통치했다. 반면에 말콤 엑스(Malcom X)는 수많은 미국 흑인을 위한 **모델** 변화 달인 흑인 지도자가 되어 왔다. 왜냐하면 그는 적색(끄나풀/악당)으로부터 적색/**청색**(변절자)으로, 청색/**적색**(광신적 열광자)으로, 그리고는 절정의 청색(메카 순례 체험 후의 신앙인)으로 변화되었다. 그는 변화의 달인으로서 청색-오렌지색 시스템 달인 흑인 지도자였던-킹 목사(King, M. L.)보다는 비슷한 역경을 통해 나가는 젊은이들의 영웅이 되어 왔다. 그러나 오늘날은 이런 유형의 변화 리더들은 필요 없고 최소한 건강한 RBO나 BOG나 OGY영역의 변환 리더십이 요구된다.

(2) 변화의 달인들은 변화에 상당히 의미 있는 자극을 줄 수 있다.

왜냐하면 효과적인 리더십은 통상 개인주의적·엘리트적(난색) 가치밈과 **공동체 공존적·집합적**(한색) 가치밈의 요소들을 결합해야 한다는 것을 직관적으로 이해하기 때문이다. 즉, 적색 **권력신**은 자주색의 복종을 필요로 하고, 오렌지색 **게임 선수**들은 청색 규칙의 추종자들을 요구하고, 청색 **진리의 힘**은 적색의 무정부적 기질에 질서를 부여한다.

만약 구성원과 리더들이 똑같은 정도로 변화하면 적극적 리더십이 오래 지속하나 **변화의 달인**들은 영역(zone) 전문가들로 나선 변화의 달인이 아닌 특정 존 변화의 달인을 의미한다. 광범위한 스펙트럼적 관점과 많은 시스템을 한꺼번에 고려하는 능력은 제3 형태의 나선 가치밈 체계 통달의 달인, 즉 **나선 달인**(the Spiral Wizard)에서 나온다(나선 가치밈을 통달한 **나선 달인**이란 나선 변화에 통달한 리더가 되어야 한다.)는 것을 의미한다.

2. 나선(치유·변용/변혁) 달인

나선 달인들은 본능적으로 다른 사람들은 알아차리지 못하는 나선밈의 패턴들과 그 인접 연결부들을 보고서 광대한 나선밈의 마음 경관을 두루 살필 수 있다. 바로 이 것이 제2층 사고의 위력이다. 그들은 조직 내 각 개개인의 가치밈들을 깨어나게 치유 하거나, 조직 내의 차단 블록을 해소하거나, 권한을 이양하거나, 조직을 보수/개선, 변혁하면서 나선 척추를 통해 이동할 수 있다. 나선 달인들은 혼돈을 이해하고서 경 영 개선하는 전문 설계자(reengineer)라기보다는 오히려 **창의적 설계자,** 평등하고 자유 로운 창의적 사고자같이 생각한다. 그와 같은 나선마법적 과정에서 그들은 조직의 기 능을, 사람들을, 아이디어들을 정확도, 유연성, 신속한 반응, 인간성, 일을 해내는 즐 거움 등을 추가하면서 새롭고 보다 자연적인 흐름으로 연결한다. 특히 나선 달인들은 부분들을 치유·변용/변혁 전문가적 수준으로, 모든 수준 모든 면으로 개수 관리, 치 유·변용/변혁하면서도 전체를 조사하고 통찰한다. 전체 **나선**을 모니터링한다는 것은 오늘날같이 대규모의 소요/요동과 급변하는 전환과 변화의 시기 동안에 특히 결정적 으로 중요하다.

다음에서는 나선 달인 리더십의 특징, 나선 달인의 특성, 나선 달인 리더십의 원리 등에 대하여 살펴보기로 한다.

1) (제2층) 나선(치유·변용/변혁) 달인 리더십의 특징

(1) 제2층의 리더십은 **황색과 청록색의 핵심 인지 능력**(지능·지성)과 의식·영성으로 이루어진다.

황색은 나선밈의 요소와 부시스템들을 자연적·순차적으로 연결하는 내면 지향적· 개인주의적이면서도 유연한 통합적 관점을 제공한다. 그 초점은, 이전의 분리된 실체 들과 그들의 기능을 선형적 흐름이 되게 하거나 보다 더 시스템적인 흐름이 되도록 통 합하는 것에 둔다. 이것은 시간의 흐름에 따른 과거−현재−미래를 연결하는 것같이 단순한 어떤 것이거나 혹은 비즈니스 전체에 걸친 공급자·고객·내부 공급자·투자자들을 상호 연결시키는 가치 체인(value chain)만큼 복잡한 어떤 것을 의미한다.

(2) 일단 제2층 **나선밈**이 깨어나면 **통합영성 지향적 더 새로운 청록색 가치밈**이, 단지 녹색의 닫힌 루프의 구성원과는 달리 나선의 웰빙을 위해 질서 있는 관계를 형상화하고 유지하는 **공존적·집합적** 조망을 추가한다.

다양한 살아 있는 체계들, 퍼지Fuzzy 개념들, 권력 중심부 그리고 사회적 삶의 에너지의 장場들을 모두 균형된 관계 속에 혼합한다. 건강하지 않은 밈 속성들을 조화롭고 건강한 **나선밈**으로 되돌아가게 함으로써 이 가치밈은 그 자신의 삶의 에너지와 부분들을 거시적으로 관리한다. 이는 마치 오케스트라의 지휘자가 그 음악 소리를 형상화시키거나 생물학자가 대양 분기공의 생태계를 이해하기 위해 일하는 것들과 같다.

청록색은 세계혼적·통전적 영성으로 이타적 선善을 위해 활동하고, 이 최고 수준의 **나선 달인**은 기업, 학교, 공동체나 국가를 위해 또는 더 나아가 가이아Gaia, 즉 살아 있는 생태 생명 세계의 모든 **생명**에 관심을 두고 일하고 있다. 청록색 밈은 나선 달인에게 통전적 사고를 위해 전뇌의 균형과 건전도를 주는 자기희생적 좌뇌의 오성과 '데이터를 가진 우뇌'의 예민도를 갖게 한다.

179

(3) 오늘날 21세기 새로운 디지털 정보화, 고도 융복합 과학기술시대, AI 중심의 수평적 초연결 통합 네트워크시대, 뉴에이지 통합 패러다임시대의 **나선 달인**들은 역동적 치유 변용·변혁 리더십과 그 사회적 영향력에 대한 새로운 조망을 드러나게 한다.

이는 이제 21세기 디지털 IT 정보화시대에 하이테크 융복합 과학기술혁명과 초지능 AI 중심의 가상현실·가상세계화가 가속화되는 시대, 그리고 포스트코로나 펜데믹시대, 온난화로 인한 자연재해가 점점 더 극심화되는 시대에 우리가 직면하는 고도 과학기술 문명으로 인한 독특한 위기와 기회가 공존하는 예측 불가한 인류 문명의 디스토피아로의 추락이냐 테크노피아로의 도약이냐의 **삶의 조건들**로부터 일어나는 새로운 조망들에 대한 통찰이다.

이 새로운 신인류의 신영성·통합영성적 리더들은 '그들이 무슨 능력이 있고 무엇을 하고 싶고 하고자 하는가뿐 아니라, 그들이 자신의 일들에 대해 어떻게 생각하는가'의 방식에 있어서 이전에 일해 온 다른 리더들과 자신들을 스스로 구별 짓는다. 그들은 자연스레 그들의 개인적 삶에서 제2층, 제3층 사고의 원리를 반영하고 직관적으로 그러한 통찰력들을 전문적으로 적용한다.

2) 나선(치유·변용/변혁) 달인의 징표

(1) 나선 달인은 닫힌 상태에서 보다는 열린 체계에서 사고하고, 깨어 있는 진정한 마음챙김 자각·각성 의식으로 개인을 치유변용하거나 조직을 변혁한다.

① 나선 달인은 인간의 삶의 형태는 하나의 언덕에서 다음으로 연속적으로 지나가고 있다고 깨어 있는 통찰로 인식한다(양자사고, 생주이별生住異滅, 생로병사生老病死, 무한 양자파동).

② 나선 달인은 자기와 타인—나와 너(I and Thou)—에 대한 새로운 인식들이 사람들 속에 창발하고 있고, 그래서 개인성에다 복잡성의 수준을 더해 가고 있다는 사실을 잘 알아차리고 있다.

③ 나선의식을 가진 미래학자들은 시대에 따라 다른 가치밈을 위한 다른 미래, 또 다른 다음 단계가 있음을 인정한다. 따라서 나선 달인들은 어떤 '새롭고 개선된' 해석 버전만을 선호하며 오래되고 전통적인 구조와 삶의 형태는 다 버려야 한다고 생각하지 않는다. 오히려 그들은 시간이 과거·현재·미래 속에서 소용돌이치는 것을 느끼기 때문에 변화의 전반적인 구도 속으로 이미 들어온 것들은 빠짐없이 다 포함시키고 성찰적으로 자각하고 주시한다.

(2) 나선 달인들은 자연적 흐름과 리듬 내에서 살고 일한다.

나선 달인들은 혼돈적으로 추동되고 복잡계적 질서로 형상화된 진화의 시간 축 안에 본질적으로 내재된 흐름들을 모두 수용한다. 이러한 점을 이해하는 나선 달인은 인내하는 지혜도 있다. 그들은 그런 시기가 올 때까지는 사람들이 결코 그렇게 될 수 없다는 현실도 인식한다. 그리고 타이밍이 나쁠 때나 그들이 차이를 만들 적임자가 아니라는 사실을 깨달을 때는 개입된 상황에서 기꺼이 벗어나 떠나가는 의지도 드러낸다. 그들은 언제 자연이 그들 자신의 나아갈 길을 가게 하고 언제 일들을 흔들어 놓을 때인지를 아는 것이다. 그들은 상류에서의 개입이 하류에 미치는 영향에 대해 민감하게 알고 다가오는 변화의 새로운 경향의 첫 징표를 적시해 내는 예지적 능력을 갖고 있다. 왜냐하면 그들은 사소한 데서, 그리고 모든 것에서 많은 것을 배우는 능력과 지혜가 있기 때문이다.

(3) 나선 달인들의 궁극의 목표는 나선을 건강하게 유지하는 것이다.

① 나선 달인들은 본질적으로 전체 **나선**에 따라 개인과 조직의 에너지, 자원, 방어기제의 흐름을 그대로 받아들이며 치유·조정·변화시키는 경향이 있는 치유적·기술적 전문가들이다. 이러한 **달인**들은 그들로 하여금 대충화(stratified)된 계층들을 인식하도록 허용하고 그들이 편안해하는 그들 자신의 밈 존들 외에 다양한 수준의 건강한 가치밈의 필요성을 느끼는 다중 가치밈에 대한 **수직적** 인식도 갖고 있다.

② 나선 달인들의 역량

그들은 나선 표면 수준의 왜곡이나 연기(smoke)나 거울 이미지들을 통해 개인·조직·사회의 **나선**들의 가치밈 스택 속을 들여다 '볼 수' 있다. 그들은 새로운 가치밈의 탄생이나 **나선** 자체를 위해서는 (쇠퇴되었지만 다시 원기를 회복시킬 필요가 있는) 옛것의 재탄생을 주재하는 산파와도 같다. 그래서 그들은 종종 가치밈들 사이의 원_{Win}·원_{Win}·원_{Win} 같은 다중 원의 위력을 중시하고 **나선**의 건강에 초점을 둠으로써 갈등이 있는 가치밈들 사이를 중재한다. 그들은 **나선**의 나머지를 위험에 빠지게 하는 악성 가치밈들을 스캔해 낸다. 이것들 중에는 무자비한 **적색 밈**으로부터의 약탈적 침략, **청색 가치밈**으로부터의 극단적인 광신, 그리고 **오렌지색**으로부터 나오는 물질주의자의 실용주의의 과잉 같은 힘들을 포함한다.

③ 나선 달인들은 두 가지 지침 원리에 의지한다.

첫째, 그들은 각 가치밈이 치유와 각성자각, 마음챙김 훈련, 수련에 의해 **수평적으로 발달**하여 나선의 수명에 보탬을 줄 수 있도록 건강한 조건 속에 남아 있게끔 **도와주고자** 한다.

둘째, 그들은 나선이 변용·변혁에 의해 **수직적으로 계속 열려 있도록** 유도하고, 그래서 새로운 가치밈이 깨어나게 하고 그래서 기존의 것들이 최소한 **경사적**으로 삶의 조건들이 지배하는 여건에 적응할 수 있도록 해 준다.

④ 나선 달인들은 **역동적 나선 구조**의 척추상에서 깨어 있는 마음챙김 기반 역동적 치유·지혜 리더십으로 가치밈들을 바로잡고 조정하고 변화·변혁시키는 데 숙련되어 있다. 그렇게 함으로써 가치밈들이 올바르게 자리 잡게 되고 나선밈들이 **열려** 있을 때 개인들은 치유·성장과 '함께 성취하고', 조직이나 회사는 갑작스레 변화·변혁으로 효율적이 되고, 공동체는 다시 건강해지게 된다.

(4) 나선 달인들은 수많은 가치밈의 다양한 가치 지향적 세상들과 편안하게 상관한다.

① 나선 달인들은 각 가치밈의 건전성과 중요성을 존중한다. 예전의 신비 달인들처럼 그들은 자신의 형태와 모습을 (방편적으로) 변화시킬 수 있다. 자기제어력은 그들로 하여금 다양한 가치밈의 심리적 주파수를 파악하기 위해 자신들이 가지고 있는 우선순위와 편견을 조절한다. 그들은 **나선 통달적**으로 모든 문화적 판단을 그냥 지나쳐 버리는 일 없이 상이한 문화들을 축복하고 그 경험들을 공유한다. 훌륭한 나선 달인들은 다중의 가치밈 언어들을 마치 원어민같이 눈높이에서(동사섭同事攝 정신으로)─유창한 청색 언어, 재빠른 오렌지색과 적색 언어로─말할 수 있다.

② 나선 달인들은 가치밈 달인들과 영역 변화 달인들이 주어진 상황에 대해 협력적인 관계에 있을 때 그들의 보조를 자유롭게 받아들인다. 그들은 반드시 높은 프로필의 영향력과 인정받는 통제력으로부터가 아니더라도, 자연스런 방식으로 어려운 문제를 해결하거나 조직 시스템을 통합적으로 유연하게 정렬하는 데서 만족을 얻는다.

(5) 진정한 나선 달인들은 리더로서 자원과 전략과 재능과 지능, 현자적 지혜 같은 필요한 능력을 충분히 다 지니고 있다.

① 나선 달인들은 항상 **열려 있고 깨어 있기** 때문에 수없이 다른 모습을 하고서 무수한 역할을 할 수 있다. 그들이 수많은 세계의 조건에 맞출 수 있듯이, 그들은 조직의 스타일을 조정하고, 어떤 때에는 필요하면 예민하기도 하고, 방편적으로 공격적이기도 하며, 조직의 상황이 그들 자신의 관심과 욕구와 다른 곳으로 치닫게 되면 그냥 걸어 나가 버리기도 한다. 그들에게는 그들의 사고를 제약시키기 위한 경계나 금지 구역이나 좁고 국한된 판에 박힌 사고 같은 것은 거의 없다. 그들은 한 기업이나 조직 내 학문 분야나 지식 분야나 신성시되는 영역이나 제약받는 전통이나 분리되고 분할된 타이틀들에 의해 인위적으로 부과되는 분리 사항들에 의해 구애받거나 방해받지 않는다.

② 나선 달인들은 새로운 것과 실험하거나 통상적인 것과 일하는 데 충분할 만큼 (정보적·인적·지적) 자원이 풍부하다. "누가 옳은가?"는 '나선이 무엇을 필요로 하는가'만큼 중요하지 않다. 자격이나 역량은 원로나 고참이라는 것보다 '가치'를 더 인정한다. '전문 지식'과 '바른 앎(正知)'은 직위나 신분보다 더 유용하다. 그들의 깨어 있는 의식과 마음은 어느 누구로부터도 어떠한 방식으로도 배우는 것에 자유롭다.

③ 과거로부터의 어떤 것도 버리지 않고 미래로부터의 아무것도 손에서 털어 버리지 않는다. 실용적인 말로는, **나선 달인의 리더십 도구 상자**는 온갖 종류의 시스템들, 구조들, 소도구들로 차 있다. 왜냐하면 그들은 각 가치밈에 적당한 기술이나 리더십 패키지를 제공하기 위한 도구들을 갖추고 있어야 하기 때문이다.

④ 나선 달인들은 **온갖 의사 결정 기법**을 담고 있는 리더십 보따리로부터 적합한 의사 결정을 끌어낸다. 때로는 타협, 적절하다면 협상 타결, 필요하다면 권위주의적 방편, 그리고 가치밈들이 요구하는 다른 복잡한 문제 해결 형식들을 사용하는 등의 다양한 설정 방안 내에서 쟁점을 해결하기 위한 방안들을 신중하고 지혜롭게 선택한다.

⑤ 나선 달인들은 또한 다양한 가치밈을 변화의 단계들을 통해 **치유·조정·변화**하게 하고 다른 사람들을 위한 변화의 통로를 마련하는 능력이 잘 갖추어져 있다. 그들의 리더십은 각 개인과 각 가치밈의 독특한 욕구 그리고 나선 전체의 건강에 알맞도록 맞추어지게 되어 있다. 전반적으로 보면, 그들은 더 큰 전체의 선善 그리고 개인의 이득 양쪽 모두를 위해 전체 유기체(개인, 기업, 사회) 편에 서서 활동한다.

(6) 나선 달인들은 체계적 사고자이며 통합적 문제 해결자이다.

① 나선 달인들의 깨어 있는 의식과 마음은 흔히, 특히 제1층 가치밈의 어느 수준에 갇히거나 막혀 있는 사람들에게는 약간 이상하게 보이기 쉬운 방식으로 형성되어 있다. 체계적 사고자로서 그들은 복잡한 문제, 사건, 상황에 대한 전일적·통전적 이해를 새롭게 창출해 내기 위해 환경과 생활 조건의 자연적 변화 과정과 이에 따라 변하는 가치밈들의 상호작용에 대한 자각을 통합적으로 인식한다. 그들은 단순한 인과적 연결, 겉치레적 즉답 그리고 인위적 개입에 의존하는 것을 거부한다. 대신 그들은 전체를 정체성 속으로 가두는 하나나 둘이상의 결정적 장애나 방해물들이 개인이나 조직 내에 있는지를 탐색한다.

② 나선 달인들은 가치밈의 기본적 갈등과 통제·조정·불량 상황들에 대해 유연하고 효과적인 조정·변화(치유·변용/변혁) 작업을 함으로써 관련 위험 부담자들 모두가 동일한 입장에서 똑같은 방향으로 일하는 데 필요한 조망과 문제해결에 필요한 요건과 기제들(mechanisms)을 제공한다. 그들은 모든 가치밈요소들을 협력적 노력으로 **통합**하고 **조정·변화**시키고 **시너지화**하는 리더십도구들을 갖고 있다. 나선밈의 스펙트럼 체계는 서로 분산되어 있는 집단들이다 함께 바람직한 가치를 추구할 수 있도록 상이한 가치밈들을 통일하는 원리그리고 가치밈의 변화를 위한 2중 나선 형태의 공통된 통로를 형성하고 있다.

(7) 나선 달인들은 개인적 신념과 가치의 독특한 혼합 속성을 지니고 있다.

나선 달인들은 그들 자신이 황색 가치밈의 시스템 공학적 전문가, 청록색 가치밈의 통전적·영성적·양자사고적 전문가 양쪽 모두이므로 '좌뇌'와 '우뇌' 능력을 조합화한다. 그들은 통합영성적·양자적 사고를 하며 온우주와 생명 세계를 파동의 세계로서 양자장·생명장·초양자장으로 다 느낀다. 그들은 시인같이 꿈꾸고 컴퓨터 프로그래머같이 계획을 세운다. 그들은 개인의 인권 대 공동체 공존의 관심사, 또는 성장·발달 대 삶의 질의 우선순위 같은 대립 세력들 사이의 난국을 그들 스스로 지혜롭게 해결하는 능력을 갖게 하는 역설적 환경에 몰입하여 일하는 것을 즐긴다. 그들의 마음의 눈은 전 지구적이고 국지적인, 즉 글로컬한 욕구를 동시에 본다.

그들은 사건 상황에 들어가고 나올 때 종종 보이지 않는 사람들이지만, 가용 자원이 넘치고 두려움이 없고 창의적이고 완강하고 그러면서도 잘 어울리는 사람들인 경향이 있다. 이들은 반드시 훨씬 더 좋은 사람들인 것도 아니고, 통상적 의미에서, 꼭 보다 더 '지적인' 것도 아니고 단순히 다른 종류의 마음과 의식으로 존재적·영성적 삶으로 깨어 있는 사람들이다. 때로는 낮은 수준의 가치밈들에게 그들은 광야에서 고독하게 큰 소리로 외치는 예언자같이 보일 수도 있다. 때로는 침묵하는 조용한 격려의 말을 속삭이는 목소리를 가진 자들이고, 평등한 소통 속에 점잖게 대안의 통로와 솔루션을 적시하는 자들이다.

3) 나선(치유 · 변용/변혁) 달인 리더십 원리

나선 달인 리더십의 기본적인 세 가지 원리는 다음과 같다.

(1) 개개인의 사람들, 회사/ 조직, 전체 사회에서의 나선 인식하기

어느 가치밈들이 어떤 사람이나 상황 속에 어떻게 존재하는가? 그리고 어떻게 그것들을 관리해야 할 프로필 속에 스케치할 수 있나?

우리 모두는 어느 정도 유동체 속의 혼합물, 뒤섞인 것들, 조합물 같은 것이다. 보통은 어느 정도 조화롭고 꽤 '정상'이지만 적지 않은 사람들이 코드가 맞지 않고, 골치 아프고 거칠다. 안정된 실체들에서는 **50% 규칙(Rule)**이 지배적 가치밈으로 적용될 수 있지만, 실제로는 지배적 가치밈이 널리 분포되어 있는 경우 30~40% 정도 규칙도 가능하다.

하나의 강한 지배적 가치밈이 다른 절반의 에너지를 설명하는 2~3개 정도의 더 부드러운 배경 음조밈들을 밈 짝으로 수반한다. 전이 과정에 있는 가치밈 실체들에서 **개인적·집합적 짝**(Individual/Collective Pair)을 구한다. 강한 **난색**(warm color)의 **자기표현적 내면적**으로 제어되는 가치밈은 보완적인 **한색**(cold color)의 **자기희생적 외면적**으로 초점을 둔 **가치밈**과 에너지가 그들 사이에서 진자(pendulun)와 같이 왔다 갔다 왕복할 때 더 강하게 결속할 것이다.

종종 **나선역동적 변용/변혁 리더십**이 할 일은, 부분들이 서로를 소거시키려고 간섭하는 대신에 건강하고 긍정적인 시너지로 동조하도록 **나선**을 튜닝하는 일이다. 어떻게 개인들이 그리고 조직/그룹들이 반응하는지 지켜보고, 그런 정보를 가지고 가치밈들을 균형 잡히게 만들고 비생산적인 잡음들을 소멸시켜 나가기 시작할 수 있다.

(2) 가치밈의 감지

가치밈 인지 원리들은 구직자를 평가하는 면접 담당자, 잠재적 고객을 확보하려는 영업사원, 협상 테이블의 난관 속에 협상 패턴을 추구하는 협상가, 환자를 평가하는 간호사, 새로운 팀 리더를 뽑는 직장인 또는 단순히 다른 사람을 이해하고자 애쓰는 사람들에게 유용하다. 인지 원리의 체크리스트는 다음과 같다.

첫째, 그대 **자신의 가치밈 프로필**에서 물러나라. 다른 어떤 사람의 음조를 듣고자 애쓰기 전에 먼저 그대의 색안경을 벗고서 그대 자신의 내면의식의 붐박스boombox에서 내려오라.

둘째, **지배적인 삶의 조건들을 확인하라.** 개인과 그룹이 그들의 '현실 세계'로 정의하는 **삶의 조건들**은 통상 능동적인 가치밈과 그들의 지배적 가치 인식의 우선순위를 결정한다.

셋째, **'왜?'라는 질문을 하라.** 구성원이나 그룹의 가치밈 구조를 조직 시스템이 어떻게 생각하는가와 그 태도, 믿음, 가치 내용들을 조직 시스템이 무엇이라고 생각하는가 사이의 차이를 보고 들어라.

넷째, 어떤 가치밈들은 다른 상황에서 밝아질 수 있다. 사람들은 **나선상의 단일 수준**에 있지 않고 **복합적인 가치밈**을 갖고 있기 때문에 특정한 종류의 아이디어는 우리의 밈 스텍 내 다른 가치밈에 의해 창출될 수 있다. 그래서 우리는 다른 방식으로 다른 것들에 대해 생각할 수 있는 것이다.

다섯째, 기업, 조직, 공동체는 가치밈들의 단순한 유형이 아니라 **복합적 혼합물**이다. 그룹들은 그들의 구성원들과 그 집합적인 문화에서 희미해지거나 깨어나는 다양한 가치밈의 요소들을 내포하고 있다.

여섯째, 가치밈들은 조건들이 더 좋아지거나 더 나빠지게 되면서 밀물−썰물같이 흐른다. 가치밈들은 개인이나 조직이나 사회까지도 항상 유동하는 것이지 불변하는 게 아니라는 것을 알아야 한다.

인지 쟁점의 복잡성

- 나선 달인은 내용의 혼란을 꿰뚫고서 **나선** 구조상의 거대 가치밈들과 직접 소통한다. 우리가 어떤 가치밈의 아이디어에 동의하는지 안하는지는 제쳐 놓아라. 그리고 단지 계속 깨어서 주시하고 조사하라. 우리가 집요하게 추구하면 그들의 표면적 상태·태도 이면에 있는 심층 사고, 즉 내재된 가치밈에 기반을 둔 심층 가치의식의 기반을 드러낼 것이다(예: HIV 에이즈 바이러스 강제 검사 타당성을 믿는 자들의 밈 수준에 따라 다른 사고, 태도 가짐). '무엇'인가를 아는 것은 멈추는 대신에 '왜'에 대해 깊이 조사하게 되면 우리는 자신의 탐구를 마친 것이고, 직면하고 있는 가치밈들의 **나선**을 이해하기 시작하고 있는 것이다.
- 다음의 두 가지 유형의 설문에 답함으로써 그대 자신의 내면을 들여다보라[단순히 1(가장 당신답고)~7(가장 그렇지 않은)까지 선호도에 부합하도록 각 완료 문항 옆에 순위를 매겨라].

187

---

1. 좋은 조직에서는…
a. 충성도가 지금의 직업 보안을 획득하게 해 주고 미래의 보상을 보장한다.
b. 그들이 내 등 뒤에서 떨어져 있고 그래서 나는 내가 원하는 내가 해야 하는 것을 맘대로 할 수 있다.
c. 우리의 주 관심사는 '생명 체계(생명장)'에서 우리의 역할을 하는 데 있다.
d. 내 사람들은 안전하게 느끼고 우리의 민속적 방식들과 의식이 존중된다.
e. 우리의 기회는 뛰어나고 승자가 되는 사람들을 위해 존재한다.

f. 우리가 공동체 내에 참여할 때 사람들과 나의 감정은 최우선시된다.

g. 자연적인 차이, 불가피한 갈등 그리고 지속적 변화가 나의 원기를 북돋운다.

2. 성숙한 사람은 다음 … 을 하고자 추구한다.

a. 안전: 그 자신의 가족을 돌보는 확대된 가족의 구성원같이

b. 성공적·독립적·혁신적·경쟁적 승자들

c. 내 자신의 개인적 원리 내에서 기능적이고 유연한 존재

d. 글로벌 공동체와 지상 세계에 대해 깨어 있는, 책임 있는 존재들

e. 힘/권력과 존경이 가장 중요하기 때문에 사내다움과 권력

f. 공동체 내 모두가 성장할 수 있고 충족될 수 있도록 따뜻하고 지원적 존재

g. 정의로운 더 높은 권위에 의해 지시 되는대로 목적 지향적이고 훈련된 존재

1. 좋은 조직에서는	2. 성숙한 사람은 다음 … 을 하고자 추구한다.
a – 청색	a – 자주색
b – 적색	b – 오렌지색
c – 청록색	c – 황색
d – 자주색	d – 청록색
e – 오렌지색	e – 적색
f – 녹색	f – 녹색
g – 황색	g – 청색

(3) 긍정적 관계를 만들기 위한 "P-O-A" 적용

건강한 업무 처리/거래에 필수적인 세 가지 요소는 경험/예절, 예禮(Politeness: P), 개방성(Openness: O), 전권(Autocracy: A)이다.

[주: 저자의 '나선역동적 통합치유변용/변혁 리더십'에서는 리더에게 예절(P)도 필요하지만 그보다는 신뢰(Trust)와 믿음성(Trustfulness: T)이 더 중요하다고 본다. 20세기 산업시대에는 전제/전권(Autocracy)이 필요했지만, 21세기 평등적 소통이 중요한 사회에서 모든 리더는 책임지는 전문가형 권위(Responsible Expert Authority)가 바탕이 되어야 하기 때문이다. 그러나 여기서는 나선동역학적 변혁 리더십을 논하고 있기 때문에 P-O-A를 그대로 사용할 것이다.]

P—O—A는 기술적 관리와 효과적 리더십의 기반이 된다. 세발의자같이 P—O—A 3각은 모든 나선 경영인, 코치, 교육자, 상담치유가들이 어떠한 사람들과 작업할 때도 서 있을 수 있는 기반 기량을 나타낸다. P—O—A는 특수한 훈련 프로그램을 세우고, 조직을 재구성(구조 조정)하는 등의 변화를 준비하기 위한 리더십의 기초를 제공한다. P—O—A는 나선의 모든 대衆로부터 긍정적(최소한 비독선적·조직적) 반응을 생성하기 때문에, 이는 바람직한 리더십의 '보편적 속성'이나 사실, P—O—A는 모든 사람이 적용해야 하는 것이기 때문에 오로지 리더만의 '특성'이라고 볼 수 없다.

4) P—O—A 나선(치유 · 변용/변혁) 리더십 원리

나선 리더십 원리의 하나인 P—O—A에 대하여 다시 한번 살펴보기로 한다.

(1) P: 예절 바름(Politeness) 요인

예절 바름은 아주 단순하게 정의된다. 공손한, 친절한, 성심의, 신중한, 순수한, 동조적, 단호하나 공정한, 교양 있고, 예민한 성품(예절이 없는 경우를 서술하는 말로는, 버릇없는, 거칠고, 비아냥거리고, 교만하고, 경멸하고, 비판적이고, 퉁명스럽고, 처벌적, 부정적, 판단적, 비굴하게 친절한 등을 포함)을 말한다.

나선 리더는 개개의 사람들에 순수한 관심을 보여야 한다. 개개인이 어디에 있든 간에 자신을 넘어 발달할 잠재력을 가진 인간으로 존경하고, 또한 그들에게 자신들이 누구로 있든 그대로 있고자 하는 권리도 인정한다. 신사도, 애도 표현 그리고 그 외의 개인적이거나 전문가적인 인식에 의해 적절한 행위를 하는 데 있어서 확립된 사회 규범과 품격 있는 일들을 고수한다. 예의 바름이라는 것은 사람들의 욕구에 대한 반응으로 다른 사람들의 삶에 대한 이익과 그들의 개인적·자율적·사적私的 자유에 대한 권리 사이의 좋은 균형을 맞추어 주는 것이다.

> **예절을 지킨 결과 나타나는 나선의 마음 상태**
>
> - 자주색: 안전하고 포함되어 있다고 느낀다.
> - 적색: 소외되었다고 느끼는 이유가 적고 존중감을 가진다.
> - 청색: 기본적인 선(善)과 예의범절의 존재를 인식한다.
> - 오렌지색: 위협받거나 도전받는다는 느낌을 갖지 않는다.
> - 녹색: 위계적이 아닌 평등적 인간의 존재로서의 느낌을 갖는다.

(2) O: 개방성 요인

개방성은 두 가지 방식으로 표현된다. 첫째, 리더가 순수하고 투명하고 공유하고 쉽게 다가갈 수 있고 정서적으로 솔직하고 열려 있는 의식 성향에 대한 정도이다. (이는 교활하고 폐쇄되어 있고 그늘지고 두 얼굴이고 속임수 많고 편견을 갖고 있고 부패하여 악취가 나는, 억제시키는, 비밀스럽게 만들려는 성향에 대별된다). 둘째, 개방성은 다른 사람들, 즉 개인들이나 그룹들이 소통적이고 솔직하도록 허용해 주는 풍토를 만들어 낸다. 예의와 개방성 양쪽이 다 건강할 경우, 개인 상호 간의 소통은 개선되고 상호 관계는 단지 돕는 게 아니라 강화시킬 수 있다. 그렇다고 이것은 많은 대화와 포용이 필요하다는 것을 의미하는 게 아니라 오히려 보복 행위나 착취 같은 것 없이 내용과 감정 모두의 분명하고 간결하고 정확한 교환을 의미한다. 이러한 일상의 상호작용은 갈등으로 대치하거나 계산 착오를 일으키는 결과에 의해 야기되는 것들로부터 오는 긴장과 오해를 막아 준다.

> **개방성이 강하게 될 때 나타나는 나선 현상**
>
> - 자주색: 두려움과 집착을 표현하는 데 안전을 느낀다.
> - 적색: 비판받거나 처벌되거나 사기 저하되는 일 없이 자신의 마음을 말할 수 있다.
> - 청색: 소통 채널을 통해 도덕적 입장을 취하고 불만을 토의할 수 있다.
> - 오렌지색: 어떤 케이스에 대해 논박하고 의견 불일치로 문제를 야기하는 일 없이 동의하지 않을 수 있다.
> - 녹색: 모든 사람이 정당성을 인정받고 그들의 감정이 수용되는 것으로 재확인한다.

(3) A: 전권(Autocracy) 요인

[주: 이것은 21세기 패러다임에 어긋나는 SD 리더십의 전형적인 사고로 볼 수 있다. 21세기 리더십 패러다임—평등·소통·민주·나눔·배려 등—과 리더의 통전적·양자적 사고와 구성원의 자발적·자율적·평등적 사고를 바탕으로 하는 역동적 마음챙김 기반 통합 치유·변용/변혁 리더십과의 근본적 차이를 비판적으로 보여 주기 위해 요점을 그대로 소개한다.]

전권은 P—O—A 삼각의 세 번째의 다리 역할이다. 최근 부드러운 음조, 참여적 관리, 의사 결정 공유, 작업장 민주화가 강조되어 오는 추세에서는 어긋난다고 보기 쉽다. 나선역동적 SD 리더십도, 특히 자율적으로 관리되는 작업 팀과 이와 유사한 그룹의 구조가 가장 적절한 공동체의 공존적 가치밈 범위에서는 이러한 경향을 지지한다. 하지만 이것이 리더로서 명석한 밝힘과 접촉점을 가져야 할 의무에 대한 요구를 없애버리지는 못한다. '독재자(autocrat)'란 말은 부정적 의미 같지만, 그레이브주의적 용어로 전권(Autocracy)은 단순히 책임지고 책무를 받아들인다는 것을 의미한다. 설사 예의(Politeness)와 개방성(Openness)이 견고하다 해도, 허약한 경영에서 의사 결정용 A 다리는 겁쟁이라고 불리게 되고, '아 그건 내 일이 아니야.'라는 신드롬이 만연하게 된다. 나선이 잘 제어되고 있을 때, P—O—A를 통해 경영자는 제대로 '경영'하도록, 리더는 제대로 리드하도록 보상을 받는다. 건강한 전권(Autocracy)을 가진 리더는 폭군이 되지 않는다. 주어진 역동적 상황의 대처, 조직 구성원들의 역량 발휘, 기대성과 극대화 등을 위한 적절한 의사 결정 시스템을 결정하고, 그것을 신속하게 구현하는 나선 달인같이 활동한다. 전권 A가 예의 바름(P)과 개방성(O)을 동반할 때 권위와 통제의 끌어당김은 부정적인 메시지보다 더 긍정적인 것을 보내고, 그래서 전권 독재=두려움이라는 방정식을 떠나는 것이다.

[주: 오늘날은 Autocracy란 용어보다 기업 경영 리더십에서도 책임지는 권위(Responsible Authority)가 더 적절한 용어이다. 특히 치유·영성·자기·현려 리더십에서는 전문가적 역량의 권위(Expert Authority)로 되어야 하기 때문이다.]

(4) P-O-A 요약

① P—O—A는 나선 달인 리더십의 기반을 확립하고 현장을 균등하게 만든다[그

191

러나 21세기 DIHT 리더십에서는 신뢰·개방성·권위(Trust·Openess·Authority: T·O·A)가 왜 더 중요한가에 대해서도 강조하였다].

② 그렇게 함으로써 그것은 리더로 하여금 장·단기 모두에 걸쳐 나타나야 할 가치밈을 더 견고하게 붙잡아 주고, 그래서 구체적 가치밈 프로필에 대한 최적의 메시지, 방법, 방편들을 형성하는 리더십을 가능하게 한다.

③ 필요에 따라 P-O-A 요소들의 각각을 위와 아래로 조정함으로써 (가치밈의) 실체는 그 환경과의 균형과 조화 속에 맞출 수 있다.

④ 효율성과 기능성이라는 기본 밑바탕의 이점 외에, 건강한 P-O-A는 리더로서 관심을 두는 모든 것을 위해 있어야 할 훨씬 더 즐거운 곳을 창조하게 된다.

제 *4* 장

나선역동적 통합치유변용
리더십

나선동역학 · 마음챙김 기반
역동적 통합치유변용 리더십

지금까지 살펴본 역동적 통합치유변용·변혁 DIHT 리더십의 이론적 틀은 벡과 코완의『나선동역학』을 기본 바탕으로 하고 있다. 그러나 저자는 기본적으로 벡과 코완의『나선동역학』을 이론적 기반으로 하되, 벡과 코완의 뇌인지밈 위주의 표층 가치밈을 심층 가치밈의식으로 확장하면서 개개인의 성찰적 각성자각과 마음챙김 기반 치유변용 리더십과 조직의 나선역동적 변혁 리더십을 강조하였다. 오히려 저자는 벡과 코완의 나선동역학을 그레이브스의 심층 가치의식에 상응하고 현대 심층무의식 심리학과 유식의(심의식心意識) 구조와 일치하는 가치밈식識으로 확장한 인간의 심층 가치의식(표층 가치밈의식·무의식·심층무의식), 생물·심리·사회·문화적인 BPSC 사회심리학적 자기·실존의식으로서 가치밈식識의 나선역동적 스펙트럼 모형으로 체계화하였다. 이 장에서는 더 나아가 자연스레 오늘날 이 시대를 대표하는 통합사상가 켄 윌버의 통합심리학의 AQAL 통합 패러다임을 받아들여 벡이 통합적 모형으로 확장한 통합적 나선동역학 SDi(Spiral Dynamics Integral)에 이론적 바탕을 두고 통합의식치유와 마음챙김에 기반한 변용·변혁 리더십으로 확장 발전시켰다.

I

통합적 나선동역학

SDi를 언급하기에 앞서서 켄 윌버의 통합사상에 대해 모르는 독자들을 위하여, 지금은 국내에 거의 다 소개된 20여 권이 넘는 그의 저서에 담긴, 그의 방대한 사상을 여기서 상세하게 소개할 수는 없다. (대신, 이 장의 내용은 일반 강좌에서보다 심화 과정 강좌에서 다루는 내용이므로 기본 강좌를 수강하는 독자들은 그냥 넘어가든지 아니면 대충의 개념만 파악해도 무방하다.) 켄 윌버의 통합사상을 본격적으로 이해하고 싶은 독자는 켄 윌버의 AQAL-Matrix 통합사상의 기초 개념을 아주 간략하게 요약한『통합비전』같은 기초 소책자를 한번 먼저 읽어 보는 게 통합사상의 확실한 기초 이해를 위해 바람직하다. 그러나 21세기 대통합의 시대에 역동적 통합 치유·변용/변혁 리더십에 관심이 있는 독자들은 켄 윌버의 통합사상에 관해 국내에 소개된 그의 대표적 주요 저서 중 깊이 없이 AQAL 통합을 소개하는 『통합비전』소책자보다는, 보다 깊은 신과학적 홀론 홀라키적 온우주론 원리와 인류·인간의식의 진화·성장 발달에 관해 저자가 번역한 『모든 것의 역사』(김영사, 2018)를 읽어 본 후 이 장의 SDi-DIHTL 나선역동적 통합변혁 리더십을 보는 것이 보다 쉽게 이해하는 데 좋을 것이다. 더 나아가 비록 20여 권에 달하는 켄 윌버의 통합사상을 한 권의 책으로 이해하기는 어렵지만, 인문학과 전통 지혜에 어느 정도 관심과 조예가 있는 독자는—그의 방대한 통합사상의 AQAL 통합이론, 통합철학, 통합심리학, 통합생활 수련, 통합영성 수련 등의 핵심 원리만을 요약하면서 그의 최근 사상을 비판하고 통합사상의 실제 응용에 대해 다루고 있는—저자의 저서 『상보적 통합—켄 윌버 통합사상의 온전한 이해와 비판 그리고 응용』(학지사, 2019)을 한번 읽어 보는 게 매우 유익할 것이다. 저자의 저서 『상보적 통합』은 켄 윌버의 통합사상의 온전한 이해와 비판 그리고 응용에 대해 한 권의 책으로 온전히 알 수 있도록 집필되어 있기 때문에 켄 윌버 사상을 하나로 꿰뚫어 이해하고 실제적 문제에 적용하는 데 좋은 지침이 될 것이다. 뿐만 아니라 『상보적 통합』은, 특히 모든 분야의 모든 사상, 조망, 관념, 이슈에 대한 통합적 비전과 시각을 갖는 데 큰 도움을 받을 수 있다.

앞 장에서 이미 상술한 바와 같이, 기본적으로 벡과 코완의 '나선동역학'은 그레이브스가 말하는 성인의 사회적 본성, 사회적 심리(개인적 삶의 조건과 외적 환경에 따라 역동적으로 변하는 성인의 사회적 자기의식, 사회적 실존의식)의 심층 가치의식의 발달 이론에 '가치밈'의 개념을 도입하여 깊이보다는 미국의 실용주의적 컨설팅 상담, 코칭, 리더십에 맞게 체계적으로 확장한 것이다. 그러나 기본 이론적인 틀은 그레이브스의, 소위 BPS(Bio-Psycho-Social) 모형에 바탕을 두고 있다. 즉, 그가 인간 본성의 생물적·심리적·사회적인 측면의 상호작용을 통합적으로 접근하여, 소위 DNA의 2중 나선진 Gene의 복제 기능을 유비적으로 모사하여 '2중 나선역동적' 발달 과정의 구조 모형으로 나타낸 인간의 심층 가치의식 이론, 사회적 실존의식 수준 이론을 벡과 코완은 가치밈의 개념을 도입하여 체계화하여 그대로 따르고 있다.

따라서 『나선동역학』에서 인간의 사회적 생존·실존 의식, 심층 가치의식의 변화·

성장·발달은 켄 윌버의 AQAL 통합모형의 온계통(All Line)의 발달 라인에서는 곧 가치의식과 관련되는 세계관, 신념, 사고방식, 도덕성 등을 '가치밈'으로 표현한 '가치밈' 발달 라인을 의미한다. 가치밈의 발달은 그 자체가 켄 윌버의 인간의식의 기본 구조의 무지개 스펙트럼적 발달에 대응하는 온수준적 구조로 되어 있다. 이것은 그레이브스의 모형 자체가 생물적[우상(UR)상한]/심리적[좌상(UL)상한]/사회적[우하(LR)상한] 측면의 통합모형이듯이, 그리고 '밈'은 문화적[좌하(LL)상한]으로 문화 속에서 학습되고 형성되기 때문에 자연스레 사상한/사분면이 된다. 따라서 켄 윌버의 AQAL의 사분면도와는 달리 저자가 제시하는 아래 〈표 4-1〉과 [그림 4-1]에 나타낸 바와 같이 생물, 심리, 사회·문화적 BPSC(Bio-Psycho-Social-Cultual) 모형으로 더 일반화하여 나타낼 수 있다.

그러나 켄 윌버 의식의 가치밈 발달 라인의 스펙트럼 모형과 엄밀하게 비교해 보면, 성인의 심층 가치의식의 나선역동적 성장 발달, 퇴화 퇴행 모형은 윌버 의식의 스펙트럼 구조의 선형적 발달 라인과는 의미가 다른 것이다. 자칫하면 윌버가 가치밈을 자신의 발달 라인 모형들 중의 하나로 만들었다고 해서 그레이브스와 벡과 코완의 나선 가치밈을 켄 윌버의 AQAL 모델 같은 선형적·진화적 모델로 오해해서는 안 된다. 여기에 수많은 켄 윌버 통합사상 추종자의 오해의 함정이 있는 것은 사실이다.

앞에서 언급한 바와 같이, 지난 1999년에 벡은 코완과 결별하고서 켄 윌버의 통합 모형을 받아들여 자신의 나선역동론을 통합적 나선동역학(Spiral Dynamics Integral: SDi)으로 확장 변모한다는 것을 그의 웹사이트에서 밝힘으로써 SDi는 시작되었다. 이러한 확장은 통합심리학의 측면에서만 보면 너무나 자연스럽고 당연한 것이다. 그레이브스의 사회적 생존·실존 의식, 심층 가치의식이 BPS적 2중 나선동역학이라는 점과 모든 수준의 가치밈이 시대적·전 지구적·지역적 문화 속에서 생성되고 성장·진

197

〈표 4-1〉 밈의 사상한 개념도

	내면적	외면적
개인적	識(마음)	진(DNA), (분자생물학, 뇌과학)
집합적	밈(문화)	환경/LC(생태 시스템, 사회)

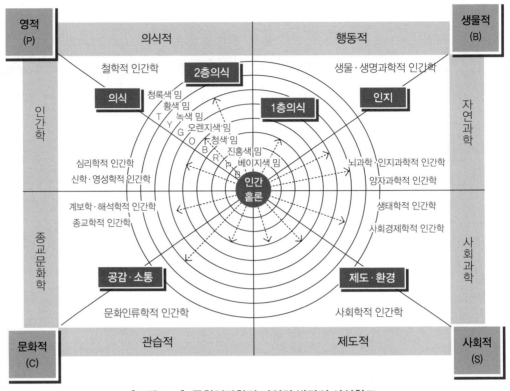

[그림 4-1] 통합인간학적 가치밈 발달의 사상한도
(조효남, 『통합심신치유학: 이론 편』, P. 95.)

화·확산된다는 것을 알면 '나선동역학'은 자연스레 온수준·온상한의 AQAL 통합적
요소를 내포하고 있음을 알 수 있다. 그리고 이러한 가치밈 자체가 다양한 가치의식
의 발달 라인으로 인지·자아·세계관·가치의식·신념·도덕성·정서 등 모든 발달 라
인의 영향을 받는다는 것과, 의식의 상태에 따라 가치밈의 발달이 달라지고 근기(카르
마), 성격 유형, 성별, 유전적 체질·기질 등으로 인한 개인의 심층무의식의 병리장애
상태와 의식의 유형 등에 의해 가치밈의 발달은 달라진다. 그러므로 [그림 4-2]에서
보여 주는 바와 같이, 윌버의 AQAL 온수준·온상한·온라인·온상태·온유형은 나선
가치밈(심층 가치의식, 사회적 생존·실존 의식) 스펙트럼과 나선역동적 의식의 변화를
통합적으로 이해하고 응용하는 데는 가장 이상적이고 바람직한 통합모델이라는 것이
자명하다.

　　그러나 그 이후(저자가 확장한 선천적 발달 진화적 개념을 제외하고는) 가치밈식識과 궤

를 같이하는(비록 켄 윌버는 표층의식 발달 진화론자이지만) 켄 윌버의 AQAL 통합모형(의 전 개인적 단계)에 따라 해석이 가능한 심층심리나 심층의식을 외면하는, 사회생물학·뇌과학·인지심리학적인 환원주의적 사고를 하는 코완, 보웬, 코헨 등은 벡과 윌버의 SDi를 자신들의 그레이브스의 BPS 이중 발달 나선 모형을 잘못 이해했다고 웹상에서 맹비난하였다. 그리고 윌버의 MGM(Mean Green Meme) 개념을 그들의 웹사이트나 온라인 발표를 통해 신랄하게 비판하고 있다. 그러나 이들의 지적은 인간의 의식, 사회적 의식에 대한 외면적 인지심리학, 사회심리학적 측면에만 국한되고 내면적 심층심리학, 발달심리학, 자아심리학 그리고 문화심리학에 대한 통합적 이해가 부족하고 평원적인 밈과학의 인지적·환원주의적 인식으로 인해 나온 오해이다. 평원적인 뇌인지과학적·환원주의적 사고에 갇혀 있는 그들의 파편적 의식이 안쓰러울 뿐이다

따라서 통합적 나선동역학은 기존의 '나선동역학'을 자연스럽게 통합 확장함으로써

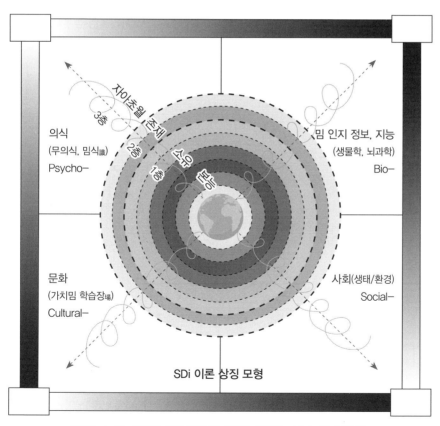

[그림 4-2] BPSC SDi 이론의 4분면 모형([그림 1-3]과 동일)

21세기 역동적 통합의 시대에 맞는 통합적 나선동역학 이론으로 발전될 수 있는 것이다. 그러나 여기서 주의해야 할 점은, 앞에서도 지적했듯이, 저자가 강조하는 가치밈식識과 보통의 성인 인간의 심층 가치의식의 사회적 본성은, 서양의 진화 발달론자인 켄 윌버가 보는 발달 진화적이 아니라, 성인이 되면 거의 변하기 어렵고 오히려 퇴행·퇴화하거나 고착하기 쉽다는 것이다. 더구나 격변하는 정치사회적 환경과 개인의 삶의 조건에 따라 개개인이나 조직의 가치밈 짝이나 존은 매우 역동적으로 요동치고 자연환경 재해나 팬데믹 상황에서 깨어 있는 소수의 사람들을 제외하고는, 오히려 나이가 들수록 퇴행·퇴화하기 쉽다는 것이다. 따라서 모든 분야의 리더들은, 특히 삶의 고통과 불행 속에서 벗어나고자 하는 개인을 위한 심신치유 전문가나 상담 치료/치유사, 조직을 컨설팅하는 컨설턴트/코치들은, 21세기 ICT·SNS 디지털시대 환경과 팬데믹 상황에 맞는 다양한 심신치유와 의식치유, 마음챙김 기반 자기치유, 자기 리더십 능력을 갖도록 해야 한다. 특히 이들은 개인이나 조직을 각각의 특성에 맞게 교육·훈련하고 수련하게 함으로써 개인의 치유/변용과 조직의 변화/변혁을 유도할 수 있어야 한다.

II

나선역동적 통합치유 리더십

1. 나선 가치밈의식의 치유

오늘날 전 개인적·개인적·초개인적 단계에 걸친 발달심리학, 심리치료의 임상·실험, 직관·체험, 뇌인지과학 신경생리학 관련 수백 가지 이론이나 실제들 모두 당연히 인간에 대한 통찰적 이해에 도움을 주고 특정한 심신병리장애 증상의 치료치유에 효과가 있다는 것은 너무나 당연한 말이다. 그러나 대부분 어느 측면이나 단계에 걸친 인간의 인지, 자기, 자아, 성격, 정서, 사회성, 대인 관계, 영성 등 어느 한 계통의 발달, 발달장애의 정적靜的 측면을 임상이나 실험이나 사례에 의거하여 설명하는 데 그치고 있다. 반면에, 인간의 생존적·사회적·실존적 가치 추구 본성, 욕망, 심층·표층 의식, 세계관, 영성을 제대로 설명하는 역동적 성인심리 발달·퇴행·성장 모델은 아직까지 거의 찾아볼 수 없다고 해도 과언이 아니다.

그나마 지금까지 이 책에서 고찰해 온 바와 같이 그레이브스의 사회적 자기, 실존의식의 BPS 이중 나선역동적 모델에 바탕을 둔 벡과 코완의 나선동역학 모델이 성인 인간의 가치 추구적 본성에서 나온 가치밈의식의 나선역동적 발달·퇴행·고착·성장 모델로서—인간의 의식과 마음의 나선역동적 변화, 나선적 상승 변화·하강 퇴행의 상승 하강을 반복하는—역동적 인간의 본성을 어느 정도 제대로 밝혀 주고 있다.

이 책에서 나선동역학적 인간의 사회적 본성, 마음에 대한 그레이브스와 저자의 고찰에서 보아 왔듯이, 무엇보다 쾌락 추구적인 사회적 동물, 가치 추구적인 사회적 존재인 인간의 심리사회적 본성을 제대로 이해하려면 개개인의 표층·심층 심리, 의식(인지, 자기, 감성, 실존, 지성, 이성, 영성)의 BPSC적 SDi 측면과, 개인과 집단의 사회적 환경과 삶의 조건을 제대로 알아야 하고 나선동역학적 가치밈의식에 대한 온전한 이해가 있어야 한다. 그렇다면 왜 나선 가치밈의식이 치유와 치유기제에서 중요한가는 자명하다. 인간의 (포유류적) 생존 본능적, 자아중심적, 자기·집단·사회 중심적 가치 추구의 역동적 복잡한 본성은 인간의 블랙홀 심연 같은 심층의식의 상상을 초월하는 복잡계적 속성에서 나온다. 게다가 개개의 인간은 서로 다른 선천적 근기, 즉 카르마적·유전적 소인을 갖고 태어나 사회·문화적 환경, 개인적 삶의 조건에 지배받으며 성장한다. 이와 같이 개개인의 상이한 근기와 삶의 조건과 환경에 의해 성장 과정에 COEX화되어 형성 각인된 인지·자기·성격·가치밈 발달 등의 문제는 단순히 모든 의식·무의식의 정신신경면역학적·신경생리학적 스트레스 기제 차원의 문제가 아니다. 그래서 보통의 인간은 정도의 차이는 크지만 자칫하면 성인이 된 후에 (대부분 카르마와 영적 무지무명으로 인한 장애, 혼의 몽매미혹으로 인한 위축과 혼적 장애가 근본 원인이지만) 병리적 스키마, 억압무의식의 병리장애(자기정체성, 감정정서, 콤플렉스, 트라우마 발달장애 등)와 병리적 방어기제, 이상심리, 뇌 인지·의식 장애(신경증, 강박, 집착, 중독, 분노화 조절장애 등)가 생기며 지배적인 가치밈이 불건강하거나 병리적인 상태에 갇히게 되기 쉽다. 때문에 개개인의 가치밈 짝, 가치밈 프로필과 스택의 상태를 평가한 후 가장 지배적이고 불건강한 밈에 사로잡히거나 장애적 밈에 갇힌 심리사회적 원인을 찾아내어 그 치유대상자에게 가장 적합한 유위적·방편적 치유기법에 의해 유연한 열린 의식 상태로 전환시키는 치유기제를 발현시키는 게 치유자에게는 가장 중요한 치유과제이다.

무엇보다 지금까지 앞에서 고찰해 온 성인의 나선동역학적 사회적 가치밈의 본성, 사회적 자기의식·실존의식의 수준, 지배적 가치밈 짝의 의식의 상태 평가에 따라 가치밈의식의 치유를 해야 한다. 그러기 위해서는 개인의 나선역동적 가치밈의 자기의식, 자기정체성, 그림자·방어 기제, 발달병리장애, 콤플렉스, 발달 트라우마, 카르마, 혼의 위축, 집착강박장애 증후군 등에 관련된 각 수준의 밈식識(의식, 무의식)의 원인을 치유자는 알아차려야 한다. 그리하여 그는 치유대상자의 지배적 밈 짝에 적절한 상응하는 방편적, 유위·무위적 치유 기법·요법에 의한 치유기제를 발현시켜 건강한 열린 밈식識으로 전환시키도록 해야 한다. 더 나아가, 치유자는 치유대상자로 하여금 마음챙김을 하는 자기치유자가 되게 하려면 자기 스스로 자기의 심층 내면의 모든 밈식識을 통찰적으로 직시할 수 있도록 유도해야 한다. 그래서 치유자는 특히 다음과 같은 **인간의 사회적 본성**에 유의해야 한다.

- 인간은 사회문화적 삶의 환경 속에서 인지밈이 발달하는 과정에 **사회적 자기의 가치를 추구하는 존재**이므로 **어떤 가치밈이 지배하는가**에 따라 자아, 의식, 언행, 사고, 이념이 달라지고 고착 퇴행하거나 변화하면서 생존 환경에 따라 지배적 가치밈 짝들이 소용돌이치기 쉽다. 더구나 인간의 자기와 성격·인성 등의 발달장애로 인해 형성 각인된 억압무의식의 장애와 사회적 이상 행동은 모두 가치밈식과 결합되어 있어서 의식의 변화가 쉽게 일어나지 않는다.
- 인간의(자기·자아·정서·행동·관계 발달장애, 발달 트라우마, 콤플렉스, 병리적 방어기제 등의) **정신심리적 장애나 이상심리의 정도**는 타고난 근기, 유전적 기질, 성격, 카르마 등에 따라 그 정도가 달라지지만, 인간의 태어난 후의 사회적 본성은 가치추구적 본능의 지배를 받는다.
- 따라서 사회적 자기의 **성장 발달 과정에 형성 각인된 가치밈의식과 이에 따른 사회**

적·실존적 자기의 생물학적 생존·안전 본능의 욕구, 자아중심적 자기 존중·소유 욕구, 공동체의 존재적·실존적 자기실현 욕구, 자기초월적 영성 발현 욕구는 (모두 개인의 타고난 근기와 카르마에 따른) 다중 지능 인지 능력, 삶의 조건, 사회문화적 조건에 지배받는다.

- 가치밈의식 수준이 병리장애적으로 콘크리트화되어 갇혀 있는 사람은 치유의 대상이 아니다. 오직 고통에서 벗어나고자 하나 사로잡혀 있는 수준에서 혼, 성격, 자기, 감정, 본능의 약간의 장애 상태로 인해 불행하고 고통받고 자신의 이러한 정신·심리적 장애 상태에서 벗어나고자 하는 사람에게는 치유가 필요하고 치유기제의 발현으로 치유가 가능하게 된다.

- 상응하는 적절한 치유요법, 치유기법을 적용하여 어느 병리장애적이거나 불건강한 상태의 가치밈의식의 치유기제가 발현하게 되면 의식의 전환이 일어나게 된다. 이에 따라 열린 의식으로의 변용이 생기면서 자기치유가 점차적으로 가능하게 된다. 결국 누구나 건전한 녹색 밈에서 2층의식으로의 양자도약을 할 수 있는 자기치유의 마음챙김치유를 할 수 있는 단계에 이를 수 있게 된다.

203

2. 나선 가치밈의식과 치유기제

모든 인간의 심신장애 정도는 성장 발달 과정에 누적 COEX화되어 형성되고 구조화된 인지 오류, 오각인식識이 주요 원인 중 하나이므로 모든 치유기제는 인지밈 자각의 문제로부터 시작해야 한다. 그러므로 뇌의 인지밈 학습, 재학습, 즉 재인밈같이 중요한 것은 없다. 다시 말해, 성장 과정에 인지 오류와 인지 한계와 인지적 착각으로 인해 오각인된 채로 성장하며 굳어져 온 인지밈, 특히 자기의 발달 과정에 잘못된 자기 동일시로 인해 형성된 인지밈의 해체, 재인밈 학습 과정같이 중요한 것은 없다고 해도 과언이 아니다.

그러므로 개개인의 가치밈 프로필의 문제에 대한 온전한 인식 없이는 굳어지거나 갇힌 인지밈을 치유할 수 있는 치유기법을 제대로 적용할 수도 없는 것이다. 물론 개인의 가치밈 프로필과 스택의 불건강하거나 장애적인 상태 여부를 알려면 개인의 가치밈 상태에 대한 가치밈 전문가의 문진 검사나 보다 상세한 가치밈(수준·상태 평가) 진단지 검사와 함께 성격검사, 심리검사 등이 필요할 수도 있다. 하지만 가치밈 나선 달인 정도의 치유자라면 가치밈 문진검사와 성격검사 결과 정도만 알면 회기를 거치며 그는 개인의 가치밈 프로필과 스택의 상태를 어느 정도 알 수 있다. 핵심 가치밈의 문제를 알고 나면 적절한 기본·일반 치유기제와 고급 치유기제 중에 최적의 치유기제를 찾아 적용할 수 있다.

개략적 언급이지만, 우선 각 가치밈별로 전형적인 자기파괴적이고 사회파괴적인 병리적 밈에 갇힌 사람은 치유의 대상이 아니지만 사로잡히거나 불건강 상태에 있는 사람이나 집단이 치유의 대상이다. 이러한 치유문제와 관련된 치유기법의 치유기제 문제는 저자의 『통합심신치유학: 치유기제 편』에서 상세하게 다루고 있다. 다만, 여기서는 영적으로 깨어 있는 사람들을 제외하고는 거의 모든 사람이 갇히거나 걸려 있는 1층밈의 경우에 대해서만 간략하게 예를 들어 간략하게 언급하자면 누구나 다음과 같은 치유기제 문제에 명백하게 연관되어 있다는 것을 알 수 있다.

- 베이지색 밈은 생존 리비도의 본능적·개체적 신체 자아가 지배한다. 그 대상은 성性 문제를 제외하고는 살아남기 위한 음식·주거 문제(의식주)와 같은 생존의 문제가 시급한 극빈층이나 노숙인, 또는 최저 생존의 문제를 해결해 주지 못하는 지역이나 나라의 굶주리는 극빈계층·천재지변으로 모든 것을 잃은 사람들, 노쇠한 정신질환자나 극심한 심신장애자나 치매 노인들이므로, 이들은 치유의 대상이 아닌 구제의 대상이다. 그러나 성 문제는 종족 보존이나 생존 수준이 아닌 성범죄, 이상성심리, 도착성심리, 매춘, 성폭력 등의 문제인 경우 치유의 대상이 된다. 이들은 사회적으로 지도층인 경우가 더 많고, 자신의 이상성심리를 스스로 도덕적으로 부끄럽게 생각하고 중독이나 콤플렉스에서 벗어나고자 하는 사람들이 치유대상이다. 이런 사람들은 성 테라피와 함께 성중독치유, 혼의 치유를 통해 혼을 바로 살려서 혼의 치유기제를 우선 발현시켜야 한다.
- 자주색 밈은 감정정서적 본능 중심의 무리·친족의 사회적 자아가 지배한다. 그 주

대상은 원래는 가족·친족·부족의 안녕과 안전을 유지하고, 자연 숭배와 조상의 영을 즐겁게 하려는 원시 종족의 의식이다. 하지만 오늘날도 가족·친족 위주의 세습 족벌 기업가, 재벌들같이 가족 외에는 모두가 필요하지 않거나 이용 대상이거나 적이 될 수 있는 자들이다. 이들은 조폭, 갱단, 사교 집단에서 볼 수 있고, 이들은 수호령, 무속미신, 신성시하는 자연 대상을 경배하고 숭배하는 집단, 사교 집단들에서도 볼 수 있다. 이들 중에 이 밈 수준에 완전히 갇혀 있는 자들은 치유 대상이 아니다. 그러나 현대 지식인이나 중상류층 중에도, 특히 지난 시대의 여성들(현재는 노인계층) 중에, 자기 가족이나 친족의 안위나 사회적·물질적 부나 성공에 지나치게 집착하여 무속이나 미신에 매달리거나 하는 사람들 중에 의외로 이 자주색 밈에 갇힌 사람이 많다. 이 수준의 밈의식에 완전히 갇힌 자들은 치유대상이 아니다. 반면에 이들과는 달리 자기정체성의 혼란과 미래에 대한 불안의 문제로 위축되거나, 개인이나 가족의 삶의 고통과 불안에서 벗어나고자 하여 초자연적인 미신이나 조상신이나 주술적 행운의 힘에 기대려 하는 자도 많다. 이들 중에 자기의 삶에 확신이 없거나 초자연적인 운명에 기대려 하고, 자기정체성을 상실하고 혼이 위축되어 현재와 미래의 삶이 불안하여 고통받는 자들이 치유의 대상이다. 이들에게 (사주명리학은 어느 정도 정신과학적으로 인정될 수 있지만) 가장 필요한 기본 치유기제는 정체성 자각과 위축된 혼기의 강화 훈련이다. 하지만, 우선 미신, 무속, 주술에 빠진 경우 그 몽매미혹을 깨닫게 하는 현대과학적·정신과학적 바른 인식을 위한 인지 학습을 통해 정신세계와 온우주에 대한 바른 인지 지각의 치유기제가 발현되게 해야 한다.

- **적색 밈은 권력 추동, 충동 본능의 개인 중심적인, 이기적인 사회적 자아가 지배하는 가치밈이다.** 그 대상은 힘과 권력을 추구하는 정치가, 영웅, 범죄 집단, 조폭/마피아/갱단, 그리고 그러한 힘과 권력, 초능력을 가진 슈퍼맨, 스포츠 슈퍼스타에 열광하는 팬덤 현상에 빠진 대중에게서 볼 수 있다. 이 밈의 긍정적인 면으로는 인간 본성으로는 용기, 모험, 도전, 자기희생 정신의 발현이지만, 부정적인 면으로는 도덕과 양심과 이성은 없고 오로지 세계를 약육강식의 정글로만 보고 역사상 영웅들같이 힘과 권력과 공격적 정복 지배만을 숭배하고 추구한다. 그러한 밈에

갇힌 사람들은 치유의 대상이 아니다. 다만, 인간의 권력 의지와 권력과 힘을 추구하는 본성에 지배를 받으면서도 어느 정도의 양심과 이성이 있어서 그러한 삶을 갈등 속에 회의적으로 받아들이며 벗어나고자 할 때 그런 사람은 치유의 대상이 된다. 이들에게는 인간의 권력 의지, 용기, 도전, 신념, 의지는 북돋아주면서 삶의 의미를 깨닫게 하고 마음공부를 통해 합리적 사고, 이성의 힘을 기르는 독서치유, 인문치유, 의식치유가 필요하고 성숙한 자기의식의 치유기제가 발현하도록 유도해야 한다.

- 청색 밈은 생물학적인 본능적·전 인습적 가치밈의 세 단계를 넘어, 최초로 인간의 자아중심적인 목적 지향적 행위와 소유 지향적·인습적 행위 중심의 가치밈이다. 이 밈의 기본 특성은 종교적·정치사회적으로 흑백의 이분법적 진리와 교리에 대한 근본주의적 맹목적 믿음, 정치적 이념·신념·체제에 대해 배타적·절대적으로 맹종하는 신화적 신이나 절대권위를 추종하는 인간들이 지니고 있는 전형적인 인습적·사회 중심적 자아의 가치밈의 본성이다. 이 수준의 밈식識은 종교적으로는 문자적·신화적 교리의 맹신과 죄의식이 절대적이다. 정치사회적으로는 국가·관습·규범·법·규제 체제를 중시하는 극단적 보수주의자들, 그리고 인종차별과 민족우월주의자들인 인종주의자, 백인우월주의들이 전형적인 청색 밈의식을 갖고 있다. 그러므로 극단적 확증 편향, 흑백 이념에 빠진 병적인 청색 밈에 갇힌 자들은 치유대상이 아니다. 그들은 스스로 깨어지기 전에는 변하지 않기 때문이다. 그러나 인습적인 가치밈의식에서 벗어나지 못하고 있지만, 흑백적이고 이분법적인 인습적 가치에 어느 정도 회의적이거나 지나친 계층적인 법과 제도의 인습적 구속에 갈등과 피로를 느끼거나 자신과 반대 이념을 가진 개인이나 집단에 대한 혐오, 분노화 조절장애가 심하여 고통에서 벗어나고자 하는 청색 밈들은 합리적 인지 훈련을 통해 쉽게 벗어날 수 있다. 사실상 오늘날과 같은 포스트 탈인습적 정보화시대에는 퇴행적·병적 근본주의자나 극단적 보수 세력인 이념주의자들과 국가 이익 우선주의자, 인종차별주의자들, 혐오주의자, 그리고 퇴화된 노인세대들을 제외하고는 청색 밈의 인습적 의식에 갇힌 사람들은 소수이고 젊은 층들은 대부분 탈인습적 의식을 갖고 있다. 하지만 흑백적, 이분법적 종교·이념·

인습·사고에 퇴행되어 사로잡힌 자신의 정체성에 회의적이고 부정적 갈등을 느끼는 사람들과 사회적 약자를 억압하고 갑질하는 가진 자나 강자들 중심의 인습적 이념·체제·제도에 갇힌 사고와 의식에서 벗어나지 못한 채로 사는 사람들이 적지 않다. 특히 그들 가진 자, 권력자들이 법과 제도를 내세우면서도 정당한 법과 제도를 무시하는 그들의 억압적 횡포와 약탈에 상당히 피로와 저항감을 느끼게 하는 사회적·인습적 삶의 스트레스와 번아웃으로 자기부정적이거나 자기혐오로 또는 반대로 극심한 투사로 인한 타인·사회 혐오로 심신이 지치고 병든 사람들이 치유의 대상이다. 이들에게는 각자의 개인적 병리장애 증후군에 적합한 전문적 치유요법과 치유기제에 앞서 합리적·과학적 인지밈 학습이 기본적 치유기제 발현에 가장 효과적이다

- 오렌지색 밈은 개인주의적·탈인습적·페르소나적 자아가 강한 가치밈으로, 개인의 전문적·과학적 지식으로 무장한 사회적 성취가 최상의 목표이고, 모든 문제를 논리적·합리적·과학적으로 해결하고 부와 성공을 향해 전력투구한다. 대부분의 과학주의자, 합리주의자, 유물론자, 과학적 환원주의자가 갖는 가치관·세계관이고, 종교를 가진 자는 이신론理神論적 종교관을 갖는다. 20세기 이후 근대 산업사회의 과학기술 발전과 과학기술교육으로 인해 현대인은 오렌지색 가치밈의식이 어느 정도 발현되어 보편화되어 있다. 그러나 탈인습적·포스트모던적·자본주의적 자유경쟁 시장 체제하에서 소유와 부의 성공이 가진 자, 권력 계층으로의 신분 상승을 위한 추구 수단이라는 사고를 갖게 되면서 수단 방법을 가리지 않고 과도한 경쟁 체제에서 살아남기 위해 전력질주하게 된다. 투쟁적·책략적 삶이 피로사회·과로사회·위험사회·신계층 고착사회·갑질사회의 다양한 병리장애적 증후군으로 나타나면서 가진 자, 성공한 자를 제외한 모든 개인의 삶의 파탄과 다양한 심인성 심신의 병리장애가 이로 인해 생기게 된다. 그래서 이러한 무한 소유와 신분 상승의 성공을 위한 과도한 무한 경쟁 체제와 개인주의적인 책략적 행위 위주의 삶으로 인한 소진 고통과 피로에서 벗어나서 존재적·실존적 의미와 자기 정체성을 찾고자 하는 많은 현대인들이 치유의 대상이 된다. 이 가치밈이 지배하는 사람들은 자기와 자기의 삶의 문제에 대한 뇌인지과학적 인지오류의 자각으

207

로 쉽게 재인지믺 치유기제가 발현하고, 진정한 의지와 합리적 의식만 있으면 다양한 치유기법과 치유기제 훈련으로 일반 치유기제가 발현하고 마음챙김 훈련과 수련으로 존재적 삶으로의 의식의 전환을 가져올 수 있다.

• 녹색 믺은 개인의 소유 지향적 행위, 개인적 부와 명예와 권력의 성취가 삶의 행복을 가져다주지 않는다는 것을 깨닫고서, 환경 · 생태, 공동체적 삶, 자연 생태와의 조화 속에서 존재적 삶의 가치에 눈을 뜨는 최초의 가치믺이다. 녹색 가치믺의식 중에는 오늘날 모든 진정한 진보주의적 · 사회적 기업, 공동체적 삶의 가치를 추구하고 환경 생태 보호에 앞장서고, 약자를 돕는 삶을 추구하는 어느 정도 깨어 있는 의식을 가진 자들이 많다. 하지만 지나친 포스트모던 상대주의적 가치관, 극단적 생태주의와 자기의 진보적 이념에 대한 자기민감성이 지나치게 되면, MGM(Mean Green Meme), 꼴통 녹색 믺에 빠지거나 극단적인 진보적 이념에 갇히기 쉽다. MGM만 아니면 1층 가치믺의 최상 수준인 존재적 삶이 시작되는 이 녹색 믺 수준에 관념적 포장이 아니라 어느 정도 의식이 열려 있는 사람들은 개인 하위의 잔존 장애적 믺식과 억압무의식의 정신심리장애적 증후군의 증상을 치유하기 위해 고급 치유로서 인문치유, 명상치유, 영성치유 등을 마음챙김 수련과 함께하면 자기치유가 가능하게 된다. 더 나아가 통합적 비전 논리적 세계 조망을 갖게 되면 쉽게 2층의 황색 믺 수준으로 가치믺의식이 양자도약하게 된다.

그러나 이러한 다양한 가치믺이 일반 사람들에게는 모두 최소한 복합적으로 인접 가치믺과 결합하여 세 가지 이상 불건전한 가치믺 짝으로 작용하는 게 전반적 가치믺의식의 현상이다. 그러므로 치유자는 개개인의 이러한 복합장애적 가치믺 짝 의식의 결합 작용을 알아차려 치유해야 하고, 반대로 오렌지색과 녹색은 가치믺을 지적으로만 자기포장하기 위해 사용하는 사람도 많으므로 의식화되어 있는 사람과 포장하고 있는 사람을 구별할 수 있어야 한다.

앞에서 언급한 전 인습적 생존적 수준의 가치믺을 넘어, 인습적 · 탈인습적 소유 · 행위 중심적 사회적 자기가 발달하고 지배하는 가치믺 수준으로 갈수록 가치믺의식의 장애적 문제가 더욱 복잡해진다. 따라서 건전한 오렌지색 믺과 녹색 믺 이상으로 의식의 변용이 생기게 하려면 『통합심신치유학: 치유기제 편』에서 본격적으로 다루고 있는 기본·일반 치유와 치유기제뿐 아니라 일반 치유기제 단계의 마음챙김자각 각성 훈련과 함께 유위·무위의 혼의 치유魂癒 훈련·수련이 필요하다. 이와 함께 단계적으로 진정한 마음챙김 수련을 기본으로 하는 고급 치유와 치유기제의 발현이 더욱 필요하게 된다. 여기서는 독자의 편의를 위해 다음 절에 저자의 『통합심신치유학: 치유기제 편』에서 마음챙김 관련 치유와 의식의 성장 변용에 대한 내용 중 일부만 발췌하여 간략하게 소개하였다.

Ⅲ

자기치유를 위한 마음챙김 기반 심신치유

스스로 자기의 심신과 의식의 문제를 치유하고 의식의 변용과 영적 성장을 할 수 있는 자기치유는 의식이 깨어나야 가능하다. 이는 기본적으로 고급 치유기제로서 마음챙김 기반 치유기제가 발현해야 가능한 것이다. 여기서는 독자들의 편의상 2층밈의식의 나선 달인들이 알아야 할 자기치유를 위한 고급 치유기제에 대해 저자의 『통합심신치유학: 치유기제 편』의 고급 치유기제 중에서 마음챙김 기반 치유기제 부분만을 약간의 자구 수정과 함께 요약 발췌하여 수록하였다.

1. 마음챙김 기반 심신치유

서양에서 동양 전통 지혜의 명상 수련, 특히 불교 명상·수련과 요가 명상·수련에 대한 심리치료의 보조 기법으로서의 관심은 20세기 초부터 있었다. 특히 지난 수십 년간 점차로 높아진 동양 명상 수련에 대한 서양에서의 열광은, 오늘날 심신치유·심리치료, 정신건강·웰라이프·웰빙과 연관하여 일반화되어 있다. 무엇보다 서양에서는 위빠사나 같은 어려운 수련법을 통찰명상·마음챙김 명상으로 불교도가 아닌 타 종교의 또는 초종교적이거나 무종교적인 서구의 현대인에게 알맞게 단순화시켜서 보편화된 현대적 명상법으로 발전시켜 왔다. 카밧진(Kabat-Zinn, J.)이 개발한 MBSR(MInd fulness-Based Stren Reduction)은 마음챙김을 기반으로 정신건강·심신치유에서의 요가·기공·소마 수련의 기초를 내포하는 현대인의 심인성 심신장애치유와 스트레스 이완을 위한 널리 알려진 체계적 심신통합수련 프로그램이다. 현재 MBSR은 전 세계적으로 가장 널리 알려진 심신치유·정신건강 수련법으로 인정받고 있다. 이와 더불어 마음챙김에 기반한 제3세대 인지행동치료법으로서 MBCT(Mindfulness-Based Cognitive Therapy), DBT(Dialectic Behavior Therapy), ACT(Acceptance and Commitment Therapy) 등도 보편화되어 가는 추세이다. 이는 오늘날 마음챙김 명상이나 통찰명상 수련이 의식과 영성의 성장보다는 인지행동치료적 심리치료의 병행/보조 치료 수단으로서의 심리치료법이나, 또는 암/만성 생활습관병 수술 치료 후 회복치유나 번아웃 회복, 스트레스 관리를 위한 주요 정신건강 관리기법으로 점점 더 광범위하게 받아들여지고 있다는 증거이다.

그러나 엄격하게 보면 동양의 어느 수행 전통에서든 성명쌍수性命双修·정혜쌍수定慧双修, 교선쌍수教禪双修와 계戒·정定·혜慧와 신信·해解·행行·증證의 통합수행이 공통 요인이라는 관점에서 볼 때, 오늘날 동양의 전통 수행은 서양의 마음챙김에서 잘못 이해되거나 오용되고 있다고 해도 과언이 아니다. 오늘날 전통 명상 수련은 정신건강, 심신치유, 웰라이프를 위한 심신 수련으로서 기공/요가/소마 운동과 함께 좌식 명상으로 신비 체험·절정 체험이 아닌 α파 상태의 이완·안정 의식 상태의 체험만 하면서 웰빙과 정신건강을 위해 심신을 치유하는 보조 수단으로 전락한 측면이 있다. 반면에 사띠sati(念)의 알아차림/자각을 바탕으로 (사마타samata, 止) 집중 호흡 수련과 위빠사나의 사념처관四念處觀을 현대적으로 해석한 통찰명상이나, 소위 마음챙김(mindfulness) 명상이 정신건강, 심리치료, 심신치유, 심신치유기제 발현의 목적으로 체계화된 현대적 명상 수련·훈련법으로 주로 서구에서 발전해 온 것은 사실이다.

이와 같이 오늘날 우리나라에 역수입되어 보편화되어 있는 '마음챙김'은 명상법으로서뿐만 아니라 심신통합치유, 심리치료, 회복치유, 심신의학, 코칭, 리더십, 직무 훈련, 웰빙·웰라이프의 정신건강, 상담, 사회복지 등 여러 분야에서 가장 보편화된 마음챙김 명상·수련·훈련 기법으로 사용되고 있다. 하지만 일부는 그 치료·치유기제를 지나치게 과대 포장하거나 일반화시켜서 아직 명상 수련을 할 수 없는 고착되거나 갇힌 병리장애적 의식 수준의 사람들에게도 성급하고 무차별하게 미국식 실용주의적 마음챙김 스킬skill 위주로 적용시키려 하는 경향을 보이고 있다. 그렇다 보니 오히려 심적·정신적으로 잠재된 병리장애가 있는 사람들에게 부작용이 생기거나―우주·생명·인간·영혼·마음·자기·심신(성性·명命·정精, 심心·기氣·신身, BMSBody·Mind·Spirit)에 대한 제대로 된 이해가 없는 상태에서―내공이 생기기 전에 마음챙김의 치유기제만 강조하다 보니 그 순간만은 삼빡하게 힐링되나 근본 치유와는 거리가 먼 유명무실한 치유법이 되는 경우가 많다. 이를테면 의도적 자각·알아차림, 있는 그대로 (맨)주의 기울이기, 비자동 응답·탈자동화, 탈중심화·탈동일시, 비판단적·비개입적 수용, 자각 행위 등의 훈련·수련만을 강조한다고 해서 마음챙김이 제대로 되는 것이 아니다. 오히려 혼이 위축되어 자존감이 약하거나 억압무의식의 장애가―콤플렉스·부정적 방어기제, 트라우마, 카르마, 분노·화, 충동장애 등이―잠재되어 있거나 그런 장애가 지배적인 사람들에게는 무의식적·의식적 억압의 증가와 뇌신경인지(NN)의 거부·저항 과학습으로 인해 신경증적으로 오히려 악화되는 수도 있다. 그런 장애가 심하지 않은 사람의 경우도 입정入定의 θ파의 상태에는 들지 못하거나 어쩌다 신비 체험, 절정 체험, 빛/비조나리 체험을 하면 자신이 마치 특별한 신비 체험을 한 것으로 오해하여 자아를 오히려 더욱 강화시킨다. 아니면 유사 입정入靜의 α파 상태만 체험하며 일시적인 스트레스 완화와 심리적 안정에만 몰입을 하거나 자기도취적 자기애에 빠져드는 등, 사람에 따라 다양한 반응과 오해나 착각을 불러오고 있다. 더구나 자신의 억압무의식, 심신의 장애치유도 제대로 되지 않고 의식의 열림에 의한 성장 변화도 없이 자기는 남과 달리 명상 수련을 하거나 마음챙김 명상 지도를 한다는 무의식적 자아도취의식과 에고의 강화만 가져오는 사람도 적지 않다.

따라서 고급 치유기제의 기본 전제로서 올바른 마음챙김 명상·수련을 제대로 하려면, 먼저 '마음챙김'이 무엇인가에 대해 제대로 이해하고 나서 올바른 마음챙김 수련과 마음챙김 명상을 해야 한다. 이를 바탕으로 자기치유를 위한 마음챙김 기반 심신치유의 기제를 발현할 수 있어야 한다.

이미 국내에 MBSR, MBCT, DBT, ACT 등 마음챙김 기반 인지행동심리치료, 심신치유, 건강 관리 관련 문헌들이 넘칠 정도로 번역되고 저술되어 널리 알려져 있다. 이제는 마음챙김 근거 치료, 마음챙김 기반 심리치료법들이 보편화되어 있고 관련 온라인 강좌나 문헌들에서 마음챙김 심리치료, 마음챙김 명상, 마음챙김 심신치유, 마음챙김 리더십, 마음챙김 정신건강·심신건강 관리 등에 대해 광범위하고 심원하게 다루고 있다. 여기서는 고급 치유기제의 발현을 촉진하는 대표적 마음챙김 중심의 통합심신치유 프로그램인 MBSR에 대해서는 별도로 다루지 않는다. 당연히 통합심신치유학에서는 마음챙김 기반 심신치유와 MBSR에 대해서『통합심신치유학: 실제 편』에서 상세하게 다루고 있다. 다만 여기서는 마음챙김에 대한 조작적 정의와 개념, 그리고 일반적인 마음챙김의 고급 치유·치유기제로서의 요건과 한계에 대해서만 간략하게 개관하였다. 따라서 마음챙김 기반 심신치유 전반에 관심이 있는 치유자들은 다양한 범주의 마음챙김 기반 심신치유의 실제와 MBSR 통합심신치유 프로그램에 대해서 상세하게 다루고 있는『통합심신치유학: 실제 편』을 반드시 정독하기 바란다.

2. 마음챙김의 허실

앞에서 간략하게 개관한 바와 같이, 20세기 초에 남방불교의 위빠사나/사념처 수행과 지止·관觀 수행의 핵심인 사띠sati(염念, 의념意念, 억념憶念)가 서양에 'mindfulness'로 번역되어 소개되었다. 그렇게 되면서 이 명상법은 현대 서양, 특히 미국 중심의 보편적 명상 수련법으로, 웰라이프/웰빙을 위한 정신건강법으로, 스트레스, 우울증, 불안장애, 경계선장애… 등의 인지·행동 장애치료를 위한 제3세대 인지행동 심리치료법의 핵심으로 자리 잡게 되었다. 더 나아가, 통합적 심신치유법의 핵심으로, 그리고 심지어 리더십 훈련, 대인 관계 개선, 학습집중력 강화, 직무효율성 증진… 등 성찰적으로 깨어 있는 삶, 학습·업무 집중력 강화 등의 다목적의 명상 훈련·수련법으로 수많은 실용주의적 응용 연구와 함께 다양한 분야에서 광범위하게 적용되며 보편적인 마음 훈련법, 마음 수련법, 명상법으로 발전해 왔다. 동양에서 나왔지만 서양에서 발전되어 온―소위 서양화된 현대적 'mindfulness' 명상 수련·훈련이 '마음챙김'으로 번역되어 국내로 역수입되어 들어오면서—마음챙김 명상은 서양의 현대적 명상·마음 수련법으로서 마음·의식 관련 거의 모든 분야에서 각광을 받고 있다. 이제는 이미 언급한 바와 같이 치유명상에 의한 가장 보편적인 심리치료·심신치유·건강 관리 기법으로서뿐만 아니라, 자기관리·자기(감정, 정서)조절, 직무 훈련, 교육 훈련·리더십 등 '마음·의식'이 문제가 되는 거의 모든 분야의 만능의 마음·의식 훈련, 명상·수련 기법으로서 인식되고 있다.

다른 한편으로 국내에서는 1980년대에 인도 구루들의 명상·영성 수련이 유행하다가, 특히 지난 1990년대 이래 전통적인 불교 참선 수행, 위빠사나 수행, 요가명상 수행, 단학·선도 수련을 비롯한 다양한 전통 수행법이 유행하였다. 2000년대로 오면서 국내에도 앞에서 언급한 마음챙김 명상과 마음챙김 기반 대표적 심신통합치유인 MBSR뿐 아니라 서구화된 마음챙김 기반의 다양한 요가 치유명상 수련 센터와 단체들이 널리 대중화되면서, 명상 수련도 남방 인도 계통의 명상 수련과 미얀마 위빠사나 수련들이 널리 유행하게 되었다. 그 외에도 켄 윌버의 AQAL 통합사상·통합생활 수련 ILP 등이 널리 알려지게 되고, 수많은 명상·수련서와 자연의학적 심신치유·자기계발서들이 나오고 동서양의 명상 수련법·심신치유법·심신치유단체들이 쏟아져 나왔다. 최근의 지난 10여 년간은 이미 위에서 강조한 바와 같이 마음챙김 명상·수련이 다양한 소마운동, 기공, 요가 수련 등과 더불어 주요 정신건강, 웰빙, 심신치유법으로 다른 동양의 전통 명상 수련보다 더 보편적인 현대적 명상 수련법, 심신통합치유법으로 받아들여지고 있다. 이러한 현상의 주된 원인은, 무엇보다 마음챙김 명상 수련을 핵심으로 하는 MBSR과 ILP를 비롯한 서양의 심신통합치유 프로그램들이 보편적으로 널리 유행하게 되면서, '마음챙김 스킬' 위주로 누구나 쉽게 할 수 있다고 과대 포장하여 유도하는 부정적인 측면도 있다. 하지만 누구나 하기 쉬운 소마운동, 기공/요가 등을 중심으로 마음챙김 명상과 누구나 쉽게 할 수 있는 이완·집중 명상 수련들을 통합 심신치유 프로그램으로 체계적으로 제공하고 있기 때문이라고 봐야 할 것이다.

따라서 현재 유행하고 있는 '마음챙김', 즉(미국 중심) 서양의 마음챙김은 위빠사나의 사념처관四念處觀(신수심법身受心法의 혜관慧觀) 수행과 같이 몸·감각·마음·정신의 현상을 통찰적으로 알아차리며 관찰하고 주시하는 본격적인 명상 수련이 아니다. 마음챙김은 긍정적인 측면에서는 오히려 심리치료·심신치유·정신건강·웰라이프를 위한 마음 훈련·수련에 더 적합한 형태로 발전되어 왔다고 볼 수 있다. 그 결과, 마음챙김의 조작적 정의와 구성 개념은, 남방 위빠사나 불교 수행의 '사띠'의 원리를 서양 인지행동 심리치료 관점에서 확장하여 해석하는 조작적 정의의 담론 형태로 여러 학자에 의해 다양하게 제안되고 확장되어 왔다. 그중에 주요 개념으로는 다음과 같은 것들이 포함되어 있다.

- 의도적으로 현재의 순간순간에 대해 깨어 있는 알아차림/자각으로 비자동적·비판단적으로 주의 기울이기(Kabat-Zinn, 1994)
- 현재의 경험에 대한 순간순간의 수용적 알아차림(Germer, 2005)
- 현재의 내적·외적인 연속적 자각들에 대해 생겨나는 대로 평가하지 않고 그대로 바라보기(Baer, 2003)
- 모든 경험하는 사건들에 대한 고정된 지각 반응에서 벗어나 일어나고 있는 것을 있는 그대로 직면하며 받아들이기(Goleman, 1980)
- 지금 여기의 즉각적 경험을 해석하지 않고 유지하려는 주의에 대한 자기조절, 그리고 현재 순간의 경험을 호기심·개방·수용을 지향하는 태도로 이해하기(Bishop, 2000)
- 현재의 경험이나 현존하는 실재에 관한 주의와 자각을 증대시키기(Brown & Ryan, 2003)

앞의 여러 학자의 마음챙김의 조작적 정의에는 Shapiro 등(2006)이 IAA 모델에서 말하는 특별한 방식의 의도(Intention)·주의(Attention)·태도(Attitude)가 내포되어 있다. 이러한 정의적 구성 개념을 바탕으로 Baer(2006)는 마음챙김 척도로, 비자동적 반응(nonreactivity), 관찰하기(observing), 자각이 있는 행위하기(acting with awareness), 기술하기(describing), 경험을 비판단하기(nonjudging of experience) 등을 하위적 요인으로 제시하고 있다.

하지만 마음챙김의 기본은 어디까지나 사띠의 알아차림/자각에 의한 순간순간의 주의집중에 있다. 또한 마음챙김 명상의 근본은 무위적 명상이므로, 단순한 알아차림·자각이 아닌 위빠사나/통찰명상과 같이 본래 불교의 사법인(고苦·무상無常·무아無我·공空), 즉 일체개고一切皆苦·제행무상諸行無常·제법무아諸法無我·오온개공五蘊皆空에 대해, 특히 '무아'에 대해 꿰뚫어 알아차리는 통찰적 자각에 있다. 반면에 오히려 서양의 모든 심리치료나 심신치유는 성장 발달 과정의 억압무의식, 콤플렉스, 트라우마 등으로 인한 자아/자기 정체성의 혼란 장애로부터 벗어나 온전한 자아감, 자기됨의 정체성 회복과 자기/자아의 정상적 성장 발달을 통해 자기실현과 자기존중감(자존감)의 증진을 목적으로 발달되어 왔다. 여기에 서양의 '마음챙김'은 자칫하면 오히려 '자아'(에고)를 사회심리학적으로 강화시키는, 즉 '자기조절' '자기관리' '자기적응' '자기자각력'의 '인지 지능' '감정정서 조절 지능'을 강화하는 '마음챙김 스킬'에 빠지기 쉽게 하는 함정이 있다.

이러한 측면에서 서양의 '마음챙김'은 본래의 불교 명상의 무상·무아와 공空의 도리를 깨우치기 위한 념念·지止·관觀 수행의 주시적 알아차림·메타(초)자각의 원리에서는 벗어난다고 지적할 수 있다. 그래서 불교의 삼법인/사법인과는 맞지 않는다. 불교 명상의 원래의 사띠sati(정염正念)에서 살짝 벗어난 '마음챙김(mindfulness)'이란 의미로 번역된 것이다. 그렇다 보니 서양에서 마음챙김은 주로 심리치료와 심신치유에 의한 정신건강 회복을 위한 명상 수련·마음 훈련 도구로 발전되어 온 측면이 있음을 부인할 수 없다. 하지만 긍정적인 측면에서는 오히려 서양에서의 마음챙김 명상 수련·훈련은 불교적 관점을 벗어나 치유와 성장을 위한 고급 치유기제의 기본 전제 요건을 갖추는 방향으로 연구·발전해 왔다고 볼 수도 있다. 결과적으로, 마음챙김은 불교 수행의 한계를 벗어나 마음챙김 스킬의 함정에 빠지지 않으려면 먼저 인지적 무지무명과 몽매미혹에서 깨어나는 치유기제의 발현을 위한 유위有爲 수행으로 온전한 마음챙김을 위한 훈련인 인지적 각성자각 기반 심신치유와 자기자애와 혼유 수련 등에 의한 자기치유가 가능한 자아의 성장 발달을 통해 어느 정도 자기실현을 하도록 유도해야 한다. 그러고 나서 무위無爲 수행으로 마음챙김 명상 수련을 하면 불교의 '무아無我'와 유사한 자아를 내려놓는 자아초월에 의해 영적으로 성장하는 방향으로 잘 수련해 왔다고 말할 수 있다.

따라서 치유와 영적 성장에 대한 동서양의 상보적 통합 관점에서 보면, 불교 명상 수행은 고苦·무상無常·무아無我의 삼법인三法印, 사성체四聖諦(고苦·집集·멸滅·도道), 삼학三學(계戒·정定·혜慧)/팔정도八正道 수행을 위한 기본 교의로 내세우는 까닭에, 일반인이나 문자적으로 이해하는 전문 지식인들이 자칫 모든 존재하는 것은 '고苦'이고, '무아無我'인 것만을 인간 존재의 본질인 양 받아들이기 쉽다는 한계와 문제가 있다. 실제로 불교 신자나 학자들 중에는 모든 것을 (통속적, 문자적 의미의) 공空·무無로 보는 경향이 있기 때문에 온우주와 생명, 인간, 삶의 긍정적 '빛(광명)'의 측면을 간과하기 쉽다. 오히려 전통 불교는 자칫하면 식識·공空, 유有·무無가 동전의 앞뒤같이 자재自在하고 상대적이고 어느 한쪽 극단으로 치우치거나 배제할 수 없는 중도中道의 도道, (귀일심지원歸一心之源, 삼공지해三空之海의 귀만류지일미歸萬流之一味라는) 여여如如한 일자의 도리·섭리·법성이라는 대승기신론大乘起信論의 진제眞諦를 놓치기 쉽다. 실제로 인간으로 태어난 삶은 축복이고 은총인데, 다만 인간들의 무지無知·무명無明·미혹迷惑으로 인해 고통받고, 오탁의 세계에 빠져 허덕이는 게 모든 고통苦의 원인인 것이다. 그러므로 먼저 미혹에서 벗어나고 깨어나서 자기/자아의 정체성을 올바르게 깨우치기 위해서는 서양의 '마음챙김'에 앞서 모든 고통과 불행의 원인인 인지적 무지무명과 몽매미혹에서 깨어나는 온전한 마음챙김을 하기 위한 인지자각 훈련, 부정적으로 위축된 자기(혼)의 회복을 위한 자기자애 만트라, 자각 기반 심신치유 혼의 치유훈련들을 통해 자기됨을 회복하면서 온전하게 성장 발달하여 자기치유할 수 있는 온전한 '자기실현'부터 해야 한다. 그런 후에 마음챙김 수련에 의해 자기를 초월하고 내려놓는 것이 전통 지혜와 현대 서양의 인간과학, 인지과학, 심층심리학, 통합심리학, 자아초월심리학, 신의학, 홀론의학의 상보적 통합 관점에서 본 치유와 영성 수련에 대한 불교적 관점이 아닌 영속적 불변의 진리적 관점이다. 즉, 『의식의 변용』에서 잭 앵글러(Engler, J.)가 말하는, 'You have to be somebody before you have to be nobody'가 갖는 참뜻을 알고 깨우친다면, 현대 서양의 '마음챙김'이 '자기치유와 성장'을 통해 먼저 자기회복의 자기실현을 하고 나서 자기초월을 하기 위한 온전한 마음챙김(인지자각 → 통찰적 주시) 기반 유위무위쌍수有爲無爲双修야말로 매우 바람직하고 온전한 고급 치유기제의 요건을 갖추고 있음을 알 수 있다.

3. 마음챙김의 치유기제

지금까지 앞에서 고찰한 바와 같이, 오늘날 서양의 마음챙김(mindfulness)은 본래 불교 명상 수행의 사띠sati(염念, 의념意念, 억념憶念)의 본래 핵심적 의미에서 나온 불교 명상 용어이지만 좁게는 현대 심리치료(인지행동치료)나 명상치료, 넓게는 심신치유나 마음 훈련·수련을 위한 서구적 개념이다. 즉, 마음챙김 명상은 내적·외적 모든 자극 대상에 대한 심신의 반응을 알아차리고 의도적으로 주의를 기울이고 기억하고 현재의 순간에 (개입 없이) 바라보기를 중심으로 관觀하는 현대적 소위 웰빙·웰라이프를 위한 명상 수련법, 마음 훈련·수련법으로 일반적으로 인식되고 있다. 그래서 마음챙김은 주로 인지행동심리학에 의해—그리고 더 나아가 자기발달심리학·의식심리학·깨달음심리학·자아초월심리학에 이르기까지—심리치료·심신치유·정신건강을 위한 보조적 또는 주요 기법으로 받아들이며 그 조작적 정의와 구성 개념을 확장시켜 발전해 왔다.

오늘날 서양의 마음챙김 명상 수련·훈련은 교선쌍수敎禪双修·정혜쌍수定慧双修가 아니다. 그렇다 보니 영적 존재로서, 혼적 존재로서 인간 존재의 초의식적·초월적 존재로서의 '블랙홀 심연'과 같은 인간의 의식·무의식·초의식·순수의식·궁극의식에 대한 온전한 깨우침·깨달음·견성에 의한 영적 성장과는 거리가 먼 명상법이다. 한마디로 말해, 오늘날 마음챙김은 '마음챙김' 명상 수련을 중심으로 주로 인지행동 심리치료·심신치유를 위한 마음챙김 기반 치유요법으로, 넓게는 (서양 인지심리학적 용어로) 인지 지능·정서 지능·영성 지능의 강화와 활성화를 위한, 즉 마음 훈련·마음 수련을 위한 컨설팅, 상담, 코칭, 리더십, 교육·훈련 기법으로 만능의 도구같이 사용되고 있다고 해도 과언이 아니다. 그렇다 보니 인간 존재의 근본 주체인 영적 자기나 생명력 발현의 작용인作用因으로서 실상 주체인 혼적 자기보다는 서양심리학의 심리적·실존적 '자기'에 대한 의도적 알아차림, 비판단적 수용적 태도와 주의집중 같은 인지적 자각만을 강조하는 명상 수련·마음 훈련이 위주가 되어 있다. 그 결과, 주로 정신·심인성 심신장애와 불안공황장애의 안정·이완, 스트레스 감소, 우울, 강박, 분노·화 등과

217

같은 부정적인 심리적·정동적 장애 증상의 완화를 위한 심리치료·심신치유에 마음챙김 기반 치유가 다른 심리치료보다 더 효과적이라는 수많은 연구가 보고되고 있다. 그 외에도 정신건강의 회복, 웰빙·웰라이프, 직무 훈련·리더십 강화 등을 중심으로 하는 마음챙김 관련 여러 주요 문헌과 수많은 논문이 임상적·과학적, 질적·양적 연구로 보고되고 있다.

요컨대, MBSR같이 단순한 '마음챙김 스킬' 위주가 아닌 현재 온전한 통합적 마음챙김 명상·수련은, 통합스트레스 의학적 '스트레스 완화', 감정정서치유, 심신상관치유 측면에서는 통합적 고급 심신치유로서의 고급 치유기제를 갖춘 통합적 심신치유 프로그램이라고 볼 수 있다. 반면에, 예컨대 제3세대 인지행동치료 중에 MBCT, DBT, ACT 같은 마음챙김 기반 인지행동 심리치료법들은 억압무의식이나 부정적 방어기제의 치료, 즉 혼식魂識의 장애를 치유하기 위해 마음챙김의 알아차림, 자각, 주시가 혼적 자기수준에서 의지적·의도적·비판단적 주의, 태도… 를 취하도록 연습하고 훈련시킨다면, 잘 하면 심인성 병리장애 증후군이 심하지 않는 한 증상 완화나 표면적 치유효과는 가져올 수 있다. 하지만 영적 카르마와 혼적 위축장애 수준의 모든 식識을 메타/초자각 수준에서 통찰적 알아차림으로 주시하는 훈련이 제대로 되지 않으면, 근본 치유를 위한 치유기제 형성 발현이 되지 못하거나 오히려 영적·혼적 수준의 카르마가 억압무의식의 악화를 초래할 수도 있다.

사실, 서양에서 사띠(意念)에 바탕을 두고서 인지행동심리학적 심리 치료·치유를 목적으로 발전된 '마음챙김(Mindfulness)'은, 의지적·의도적 탈중심화·탈동일시라는 기제의 실현을 위한 자각에 의한 내적·외적 자극에 대한 비판단적·비자동적 응답, 수용적 주의 기울이기라는 특별한 방식의 의도·주의·태도(IAA)로서의 문자 그대로의 마음챙김이다, 그러나 이러한 마음챙김은 의지적·의도적으로 자각하는 존재적 주체로서의 자기가 곧 '혼魂'이므로, 영적 장애 수준의 편집증적 망상, 조현병적 정신분열, 카르마 장애가 있거나 혼적 장애, 혼의 비정상, 또는 혼의 위축으로 인한 자존감 상실, 조울증, 집착, 두려움, 망상… 장애 같은 영적·혼적 장애가 조금이라도 있는 경우에는 그런 '마음을 mindful하게 챙기면' 오히려 악화될수 있다. 그러므로 이러한 서양적 마음챙김 수련의 한계를 벗어나려면, 동양의 전통적 불교의 염念·지止·관止이나

선불仙佛의 정精·기氣·신神 수련의 육묘법문六妙法門 수행을 제대로 해야 한다. 이러한 성명쌍수性命双修·지관쌍수止觀双修 수행이 깊어지면 모든 생겨나는 정신, 마음의 일어나는 현상들을 있는 그대로 초자각적으로 주시하는 순간, 즉 일어나는 마음은 단지 실체가 없는 가환假幻의 홀로그램식識의 마야/마장魔障에 불과하므로 깨어서 주시하고 통찰적으로 알아차리는 순간 카르마(심층무의식)의 혼식(무의식)을 포함한 모든 식識은 비워지고 사라지는 것이다. 즉, 이러한 경지는 단순한 마음챙김 치유기제가 아닌 '마음챙김의 기제(mechanism of mindfulness)'가 마음챙김 수행의 과果로서 증득된 성통性通·견성見性으로 깨어 있는 경지에 도달한 경우에나 가능한 것이다.

IV

마음챙김 기반(SDi-DIHT) 자기치유 리더십

나선동역학은 원래 주로 리더십과 컨설팅과(사회적 가치 추구 본성을 가진 인간의 심층 가치) 의식 변화 이론 모델로 개발되었던 것이다. 저자는 원래 이 책의 바탕인 나선동역학에 기반한 역동적 통합변혁 리더십(DITL)을 집필하였고 이 책은 그 안에 마음챙김 기반 치유·치유기제·리더십에의 응용을 포함시켜 확장 보완한 것이다.

앞에서 강조했듯이, 통합나선동역학은 BPSC 통합나선 사분면 모델의 나선역동적 가치밈의식의 3층, 9층 수준의 의식 수준과 가치밈 관련 의식의 역동적 발달 계통과 관련되는 사회적 자기, 실존적 자기, 가치의식, 세계관, 사회성, 대인 관계, 영성 등 가치 관련 의식의 발달 라인을 모두 포함하는 모델이다. 그리고 각 가치밈에 대한 (건강한, 불건강한, 병리적) 상태 스펙트럼의 평가는 SDi에서 가장 중요한 부분이다. 나아가, 윌버는 『모든 것의 이론』에서 각 가치밈 수준에서의 애니어그램 성격 유형 발달 모형을 제시한 바 있다. 그러므로 SDi 치유 리더십은 윌버의 AQAL 5차원 통합모델을 모두 망라하는 통합심신치유 리더십으로서의 요건을 갖추고 있다. 즉, 모든 치유요법을 SDi의 분석 평가를 바탕으로 통합적으로 적용하여 치유자가 치유대상자나 대상 그룹에 SDi적 상담·치유교육 리더십을 적용하면 가치밈의식의 변화를 가져오는 치유기제의 발현을 효과적으로 유도하는 치유 리더십을 발휘할 수 있다.

따라서 나선동역학적 통합치유변용 리더십(SDi-DIHTL)은, 기존의 리더십 이론이나 담론·강론에서는 찾아볼 수 없는 상담치료나 심신치유 전문가들을 위한 나선역동적 가치밈의식의 변화를 가져오게 하는 의식치유기제 원리와 심신치유교육 리더십 이론을 갖춘 유일한 리더십이기도 하다. SDi-DIHT 치유 리더십에서 역동적 가치밈의식치유와 치유기제의 원리는 매우 중요하다. 왜냐하면 이 분야의 전문성을 갖춘 치유 전문가들은 다른 분야보다 인간의 심리, 인간의 마음, 의식, 자아의 발달병리장애 증후군이나 장애적 증상 문제를 더 잘 이해하고서 내담자나 치유대상자·교육생·수련생들의 상담·치유·치료·의식 코칭을 하는 심신치유상담교육사이며 치유 전문 리더들이기 때문이다.

특히 앞에서 언급하였듯이 나선역동적 통합치유변용 리더십(DIHTL)에서는 인간의 사회적 본성, 사회적 자기, 사회적 실존의식의 성장·발달, 변화(변용·변혁) 모형인 벡과 코완의 '나선동역학'의 나선 가치밈 스펙트럼 구조와 이 시대를 대표하는 통합심리학, 의식심리학, 통합영성, 통합수련의 최고 석학인 켄 윌버의 AQAL 통합 패러다임을 상보적으로 통합한 통합적 나선동역학(SDi)을 이론적 틀의 기본으로 하고 있기 때문이다. 다시 말하자면, 인간의 본성, 마음, 자기/자아, 실존의식을 심층적으로 이해하고 개개인의 발달의 수준·상태·유형·라인을 통합적으로 알 수 있는 이론과 적용 가이드를 가진 거의 유일한 치유 리더십 이론 및 실제이기 때문이다. 따라서 SDi 치유변용 리더십은 상담치유·심신치유교육·의식 코칭 리더십으로서도 가장 이상적인 리더십이다. 당연한 말이지만 상담치유·치유교육·의식코칭 리더십을 위한 SDi-DIHT 리더십에서는 다음과 같은 다양한 교육·훈련·수련 프로그램들을 통하여 조직·기업경영 SDi 리더십보다 더 전문적으로 내담자·환자·수련생·학생들의 자발적 의식 상태의 변화와 성장을 유도하는 치유 전문가의 현려·지혜의 달인/현자 리더십이 그 핵심으로 되어 있다.

(1) SDi 통합치유변용 리더(치유 전문가)의 상담치유/치유교육, 훈련·수련 코칭 지도 분야

① 개인의 심리치료/심신치유상담/치유교육 훈련·수련 코칭 지도

② 그룹/집단 심리치료/심신치유상담/치유교육 훈련·수련 코칭 지도

③ 그룹/집단/단체(심신치유/수련 센터, 심신치유교육원, 영성/명상 수련 센터)의 심신치유교육, 영성/명상 수련 지도, 교육 훈련 코칭 지도

④ 통합적 마음공부/마음 수련, 마음챙김 기반 영성/명상 교육 훈련·수련 코칭 지도

(2) SDi 통합치유변용 리더십을 위한 치유 프로그램 적용 지침

① 자연스러운 나선의식의 변화를 유도하기 위한 비지시적, 눈높이(+α) 치유상담, 통합적 심신통합치유 교육, 통합적 마음공부, 마음 수련 프로그램에 의한 명상·영성 수련(개인, 그룹 대상) 치유 상담, 교육 훈련/ 수련 코칭 지도를 위한 프로그램들이 필요

   • MBSR 프로그램

   • Ken Wilber ILP(Integral Life Practice) 프로그램

   • 통찰적 마음챙김 기반(집중·통찰) 명상치유 프로그램

   • 유위무위 통합치유 IQHLP(Integral Quantum Health Life Practice) 프로그램

   • 통합치유·영성 수련 프로그램

   ※ 통합상담심리학, 통합심신치유학 이론·실제·치유기제, 심신치유상담학, 통합영성, 통합심리학, 자아초월심리학, 자아초월정신의학, 통합명상치유 등은 통합치유영성 수련 프로그램의 이론적 바탕임

② 가치밈 수준, OAC 상태, 건강한/불건강한/병리적 상태에 따른 맞춤식 통합심신 치유 상담치료, 치유교육 훈련·수련 코칭 지도가 필수적

③ 자발적 변화 유도의 가장 중요한 근본 대책은 지배적 가치밈(짝) 수준별로 깨어 있는 의식교육 훈련·수련 코칭 지도가 필요

   • 베이지색 밈: 가족의식(친족, 가족 정체성)의 중요성 일깨움

   • 자주색 밈: 자기정체성 일깨움, 미신·무속·주술·명리 맹목 의존심의 허구

성 일깨움

- **적색 밈**: 보편적 진리의 존재 일깨움, 건전한 페르소나적 자기 일깨움
- **청색 밈**: 이분법二分法적 · 맹목적 · 문자적 진리의 허구 일깨움, 과학적 · 합리적 사고 중요성 일깨움
- **오렌지색 밈**: 소유적 삶, 극한 경쟁에 갇힌 삶의 허무, 존재적 삶의 의미 깨달음, 성숙한 세계 중심적 자아정체성 일깨움
- **녹색 밈**: 엘리트의식/절대평등주의/심층 생태의식의 문제 깨닫고, 통합적 · 보편적 상대주의를 일깨움, 실존적(존재적) 삶과 자아실현의 중요성 일깨움

(3) 통합치유변용 SDi 리더십의 적용을 위한 통합심신치유의 이론 및 실제의 근거

① 통합심신치유학: 이론

② 통합심신치유학: 실제

③ 통합심신치유학: 치유기제

④ 나선역동적 통합치유변용 리더십: 이론 및 실제

⑤ 통합심신치유 상담학: 이론 및 실제

(4) SDi 통합치유변용 리더십 특성

① SDi 통합치유변용 리더십의 특성과 기존 리더십과의 차이

- 통합적 심신통합치유 · 의식치유 전문가, 코치, 지도자로서의 리더십이다.
- 정치 지도자, 종교 지도자, 관리자/경영인, 조직/단체의 지도자들이 목표 달성(Goal-Oriened)을 위해 리더의 독특한 능력과 일반 리더십 기법 · 지침에 의해 구성원에게 동기를 부여하여 목표를 향해 이끌어 가는 리더십과는 전혀 다르다.
- 심신치유 · 의식치유 변용은 성과 지향적이거나 목표 지향이 아니다. 내담자나 수련생이나 교육생에게 심신의 자기치유 능력, 영적 성장 잠재력을 발현시키는 치료치유법, 수련법을 치유상담 · 치유교육하고, 의식의 성장 변화, 영적 성장 · 영성 개화를 유도하는 나선 달인의 상담, 교육, 멘토링, 코칭

리더십이므로 일반 리더십과는 근본적으로 차이가 있다.

- 심신치유·영성 수련 전문가로서의 역량을 갖춘 나선 달인으로서 SDi 지혜의 달인적 변화 유도의 뛰어난 전문가적 역량과 인품에 대한 신뢰와 존경이 심신치유·의식치유 변용 SDi 리더십의 기본 바탕이다.

- 치유 센터, 수련원, 교육기관의 리더들에게는 일반 리더십의 리더의 자질도 중요하지만 조직 경영에서 조직의 치유·변혁을 위해 치유 전문가를 활용하는 마음챙김 기반 SDi 치유 변용/변혁 리더십이 필수적이다.

- 인간의 심신치유·의식치유는 복잡계적이고 역동적인 인간의 뇌신경계의 인지 과정, 무의식에 대한 심층심리(심心·의意·식識)와 사회적 실존심리(가치초밈/거대밈)의 이해, 그리고 이를 바탕으로 한 마음챙김 기반 치유기제, 자기치유력의 발현과 의식, 영성의 성장 진화의 발현 유도가 중요하다.

② SDi-DIHT 리더십과 기존 리더십의 공통점

- 기존의 리더십 이론·담론의 에센스, 즉 예컨대 스티븐 코비의 『성공하는 리더의 8가지 습관』이나 하워드 가드너의 『5가지 미래마인드』나 존 맥스웰의 『리더십 법칙』이나 피터 센게의 『학습하는 조직의 리더십 원리』 중에 리더십의 원리, 원칙, 덕목, 자질 같은 것은 SDi 치유변용 리더십에도 공통으로 필요한 자질, 덕목이다.

- 심신치유·의식치유 상담실, 심신치유 센터, 명상·영성 수련원이나 심신치유·수련 지도자 양성 교육기관의 지도자나 리더는 조직 경영 관리의 리더로서 경영 관리 현장에서 SDi 지혜의 나선 달인 리더십과 함께 기존의 리더십의 에센스도 열린 의식으로 깨우쳐야 한다.

③ 치유 리더십으로서 기존 리더십의 한계

- 기존의 리더십은 조직, 기업, 사회의 조직 성능의 극대화나 목표로 하는 성과 달성을 지향하는 지도, 경영, 관리를 위한 리더 중심의 정적인(static) 리더십 이론, 그리고 리더로서의 특성, 자질, 덕성, 요건, 지침 등에 대한 리더십 담론·강론 위주로 되어 있다

- 따라서 기존 리더십은 복잡하고 역동적인 인간 본성의 이해를 바탕으로 다

양한 심신장애 증상, 근기·인성, 성격·기질, 의식 수준을 가진 개인, 구성원들의 스스로의 자기치유력, 치유기제의 발현, 의식의 변용, 영적 성장을 통해 변화(변용/변혁)를 유도하는 심신 치유, 영성상담, 멘토링, 코칭 리더십과는 전혀 다르고 실질적인 이론적 틀 및 적용 가이드(도구)에 의한 적용이 불가능하다.

- 인간심리의 이해를 중시하는 심리학에 바탕을 둔 리더십 이론은 있지만, 인간심리·병리·장애의 전문가적 이해 수준이 아니므로 심신치유, 심리치료 치유에 대한 전문가적 역량이 필요한 치유 전문가 변용·영성 수련 지도 전문가 리더십에 적용할 수 있는 적절한 전문 리더십 이론은 거의 찾아볼 수 없다.

- 역동적 인간 본성과 인간의 심층심리, 심층 가치의식, 사회적 심리를 SDi 기반으로 이해하고 불건강한 가치밈식 치유기제의 발현과 자기치유력과 자발적 의식의 성장 변화를 이끌어 내기 위한 'SDi 기반 통합치유변용 리더십'과 같은 인간의 생물학적·심리학적·문화적·사회적 심층 가치 체계·실존의식의 수준에 대한 이해와 변화 원리의 이론적 틀과 적용 가이드(도구)를 가진 역동적인 기존의 리더십 이론이나 실제는 찾아보기 어렵다.

(5) SDi 치유 리더십 적용 시 유의 사항

① SDi 통합치유변용 리더십에서는 가치밈의식의 O·A·C, 건강한·불건강한·병리적인 상태를 명확하게 파악하기 위해 **가치밈 문진이나 진단지에 의해 지배적 가치밈 상태를 진단**하고, 이러한 지배적인 불건강 가치밈에 영향을 미치고 지배하는 심신장애(업장), 방어기제, 성격·기질·체질 유형 등을 복합적으로 (진단 평가하여) 알고서 상담·치유·지도해야 한다.

② 지도자·상담자·리더의 가치밈 수준, 영성·도덕성·성품·인품의 수준, 기氣(오라) 상태가 중요하고, 그에 따른 존경심과 신뢰(라포)가 중요하다.

③ 통합심신치유를 위해서 치유자는 주요 **전통적 치료치유법과 현대 통합심신치유**에 대해 알아야 하고, 특히 마음챙김 기반 심신치유 MBSR이나 ILP, 유위무위

통합양자치유수련 IQHLP 프로그램을 바탕으로 치유대상자에 적합한 **통합심신치유 프로그램**을 갖추어야 하고, **동양 전통 수련**(기공, 요가, 명상, 참선) **치유법**, **다양한 명상치유법** 중의 각각 하나 이상을 상담·치유·지도할 수 있어야 한다.

④ 그렇다고 해서 **치유 상담·전문가**는 치유에 대해 만능이어야 한다는 의미는 아니다. 하지만 치유이론, 실제 기법, 치유기제를 개념적으로만 알아서도 안 된다. 일부 치유 전문가같이 이론과 실습기법을 강의 지도하면서도 자신은 심리장애(다중인격적 에고, 투사·퇴행… 이상심리 방어기제, 스트레스, 강박, 망상…)가 있을 수 있다. 그래서 자신을 가치밈적으로 황색 밈, 청록색 밈으로 포장하거나 위장하지만, 실은 자주색, 적색, 청색이나 오렌지색 밈에 갇혀 있으면서 내담자, 훈련생, 교육생에게 아무리 유창하게 이론과 기법을 설명해야 나선 달인으로서 진정한 치유상담·치유교육·멘토링·코칭 리더십이 나오지 않고, 내담자/교육생들에게 신뢰와 존경의 기氣가 전달되지 않고 '공감' '교감'이 되지 않는다.

⑤ 진정한 치유 전문가 리더가 되려면, 스스로 2층밈의식 수준의 나선 달인이 되도록 마음공부·수행·수련을 통해 SDi 치유변용 리더십을 통달한 지혜의 나선 달인 리더가 되기 위한 목표로 수행해야 한다. 더 나아가, 지속적인 명상·영성 수련을 통해 3층밈 자아초월의식 수준 이상이 되고, 그것이 그 사람의 기氣와 오라로 흐르고 언행에서 흘러나와야 한다.

⑥ 결국 머리로 모든 **치유·이론 기법**을 터득하고 치유상담·치유교육 훈련을 코칭/지도한다고 해서 올바른 SDi 통합치유변용 전문가 리더가 될 수 있는 것은 아니다.

⑦ 스스로 진정한 치유자로서 SDi 지혜의 달인, 현자, 리더가 되려면 스스로 2~3층 밈 수준으로 되어 모든 가치밈 수준과 AQAL 통합 의식·치유를 통달하고 나서, 통합적 진단 평가와 함께 혜안으로 내담자·수련생들이 어느 수준이고 어디에 걸려 있고 무슨 복합적 밈이 지배적인가를 알아차리고, 밈 변화의 원리와 단계별 도구 상자를 이용하여 적용함으로써 건강하고 열린 의식으로의 나선 변화를 유도해야 한다.

(6) SDi-DIHT 치유변용 전문 리더로서의 요건

① 통합치유·의식코칭 SDi 지혜의 달인/현자가 되려면 심리학(발달심리학, 심층심리학, 정신분석, 분석심리학, 자아초월심리학…), 통합심신치유학(이론, 실제, 치유기제), 유식학唯識學, 심리치료, 심신치유 이론을 어느 정도 전문 교양 수준으로 이해하고 현대 뇌인지과학·통합생리학·신과학·통합양자 패러다임·양자파동치유 원리·정신과학도 어느 정도 기본 교양 수준으로 이해해야 한다.

② 오늘날 21세기 AC·AI 시대의 심신치유 전문가로서 그 정도의 전문가적 소양을 갖추어야 복잡계적이고 역동적인 인간의 사회적 본성의 이해와 의식·가치밈의 변화를 유도하기 위한 사회심리학적, 인간의 사회적 실존의식(가치의식, 세계관, 신념…)의 변화를 이끌어 내는 SDi 기반 통합치유변용 리더십 지혜의 달인/현자가 될 수 있다.

③ 뿐만 아니라 치유변용 전문 리더로서 스스로 일상 속에서 통합수련(MBSR, ILP, IQHLP…)을 통한 통합생활 수련 명상, 참선 수련·수행을 지속함으로써 2층 가치밈(황색, 청록색 밈)이나 3층 가치밈(산호색·자아초월적) 수준의 치유코칭 달인·현자적 리더가 되어야 한다.

요약하면, SDi-DIHT 통합치유변용 전문 리더로서 통합심신치유·영성·명상 수련을 상담·교육 훈련, 코칭/지도하려면 가급적 마음챙김/통찰명상 수련과 함께 통합심신치유학의 이론·실제·치유기제, 마음챙김 기반 MBSR 심신 통합 스트레스 치유, 켄 윌버의 AQAL Matrix 통합이론, 통합심리학, 통합심리치료, 통합심신치유, 통합영성, 통합생활 수련(ILP), 유위무위 통합심신치유수련(IQHLP) 등을 어느 정도 전문가 교양 수준으로 이해해야 진정한 SDi 통합치유변용 전문 리더가 될 수 있다는 것이다.

V

역동적 통합치유 변용·변혁 SDi-DIHT 리더십

지금까지, 격변하는 21세기 새로운 AC 팬데믹 환경하 AI 중심의 디지털시대의 조직의 치유와 변혁을 위한 새로운 리더십으로서—그리고 이러한 불확실하고 미래를 예측할 수 없이 불안한 디지털 양자사회에서 삶과 생존의 문제와 인간관계의 단절·소외와 일과 미래에 대한 불안으로 심신의 스트레스를 고통을 받는 현대인을 위한 치유 전문가의 새로운 치유변용 리더십으로서—21세기 모든 리더십 패러다임을 포괄하면서 통합적으로 내포하는 SDi-DIHT 리더십의 이론과 특성에 대해 심층적으로 고찰하였다. 여기서는 이와 같이 포괄적이면서 전문적인 치유 리더십으로서 DIHT 리더십의 적용 가이드로 들어가기에 앞서 통합적 나선동역학(SDi)의 이론적 틀을 바탕으로 하여 구성원 중심의 새로운 21세기 새로운 시대의 패러다임을 모두 포함하는 SDi-DIHT 리더십의 이론 및 실제 모형의 핵심 개념을 다시 요약·기술하였다.

1. 새 시대의 새로운 리더십

SDi-DIHT 리더십은 문자 그대로 21세기 디지털 정보화 초연결 네트워크시대, AI 중심의 첨단 융복합 과학기술혁명시대의 역동적 양자사회에서 중요한 평등·소통·공감·참여·연대·평화·창조·지혜·행복 등의 기본 리더십 패러다임을 모두 포함하고 포괄하는 구성원 중심의(유기체적 조직의) 진정한 역동적 통합치유 변용·변혁 리더십, 자기·슈퍼·현자·메타 리더십이다. 따라서 가장 복잡하고 역동적인 기업의 경영 리더십은 물론이고, 모든 분야 전문가들의 전문가 리더십, 즉 정치·정부·지자체·공기업 경제단체·사회단체, 교육 분야 등의 문화·예술·종교·수행… 분야의 지도자, 공직자, 공인, 성직자들의 리더십으로 현실에서 실제 업무·과업 직무 수행 과정에서 그대로 적용할 수 있는 리더십의 원리와 실제를 다루고 있다. 무엇보다 SDi-DIHT 리더십은 무슨 조직·단체이든 간에 모두 유기체적 조직의 경쟁력·생명력 성능/효율을 극대화하는 목표(Goal)를 향해 구성원(유기체 조직)의 잠재 능력을 최대한으로 발현하도록 '마음' '의식' 상태의 자발적·자율적 변화와 상승을 치유적으로 이끌어 내어 과업을 수행하도록 하는 거의 유일한 리더십이라 해도 과언이 아니다.

그래서 SDi-DIHT 리더십의 적용에서는 거의 대부분 기업 경영 리더십 중심의 기존의 국내외 리더십 전문가들의 리더십 교재나 지침서에서와 같이 기업의 사업 기획, 생산, 영업, 마케팅, 인사, R&D… 관련 구체적 과업 수행상 부딪히는 리더십 문제, 갈등 등에 대한 구체적인 사례 중심으로 설명할 수는 없다. 따라서 기업 경영뿐 아니라 모든 분야의 메타 리더십으로 적용해야 하는 DIHT 리더십에서는 수천 가지의 구체적인 사례보다는 수만 가지의 모든 문제, 갈등, 장애물 상황에서 '어떻게' 구성원들이 '행복하게', 자발적이며 자율적으로 자신의 창의적 역량을 최대한 발휘하도록 뛰어난 달인적·현자적 리더십을 발휘할 수 있는가 하는 그 '적용 도구'와 '적용 방법론' 위주의 적용 가이드, 지침 위주로 개념적으로 설명하고 기술할 수밖에 없다.

여기서는 먼저 SDi-DIHT 리더십을 어느 분야에 적용하든 간에 반드시 유념해야 할 리더십 일반 지침부터 요약·기술하였다.

2. 리더십 패러다임의 변화

이미 제1장의 기존 수많은 리더십에 대한 비판적 고찰에서 강조한 바와 같이, 지난 20세기 산업화시대의 위계적 사회에서 특출한 리더들의 특성을 강조하는 리더십 이론은 비록 21세기적 패러다임을 강조하는 리더십 담론이라 해도 거의 모두 지시적·정적靜的 리더십 담론 위주로 되어 있다. 다시 말해, 모든 것이 빛의 속도로 순간순간 변하는 역동적 디지털 정보화시대, 첨단 융복합 과학혁명시대의 불확정성·불확실성 하에 양자도약적으로 변하는 양자사회에서는 기존의 리더십은 무력할 수밖에 없다. 따라서 오늘날 리더십은 디지털·디지로그적 사고, 수평적, 글로벌·글로컬, 초연결 네트워크, SNS시대에 평등·소통·공감, 참여·연대·상생, 자유·공정·평화 등 시대적 특성이 내재된 가장 기본적이고 수평적인 리더십 패러다임으로 확산되고 있다. 더 구나 20세기 고도 산업화의 부메랑인 기후 온난화와 전 지구적 생태 환경 파괴가 초래한 기상 이변·천재지변과 그 여파인 자연의 역습으로 인한 코로나19가 초래한 팬데믹시대의 국제정치 무역·사회·문화·생활 환경의 급변은 고도 디지털 정보화 문명사회와 맞물려 AI·VR·BC 등의 비대면 디지털 가상 소통으로 급격하게 전환되는 상황으로 나아가고 있다. 그 결과, 지금 전 지구적으로 인류의 원초적 욕구와 본성의 가치밈 민낯이 드러나면서 정치·경제·사회·문화 등 모든 분야가 다 같이 충돌·갈등하며 격동하고 있다. 때문에 그만큼 모든 분야의 사회 조직에서의 각급의 리더의 역할이 더욱더 결정적으로 중요해지고 있는 시대적 상황이 닥치고 있다. 이제는 지난 시대의 위계적 지위에서 나오는 권위나 리더 개인의 카리스마에 의존하는 리더 중심의 리더십은 더 이상 먹혀들지 않는 시대가 되었다. 과거 애플의 스티브 잡스의 카리스마적 치유변용 리더십에서 보듯이, 예컨대 잡스가 없는 애플이 잡스식의 리더십으로는 지속적 성공을 보장할 수 없다. 지난 IT시대 초의 이야기지만, 오히려 노르웨이의 웹브라우저 IT 기업인 '오페라 소프트웨어'의 욘 폰 테츠너와 같이 완전한 평등적·자발적 업무 환경하에 스스로 창의적·열정적으로 일하게 하는 구성원 중심의 자기 리더십/슈퍼 리더십이, 이제는 IT 관련 기업 중심으로 보편화되어 가고 있지만, 앞으로 격동·격변하는 시대에 기업의 리더십이 이러한 방향으로 나아가야 지속 가능한 성장과 경쟁력을 갖게 되는 시대가 오고 있는 것이다. 한마디로 말해, 이제는 산업화 시대가 지나고 AI·VR·AR·BD·BC 등의 디지털 가상세계와 디지털 플랫폼 경제가 지배하는 정보화·지식산업 사회, 초연결 네트워크 양자사회로 오면서 리더십도 '코페르니쿠스적 전환'이 일어나고 있다. 따라서 위계적·리더 주도적·일반적 리더십이 아닌 구성원 각자가 자기주도적으로 일하는 조직의 치유 환경의 조성을 통해 자발적 자기·슈퍼 리더십으로 180도 전환된 조직의 리더십의 시대가 오고 있는 것이다.

이제 리더와 구성원 사이는 리더가 일방적으로 영향력을 미치고 주도하는 관계가 아닌, 즉 구성원은 단순히 리더leader, 팔로워follower 관계가 아닌, 순수한 팔로워는 (용어 자체가) 없어져야 하고 상호 영향력을 주고받는 관계로 변해야 한다. 그러나 그럴수록 리더는 현자·현려·지혜·봉사의 달인·멘토로서 강력한 '구심력'으로 구심적 역할은 여전히 해야 한다. 다만, 이것은 '지배'나 '통제'가 아닌 강한 동기와 비전을 부여하기 위한, 일방적이 아니고 장애와 문제를 극복해 가는 데 지시가 아닌 팀 정신으로 협력하도록 코칭, 멘토링 길라잡이를 하는 슈퍼 리더십, 메타 리더십, 멘토링 리더십, 지혜의 달인(현자) 리더십을 발휘해야 한다는 의미이다. 따라서 DIHT 리더십은 기존 리더십의 리더의 모든 자질·덕목을 포함하면서도 이 시대에 반드시 필요한, 앞에서 언급한 모든 새로운 패러다임을 모두 포괄하고 초월하며 통합하는 진정한 메타 리더십·통전통섭 리더십·지혜의 달인(현자) 리더십이라고 말할 수 있다.

그렇지만 21세기 양자사회의 인간 생태계에서 지속 가능한 유기체적 경쟁력을 갖는 데 반드시 필요한 DIHT 리더십은 아직 도입 준비가 되어 있지 않고 적용할 수준에 리더의 의식이 아직 도달하지 않은 기업이나 조직에서 즉각 도입하는 것은 불가능한 일이다. 특히 기업이나 조직의 CEO나 리더들이 아직도 구시대의 계급적·위계적 계층의식에서 벗어나지 못하거나 낮은 병리적 가치밈 짝에 갇혀서 이기적 민낯의 가치밈의식을 드러내며 변화를 거부하며 지위와 권위를 이용한 지시적·카리스마적 리더십에 의존할 경우에는 불가능하다는 게 자명하다. 더구나 이러한 기업들이 윤리 경영·정도 경영·투명 경영을 하지 않고 비윤리적 불법·탈법 경영을 할 경우나, 합법적 노동쟁의를 외면하고 억압, 탄압하여 갈등과 분쟁을 지속하면서 상생相生 경영을 외면할 경우에는 DIHT 리더십에서 근본적으로 벗어나기 때문에 CEO의 변화에 대한 각성이나 깨우침이 있기 전에는 DIHT 리더십의 도입 적용이 불가능하다.

한마디로 말해, DIHT 리더십은 지난 20세기 소유 중심의 상극·갈등의 산업사회에서 21세기 존재·의미 중심의 지식산업사회, 전뇌사회로의 지속적 사고의 전환과 창조적 도약이 불가피한 불확실성 시대의 양자사회에서 모든 21세기 새로운 리더십 패러다임(통합·통전, 치유변용, 창조, 자기, 슈퍼, 메타, 상생, 지혜, 헌려, 현자, 감성, 공감, 평등, 소통, 비전, 봉사, 행복, 한마음 등)을 모두 포함하는 양자사고적 지혜의 달인 리더십이다. 그래서 리더의 가치밈(심층 가치의식, 사회적 실존의식)이 2층밈 존재·의미의 수준의 통합적 황색 밈 이상으로의 변용(transformation)이 전제조건이다.

DIHT 리더가 나선 달인으로서 황색 밈의 통합적 의식이나 청록색 밈의 통전적 양자사고적 수준으로 되어야 모든 구성원의, 조직의 모든 수준의 복합적·지배적 가치밈/심층 가치의식을 구성원 개개인과 유기체적 조직의 치유를 통해 건강하고 열린 수준의 밈 프로필로 자발적으로 전환시키고 변화시킬 수 있는 나선 달인뿐 아니라 지혜의 달인(현자)이 될 수 있다. 이와 같이 DIHT 리더가 나선 달인과 지혜의 달인이 될 수 있을 때 SDi-DIHT 리더십을 성공적으로 적용할 수 있고, 이것이 DIHT 리더십 적용의 전제조건이라 해도 과언이 아니다.

다시 말해, DIHT 리더십을 적용하는 지혜의 달인 리더는 21세기 패러다임의 변화를 확고하게 인식하고, 기존의 조직 구성원과 조직 자체의 치유 변용·변혁의 불가피함을 깨닫고, 조직의 치유변혁과 구성원의 치유성장변화(변용)를 강제로 강압적으로 하는 게 아니라 기존의 낡은 옷, 패러다임을 과감하게 스스로 벗어 버리게 각성자각하여 깨우치고 유도해야 한다. 그래서 소유(탐욕) 중심의 삶에서 존재(의미) 중심의 삶으로 소유와 존재적 삶의 선소유善所有적 조화와 균형을 이루는 삶이 왜 진정한 가치 있고 행복한 삶인가를 구성원들이 깨닫도록 유도해야 한다. 즉, 이를 위해서는 구성원들이 스스로 마음챙김 기반 자각 각성의 자기 리더십을 위한 치유교육 훈련, 직무 훈련에 참여하고 일상 속에서 통합생활 수련을 하면서 깨닫고 깨어나도록 유도해야 한다는 것이다. 그렇게 되려면 리더는 구성원들이 평등·소통·공감, 연대·참여·나눔, 정의·공정·공경, 행복·자유·미덕의 자기 리더십을 발휘할 수 있도록 하는 여건과 요건을 조성하고 자기책임하의 구성원들을 지혜롭게 멘토링·코칭·길라잡이하는 마음챙김 기반 치유교육·훈련·수련의 구심력을 발휘할 수 있어야 한다.

3. 기본 원리

제1장 서론에서 이미 강조한 바와 같이, 역동적 통합치유변용 리더십(DIHTL)은 21세기 IT 정보화, 첨단 하이테크 통섭·융합 과학기술의 혁명적 변화의 시대에, 그리고 최근의 포스트팬데믹시대 환경하에서는 필수적인 리더십 패러다임이라고 말할 수 있다. 왜냐하면 통합·소통·평등·평화·자유·탈이념 등의 전 지구적·수평적 디지털 비대면 화상 네트워크사회의 패러다임, 그리고 AI 중심의 모든 정치·경제·사회·문

화·생활 환경의 양자적 도약, 상보성·불확실성/불확정성·비국소성·전일성의 양자 사회 패러다임이 21세기 새로운 패러다임으로 보편적으로 확산되고 있기 때문이다. 뿐만 아니라 종교·정치·경제·사회의 전 근대적·근대적, 위계적·억압적, 이념적 구조를 타파하고 오직 모든 분야의 도전적이고 열린 의식을 가진 창의적 전문가들이 주도하는 통합·통전·통섭·통융의 탈포스트모던 글로컬 신국가·지역·국제 연합 시대가 열리고 있기 때문이다. 이와 같이 21세기는 역사상 그 어느 시대보다 가장 획기적인 시대로, 고도 AI AR·VR·BC 가상세계 중심의 정보화·글로벌·글로컬·스마트 SNS 디지털사회화되고 있다. 그리고 첨단 융복합 과학기술과 양자과학이 빛의 속도로 가히 혁명적으로 변화하는, 앞날을 예측할 수 없는 통섭·통융·통관의 디지로그적 양자사회화되고 있다. 때문에 모든 분야에서 이러한 시대를 선도해 갈 선단의 집단지성으로서 역동적 통합적 치유변용의 새 시대의 새로운 시대의 양자 패러다임을 통달한 나선 달인 지혜의 리더가 필요한 것이다. 그래서 역동적 통합치유 변용·변혁 리더십으로서 최적인 SDi-DIHTL이 불가피한 것이다. 이에 따라 DIHTL 리더십은 어느 분야의 조직이든지 평등적, 소통·통합·치유가 중요한 시대적 특성과 패러다임에 맞게 현재까지 잔존하는 위계적·지시적 리더 중심의 리더십이 아닌 구성원 중심의 자기·슈퍼 리더십으로의 전환이 시급하다. 이제는 정치·경제·사회·교육·문화 등 어느 분야의 어느 조직이든지, 모든 디지털 신인류 세대의 구성원들은 자발적·자율적·평등적·민주적·탈이념적 사고를 하기 때문에 기성세대 리더들도 21세기의 이러한 패러다임을 의식화하도록 깨우치고 변해야 한다. 이를 위해서는 리더 스스로 관념적 인식의 단순한 포장이 아닌 나선 가치밈의식(실존의식, 심층 가치의식)이 진정한 2층밈의식으로 변화해야 되고, 이것은 1층 녹색 밈의식의 양자도약에 의해 이루어져야 한다. 21세기 패러다임을 모두 그대로 체현하는 리더십으로서 가장 중요한 필요조건은 리더 스스로 존재 중심적 2층 가치밈의식으로 도약적 변화를 해야 한다는 것이다. 즉, 리더들이 먼저 깨어 있는 존재적(존재와 의미로 충일한) 삶으로 스스로 변화해야 하고, 현재의 지시적·전제적·카리스마적 리더십이 아닌 구성원들 스스로의 자발적 변화를 유도하는 리더십이 되어야 한다는 것이다.

따라서 이 DIHT 리더십은, 제3장의 나선역동적 변화 리더십과 벡과 윌버의 통합적 나선동역학에 의해 확장한 나선역동적 통합 리더십에서 더 나아가, 21세기 통합 신시대 패러다임에 따르는 평등·소통·자유 리더십, 살아 있는 유기체의 마음챙김자각 각성 교육·훈련·수련의 치유 리더십이라는 것이다. 이렇게 함으로써만 평등·소통·배려·나눔과 양자사고·전뇌사고를 하며 통합·통섭·통전·융합적 열린 의식의 양자사고적 신지식인 전문가 정신으로 모든 구성원이 서로 화회·회통하는 조직공동체 실현을 추구하는 진정한 의미의 나선 달인 지혜의 리더십인 SDi-DIHT 리더십이 될 수 있다는 사실을 깨달아야 한다.

4. SDi-DIHT 리더십의 기본 모형

(1) SDi-DIHT 리더십＝통합적 나선동역학 SDi 이론 모형 ＋ 마음챙김 기반 자기 변화·영적 성장(MBSR, ILP, IQHLP…) ＋ α (21세기 탈포스트모던시대, 지구 온난화 자연 재난 재앙의 급증, 포스트코로나 팬데믹 환경하에 AI·양자과학 기술 중심의 고도 융복합 IT 과학기술만이 모든 것의 적응과 변화를 주도하게 되는 양자사회의 도래를 각성자각하고 이 양자 패러다임에 상응하는 자발적 의식 변화 유도 리더십 패러다임)

(2) 리더 스스로 마음챙김 기반 자기치유에 의한 2층 나선 달인 지혜의 리더로의 변화와 조직 구성원과 조직의 마음챙김 기반 치유교육 훈련·수련에 의한 자발적 의식의 변화를 유도하는 21세기 모든 분야의 역동적 통합치유변용·변혁 리더십 모형으로 가장 이상적이다. 왜냐하면 SDi-DIHT 리더십은 통합나선동역학의 심층 가치의식의 통합모델에 근거하여 조직의 구성원과 조직의 지배적 가치밈을 진단 평가하고, 이에 상응하는 가치밈 짝·존의 건강한 변화를 유도하기 위해 마음챙김 기반 의식치유와 치유기제의 발현을 위한 인지자각 교육 훈련을 기본으로 하고 있기 때문이다. 뿐만 아니라 치유전문가에 의한 치유상담과 전문 치유요법, 마음챙김 통합심신치유수련 프로그램과 가치밈에 대한 통합적 해석 및 진단 평가를 바탕으로 한 최적의 마음챙김 기반 의식치유에 의한 변화(변용, 변혁)를 유도하는 진단·평가, 교육·훈련 도구를 갖춘 유일한 리

더십 이론 및 실제이기 때문이다.

(3) SDi-DIHT 리더십의 통합모형

① 온수준: 제1층 가치밈 → 제2층 가치밈 → 제3층 가치밈(산호색, 보라색)

② 온분면/상한

식識 (마음)	진(DNA, NN) (분자생물/뇌과학)
밈 (문화)	생태 시스템(환경/LC) (사회)

③ 온상태

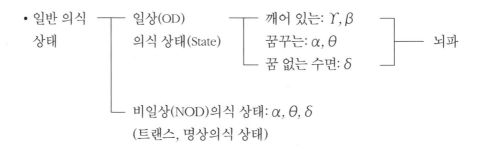

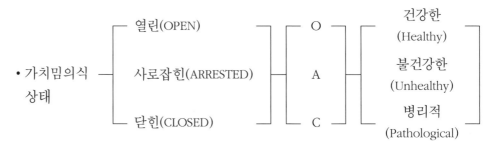

④ 온계통/라인: 의식 라인들 – 다중의식 계통

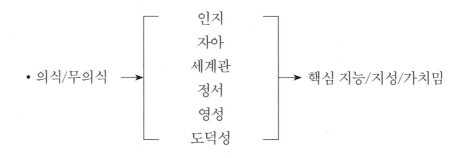

- 가치밈(사회적 실존의식, 자기, 가치, 사고, 신념, 영성 등)형성·구성에 결정적 영향 요인

⑤ **온유형**: 성격 유형[융의 8가지 성격 유형, 브릭스(Briggs, M.)의 16가지 성격 유형, 에니어그램 성격 유형…]

- 성격 유형은 가치밈의 변화/고착 OAC, 치유·변용 리더십/자기 리더십, 가치밈의식 성장 변화, 순응/지배에 지배적 영향 요인
- 선천적 근기, 체질·기질氣質 유형도 가치밈 수준·상태에 지배적 영향 요인

5. SDi─DIHT 리더십의 핵심

(1) SDi─DIHT 리더십의 요체

① T. O. A[신뢰/믿음성(Trust/Trustfulness), 개방성/열린 의식(Openness), 책임지는/전문가 권위(Responsible/Expert Authority)]

② 자기성찰적 삶, 마음챙김 기반 온전한 **알아차림**·자각·각성 ─ 리더 먼저 스스로 마음챙김 자기치유에 의한 성장 변화 후에 조직 구성원의 마음챙김 기반 자각·각성 교육 훈련에 의한 자발적 변화 유도

③ 나선 변화 유도의 나선 달인 리더십

- 닫힌 의식(CLOSED) → 사로잡힌 의식(ARRESTED) → 열린 의식(OPEN)으로 변화
- 병리/장애 → 불건강 밈 → 건강 밈으로 변화

④ SDi─DIHT 리더십 달인은 개인·조직·기업의 **사분면의 변화**를 유도해야 함

(2) SDi─DIHT 리더십의 특성

① 기존의 벡과 코완의 나선동역학 SD(Spiral Dynamics)를 켄 윌버의 AQAL 통합 비전에 의해 확장하고 정교화시킨 역동적 리더십 모형에다 21C 빛의 속도로 변하는 초고도 융복합 과학기술시대의 개인과 조직의 **마음챙김 기반 치유**에 의

해 의식의 변화(변용, 변혁)를 유도하는 **마음챙김 리더십 패러다임**을 보완

② 21C 통합의 시대, **불확실성의 양자사회**에 가장 적합한, 복잡한 인간 본성의 생물적·심리적·문화적·사회적 실존의식(가치밈)의 모든 측면을 망라하는, 가장 **포괄적이고 내포적인 심층적·통합적 가치 체계**를 기술

③ 켄 윌버의 AQAL **통합모형**, 특히 사상한/사분면적 틀(4Q)과 나선동역학 SDi의 온수준(8L)의 통합(4Q8L)과 통합심리학(온수준·온상한·온계통·온상태·온유형)과의 보다 심층적이고 풍성한 양자도약적 메시 작업(Mesh Works) 형성

④ 윌버의 **통합 패러다임**을 마음챙김에 의해 받아들임으로써 통합비전에 바탕을 둔 보다 심원한 '**나선동역학'적 마음챙김 기반 리더십** 이론 모형과 응용 도구를 기반으로 탈포스트모던 양자사회의 역동적 변화/치유변용 리더십 패러다임으로 진화

⑤ 미국식 기업·조직·경영·관리 리더십 위주의 벡의 SDi를 넘어서는 **21세기 통합적, 마음챙김 기반, 자기·슈퍼, 지혜·현자·영성·나선 달인 리더십 패러다임**을 포괄하며 확장된 SDi는 복잡하고 심오한 인간 본성의 나선역동성의 탐구와 성장 변화의 달인으로서, 정치·공공 분야뿐 아니라 기업/조직/사회단체의 리더십 외에도, 특히 모든 전문 분야의 리더십에 적용 가능한 메타 리더십

- **통합 상담·치유·영성 코칭 리더십**
- **치유교육 리더십**
- **사회 변화·변혁, 치유상담 의식 변용 멘토링 리더십**
- **문화·예술 경영 지도 리더십**
- 모든 분야의 리더십교육

(3) SDi-DIHT 리더십의 핵심 개념 요약

① SDi-DIHT 리더십은 고도 IT 정보화 과학기술시대, 글로벌 수평 네트워크시대, 양자사회의 **역동적·통합적 변화 패러다임**에 맞는 SDi 모형을 이론적 기본 바탕으로 하는 리더십 패러다임이다.

② 진정한 SDi 기반 **역동적 통합치유변용(SDi-DIHT) 리더십** 달인이 되기 위해서

는, 먼저 리더 스스로 나선 가치밈 스펙트럼 구조상의 모든 밈의 특성에 대하여 통달하여 나선밈 달인이 되어야 한다.

③ 무엇보다도 전문가 리더 스스로 소유 중심에서 벗어나 존재와 의미 중심의 웰라이프적 삶으로 마음챙김에 의한 자기 변화와 가치밈의 변화를 가져오는 영적 성장을 하기 위한 일상 속에서 마음공부·마음 수련과 통합생활 수련 ILP나 IQHLP를 실천해야 한다.

④ DIHT 리더십에서는 조직과 구성원 모두의 유기체적 나선 가치밈의 역동성을 최대한 활성화하기 위해 모든 수준의 밈의 건강한 속성을 조직과 구성원이 모두 공유하며 건강하게 생명력·경쟁력을 갖도록 자발적으로 변화시키고, 변화의 잠재력이 열려 있도록 유도한다.

- 베이지색 밈: 온전한 의식주, 가정생활 중시
- 자주색 밈: 가족애, 가족적 동료의식 함양
- 적색 밈: 조직의 구성원 개개인, 팀의 용기와 신념, 모험·사기충천·약동적 'CAN DO!' 도전 정신 고취
- 청색 밈: 진리에 대한 믿음, 조직의 리더에 대한 존경과 신뢰, 확신, 조직의 관습 제도 존중
- 오렌지색 밈: 첨단 과학기술 정보/획득 가공, SW 활용 능력, 합리적·논리적 사고, 시스템적 사고, 모든 문제의 최적 대안 해결 능력
- 녹색 밈: 공동체의식, 소통·평등·배려·나눔·연대·공존, 온전한 마음챙김 수련, 진정한 친환경 녹색성장 정신

⑤ 유기체로서 조직과 구성원의 생명력·경쟁력·활력을 최대화할 수 있도록 스스로 마음챙김 각성·자각 훈련, 마음챙김 명상 수련을 하면서 변화하고, 성장·진화하게 하기 위해서는 비지시적 강력한 동기 부여와 지속 가능한 성장을 향한 강한 비전 제시를 할 수 있어야 한다.

⑥ DIHT 리더로서 가장 중요한 역동적 리더십의 요체는 나선밈 스펙트럼의 달인으로 조직이나 구성원의 지배적 밈짝 수준과 밈짝 상태(병리적, 불건강한, 건강한 상태)와 가치밈 심층의식(닫힌, 사로잡힌, 열린 의식) 상태를 파악하여 현재

237

밈 수준 +1스텝(or ½스텝) 눈높이 수준에서 건강한 상태와 열린 의식으로 모든 과업·과정을 자발적, 자율적으로 수행할 수 있고 자발적으로 변화(치유·변용·변혁)시키기 위한 창의적 환경, 여건, 방안을 제공할 수 있어야 한다.

⑦ 요컨대, 하루하루 급격하게 변화하고 있는 첨단 IT 정보화 고도 과학기술이 모든 것을 실시간으로 순간순간 변화시키고 있고 기후 온난화와 자연 재앙이 급증하고 포스트코로나 팬데믹시대의 삶의 환경이 급변하면서, 이에 따라 모든 것이 빛의 속도로 변하는 **복잡계적이고 유기체적인 양자사회의 패러다임을 깨닫는 게 중요하다.** 그리하여 21세기 탈포스트모던 양자사회 패러다임의 수용에 열려 있는, 그러나 리더나 구성원 개개인의 마음은 **일상 속의 마음챙김 수련**을 통해 존재적으로 깨어 있는, 21세기 '구성원 중심의' 자기 리더십, 슈퍼(메타) 리더십, 수평·평등 리더십, 창조·통합 리더십, 현려·비전 리더십을 실현하는 **역동적 치유·변용·변혁 리더십**이 SDi-DIHT 리더십의 근본 핵심 원리이다.

제 **5** 장

SDi-DIHT 리더십 적용 가이드

나선동역학 · 마음챙김 기반
역동적 통합치유변용 리더십

I

SDi-DIHT 리더의 신지식인적 전문가 정신

1. 21세기 디지털 스마트 지식 정보화 양자사회의 전문가 정신

20세기와는 너무나 다른 고도의 첨단 융복합 과학기술 위주의 디지털 스마트 가상세계 중심, AI 중심의 초고도 지식 정보화 4차 산업혁명시대, 포스트코로나 팬데믹시대 양자사회의 전 지구적인 환경/제도, 경제/무역 체제, 기술개발 경쟁 체제하에서 일해야 하는 과학기술인과 각 분야의 전문가들은 우선 자기 리더십·슈퍼 리더십을 실천하는 리더가 되지 않으면 안 된다. 이와 같은 새로운 시대의 리더로서 열린 의식을 가진 디지털(디지로그적) 신지식인 리더가 되려면 무엇보다 먼저 높은 윤리의식과 전문가 정신이 필요하다. 그렇지 않으면 급변하는 전 지구적 초고도 첨단 과학기술혁명의 시대, 창조적 디지털 스마트 지식산업사회에서 성공적인 SDi-DIHT 리더가 될 수 없고 진정한 웰라이프적 삶을 누리기도 힘들다. 여기서는 먼저 21세기 스마트 디지털 초고도 지식 정보화 양자사회에서 요구되는 열린 의식을 가진 신지식인 리더로서 자기 리더십과 슈퍼 리더십을 실천하는 SDi-DIHT 리더의 전문가 정신이 무엇인가부터 간략하게 알아보자.

2. 신지식인

지난 1990년대 한때 우리나라에 신지식인 열풍이 분 적이 있다. 당시에 신지식인이 무엇인가에 대한 서적도 여러 권 나왔었지만 지나치게 통속화된 느낌이 있었고 얼마 후 사라졌다. 이 시대에 진정한 의미의 신지식인이란 무엇인가? 그 개념은 여러 가지로 정의될 수 있겠지만, '자신이 선택한 분야에서 창의적 지식 활동을 통해 가치를 창조하고 자아를 실현해 가는 신인류(Homo-Knowledgean)'라고 정의하면 신지식인이 갖추어야 할 필수 요건인 '창의적 지식 활동' '가치 창조' '자아실현'을 모두 포함하는 포괄적 정의가 된다. 일반적으로 '지식'은 사물에 대한 속성이나 원리에 대한 '사물지/직접지'와 객관적 사실에 대한 개념적 지식인 '사실지'와 문제 해결의 과정과 방법에 관한 '방법지'로 구분할 수 있다. 이러한 지식들은 오늘날 BD · AI 중심의(BC · 플랫폼 가상현실 · 가상세계의)스마트 IT/정보화 시대에는 전산화 · 자동화 · 스마트화 네트워크화에 의해 처리 · 가공 · 저장 관리할 수 있고 스마트 미디어 · 인터넷 정보를 검색하여 획득 가능한 지식들이다.

이러한 여러 형태의 지식들이 완성된 형태로 정보화되거나 Soft-Tech화되면 '형식지'라고 일컫고, 아직 완성된 단계는 아니고 전문가의 두뇌 속에서 아직 생성 · 창조되고 있는 단계에 있으면 '암묵지'라고 일컫는다. 하지만 생성 · 창조 능력의 극대화는 창조적 아이디어가 뒷받침하는 암묵지의 형태에서 이루어진다. 21세기에 모든 형식지는 스마트 미디어 · 인터넷 · 컴퓨터 안에 저장되고 검색되고 처리 가공될 수 있기 때문에 형식지를 많이 알고 있는 것은 신지식인의 조건이 아니다. 오히려 무슨 지식이든지 번뜩이는 창의적 아이디어를 바탕으로 암묵지로 발전시키는 능력이 신지식인에게는 매우 중요한 자질이다. 21세기에 신지식인이 되기 위한 조건으로는 무엇보다 '열린 의식'으로 모든 문제와 상황을 받아들이는 것이 중요하고, '도전 정신'으로 일하고 '창의적 아이디어'로 문제를 해결하려는 마인드를 꼽을 수 있다.

3. 열린 의식을 가진 신지식인 리더

열린 의식이란 의식(인식, 관념, 자아, 가치관, 도덕성, 세계관…)이 어느 한 수준에 고착되어 있지 않고 '밈'(심층 가치밈)적 성장 발달을 향해 열려 있는 의식이라고 말할 수 있다. 즉, 어느 한 개인의 사회적 가치, 세계관, 실존의식 같은 의식의 '가치밈'이 성장 발달을 향해 열려 있어서 어느 하나의 가치관, 이념에 고착되지 않는 의식을 일컫는다. 그래서 열린 의식을 가지려면 재인지 '밈'적 각성 · 자각이 필요하다. 더 나아가 '황색 밈'의 통합의식, 실존의식, 세계 중심적 의식으로 양자적 도약을 할 수 있을 때 열린 의식으로 세계를 바라보고, 모든 문제를 어느 한쪽으로 편향되지 않은 다중조망적, 통합적 무조망적으로 조망할 수 있게 된다. 닫힌 의식이란 어느 한 수준의 '밈'에 고착되고 자신의 인지 스키마에 갇혀 있어서 영적 성장이 멈춘 상태의 의식을 말한다. 그러므로 열린 의식이란 육안·심안·영안의 창발적 성장과 변용을 향해 열려 있는 의식을 말한다.

21세기 초고도 디지털 정보화 양자사회에서 열린 의식을 가진 리더가 되려면 최소한 상대주의적인 '녹색 밈' 수준 이상의 의식을 가져야 한다. 보다 완전한 열린 의식이란 2층의 황색 밈 이상의 통합적·실존적·전일적·비전 논리적·다중조망적 통합적 사고를 할 수 있는 의식을 말한다. '통합적 사고'란 보다 구체적으로 말하자면 사물, 생태, 인간, 사회, 세계, 우주에 대한 통합적 인식을 의미한다. 이는 최소한 비전 논리적 이성의 수준에서 켄 윌버 사상의 온수준·온분면·온계통(라인)·온상태·온유형의 AQAL 통합 패러다임에 따라 세계를 통합적으로 인식하는 것을 의미한다. 따라서 온전한 통합적 사고를 하면 모든 문제, 대상, 세계, 가치⋯ 에 대해 그리고 인간 정신, 의식, 문화, 세계관⋯ 에 대해 통합적 접근으로 이해하고 인식하는 사고가 가능하다. 따라서 온전한 통합적 사고에서는 부분이 아닌 부분의 통합, 그리고 부분 속의 전체, 전체 속의 부분을 보며 부분과 전체를 오가는 통합적 인식 능력이 중요하다.

따라서 열린 의식을 가진 신지식인 리더는 최소한 실존의식, 황색 밈, 켄타우로스, 비전 논리 수준의 세계 중심적 전 지구적 의식을 갖고서 창의적으로 사고하며 도전하는 신념과 지성의 소유자이다. 물론 더 나아가 2층가치밈의식 수준에 있는 신지식인 리더에게 온우주·양자우주에 대한 통전적 양자사고와 자아초월적 실재 세계에 대한 직관적·체험적 인식과 영성이 창발하여 세계혼적 의식으로 성장하게 되면 열린 의식과 창의성이 더욱 심화된다. 이러한 자아초월적, 영성적 열린 의식을 가진 신지식인 리더는 윤리의식도 통합적·통전적 윤리의식 수준으로 성장하게 됨으로써 모든 윤리 사상―전통 윤리 사상, 덕의 윤리, 인간 존중 윤리, 자아초월 윤리, 의무 윤리, 권리 윤리, 책임 윤리, 예방 윤리, 공리주의 윤리 등―을 모두 통합적·통전적으로 받아들여 모든 윤리 문제를 지혜롭게 해결하는 능력을 갖게 된다. 이러한 신지식인 리더는 초고도 스마트 정보화사회, 디지털 지식산업사회의 투명한 윤리 경영시대의 가장 바람

243

직한 윤리의식을 가진 전문가이다. 그러므로 이러한 리더는 현재의 디지털 AI 중심의 문명시대와 앞으로 올 디지털을 넘어서는 양자문명시대가 필요로 하는 부분이 아닌 전체적·통합적으로 사고하고 광속으로 급변하는 시대의 선단을 타고 나아가는 프론티어frontier적 신지식인이라고 말할 수 있다.

4.신지식인 리더의 전문가 정신

이상의 개관에서 알 수 있는 바와 같이 21세기의 스마트 디지털 초고도 지식 정보화 양자사회가 요구하는 과학기술인과 각 분야의 전문가는 바로 자기 리더십·슈퍼 리더십을 실천하는 열린 의식을 가진 신지식인 리더이다. 이러한 신지식인으로서 과학기술인이나 전문가로서 필요한 직업 정신은 무엇보다 일에 대한 프로 정신이고 문제에 대한 도전 정신, 창조적 정신이다. 이러한 직업 정신이란 진정한 디지털 장인 정신을 의미한다. 이를테면 21세기 디지털시대의 과학기술인과 전문가의 장인 정신은 모든 과업, 프로젝트의 수행에서 AI 기반 스마트(BD·BC, VR, AR…) 디지털 무결함 분석 정신과 모든 문제 해결에 디지털 시스템 분석, 신뢰성/경제성 분석, 환경·생태·지속 가능성 영향 평가 등과 같은 각종 과학기술적·전문적 평가들을 통해 최적 의사를 결정하는 디지털(디지로그적) 신지식인 전문가 정신을 말한다. 디지털 신지식인 전문가 정신에서 창조적 정신이란 모든 과업의 수행과 문제의 해결 과정에 항상 빛의 속도로 급변하는 디지털 기술을 활용하여 개선되거나 개량된 해답을 추구하는 정신과 항상 창의적 아이디어를 내고, 이를 첨단 디지털 과학적·분석적으로 검증하고 가상현실·가상세계에서의 실제 문제의 해결에 응용하는 정신을 말한다. 이와 같은 디지털 신지식인적 전문가 정신을 가진 모든 분야의 경영 관리·전문가 리더의 윤리적 마인드는 강한 윤리의식과 강한 책임의식으로 모든 윤리적 갈등이나 경영 관리 현안과 개인과 조직의 가치믿의식 문제를 열린 의식으로 지혜롭게 해결하고자 하는 SDi-DIHT 나선 달인 리더의 마인드를 갖게 된다.

II

SDi-DIHT 리더십 적용의 기본 지침

1. SDi-DIHT 리더십 적용 가이드를 위한 예비 지침

SDi-DIHT 리더십을 효과적으로 적용하기 위해서는 단계적 적용 과정을 통해 적용 수준을 성숙한 치유·변화(변용·변혁)의 수준으로 단계적으로 끌어올려야 할 것이다. 기존의 낡고 재래적인 청색 밈·오렌지색 밈적 조직 경영·관리 방식이나 경직된 조직 구조 체계나 사고방식이나 의사 결정 과정에서 벗어나 SDi-DIHT 리더십을 성공적으로 적용시키기 위해서는 CEO와 각급 리더와 구성원들 간에 충분한 녹색 밈적 소통·공감이 형성되지 않은 상태에서 갑작스레 변화와 치유변용이 일어나게 해서는 안 된다.

먼저, 모든 구성원에게 시대의 변화에 따른 패러다임의 변화와 치유변용에 대해 교육·훈련을 통해 충분히 인식시켜야 한다. 이를 위해서는 새 시대의 새 패러다임에 따른 개인의식의 변화와 조직의 새로운 경영·관리 패러다임의 적용을 위한 조직 개편, 관행 파괴, 낡은 습관이나 고착된 의식 파괴의 필연성에 대한 공감을 이끌어 내야 한다. 이는 주입식이 아닌 자발적·자율적으로 참여하는 세미나, 워크숍, 포럼, 수련회… 같은 데서 녹색 밈적으로 수평적 소통 과정을 통해 공감대를 형성하도록 해야 한다. 그래서 충분히 토론하고 소통하며 강력한 동기 부여를 위한 변화와 치유·변용의 강력한 비전을 공유하고, 각종 이벤트 행사를 통해 자연스레 변화의 분위기를 고조시키는 게 선결 과제이다.

여기서는 기업이나 조직 전체의 변화를 전제로 치유변용의 도구와 방법을 제시했지만, 반드시 CEO가 아닌 팀장급의 리더라도 자신의 권한과 책임의 한계 내의 가능한 범위 내에서 SDi-DIHT 리더십을 적용하기 위한 준비 단계와 예비 단계를 거쳐 변화해야 한다. 이렇게 함으로써 SDi-DIHT 패러다임에 따른 팀 구성원의 잠재된 녹색 밈적, 유기체적 생명력(역량)을 최대로 발현하게 하는 리더십을 성공적으로, 단계적으로

245

적용해 나갈 수 있다. 아래에서는 먼저 SDi-DIHT 리더십을 어느 기업이나 조직에서
든지 적용하기 위한 첫 단계인 예비 단계에서 SDi-DIHT 리더가 유념해야 할 공통의
주요 지침, 즉 주요 사항과 주요 변화의 방향, 도구, 방법에 대해 열쇠말(Key words)만
요약 기술하였다.

① 리더 자신이 (21세기 패러다임에 진심으로 공감하고, 깨닫는 마음으로) **2층밈의**(나선
달인의) **통합적 시각·사고·의식으로 변화하려는 의지**가 전제조건임
- 최소한 통합적 의식과 성찰적 마음, 마음챙김 훈련·수련을 단계적으로 하겠다
는 자각과 각성으로 시작
- (SDi-DIHT 리더십)지식 수준 → 관념/사고 수준 → **의식화**(사고·가치·신념 자기
화) → 가슴으로 느낌/변용(심층 가치식識의 변화)체화 수준 → 실천 실행 수준

② **기존의 위계적 조직, 관리, 경영 시스템의 해체부터**(기존 조직 개혁/해체) 해야
- 수평적, 초연결 네트워크형 유기체적 조직으로 과업 수행
- 구성원, 각급 리더들이 서로서로 횡적·종적으로 다중 연결된 유기체 조직으로
전환

③ 모든 조직은(나선역동적인) **유기체적 홀론/홀라키 조직으로 인식해야**
- 기업은 물론이고 인간 사회의 어느 조직이든지 유기체(홀라키) 조직임
- 어느 전체 조직이나 단위 조직에서도 자기·슈퍼·진성·마음챙김 치유·지혜
외 나선 달인 리더십을 발휘하는 구심적 리더는 이 시대에도 필요하지만 위계
적·지시적·계급 의존적 리더는 더 이상 필요 없음(비상시, 위계가 필요한 상황
이나 군대 같은 계급적 조직은 제외)
- 각급 조직의 기능· 분야별로 권한과 책임을 동시에(임파워링) 부여받은 구성
원의 자기 리더십과 통합 책임자로서 각급 슈퍼 리더십의 팀 리더가 필요
- 조직의 동일 수준에서는 동일 수준의 각급 팀 리더들의 협력적 자기 리더십이
필요
- (2층 나선 달인적인)자연 위계적(기능적·통합적) 유기체적 조직의 리더십이 필요

④ **비상시에는** (하위 조직 팀리더에게의 권한 위임은 최소화하는) 위계 조직이 필요하

고 리더에게 전권·권한 위임하나, 평시에 비상시 업무 수행 지침으로 녹색 밈적, 평등적, 전원 합의하에 오렌지색 밈적 비상시 업무 수행 규정·매뉴얼 마련해야

⑤ 각급 조직의 구성원, 리더에게 녹색 밈적 평등·소통·자율 의식, 적색 밈적 도전·열정·몰입 의식을 심어 주는 전체 조직의 혁신적 분위기 쇄신, 전환을 위한 교육·워크숍·훈련·수련 모임에 자발적 참여 필요

⑥ 오렌지색 밈의식에 의해, 역동적으로 변하는 **최첨단 정보·지식의 활용**(자동화, 최적화, 가상세계/현실화, 스마트화, AI 지능화, 유비쿼터스화…)이 **가능한 지속적 업무·직무 교육 훈련**

- 최첨단 정보/Hitech(H/W, S/W, KnowHow)를 이용하는 업무·직무 수행을 위해서는 리더에 의한 가이드·코칭·멘토링이 필요

- 모든 중간급 리더, 선임 구성원은 항상 최첨단 업무·직무 수행 능력을 갖추도록 후임에 대한 교육 훈련과 상담·멘토링·코칭 역할을 해야 할 의무

⑦ 모든 **업무 수행 의사 결정**은 **팀/관계자 회의**(on-/off-line meeting)에서 해야

- 모든 구성원에게 녹색 밈적 평등한 주장, 발언 위한 참여 기회 부여

- 리더는 문제 제기, 목표·비전·동기 등만 부여하고, 간섭 최소화, 대립적 대안에 대한 나선 달인적 통합 조정, 최종 의사 결정 역할만

⑧ 대내적으로 **공적 업무 수행 시**에 **녹색 밈적 호칭 파괴**(직급 파괴)에 의한 평등적 호칭 필수적

  예) POSCO−매니저, 카카오톡−영어 이름…, 모든 구성원−님, −선생(님)

⑨ 한마음으로 자주색 밈적인 가족적 단합을 위한, **열정적 몰입의 분위기로 쇄신/전환**을 위한, 그리고 자유로운 근무 분위기 고취 위한 **녹색 밈적인 평등적 업무/직무 수행 교육 훈련**과 함께 다양한 이벤트 단합 행사 필요

⑩ 모든 의사 결정 → 브레인스토밍, 가능하면 **오렌지색 밈적 무한 끝장 토론**, 다수가 동의하는 결과에 승복해야

- 소수 의견도 존중, 창의적 아이디어 도출을 위한 탐색 격려

- 권한과 책임의 동시 (임파워링) 위임과 부여 중시, 그 크기와 범위에 따라 자연스레 홀라키적·유기체적으로 각급 직책의 리더의 책임과 권한이 구분됨

- 오렌지색 밈적 기획력 향상 업무/직무교육—첨단 IT/과학기술을 이용하여 업무/직무 수행 기법(최적 해법, 신뢰성/안전도 평가, 첨단 S/W, AI화, 자동화, 유비쿼터스화, SNS, 플랫폼사업, 앱활용·개발, 3D/4D 프린팅, 가상 VR·AR·BC 등)의 적극적 적용—에 자발적·자율적 참여
- BOGY밈 프로필의 신지식인적 전문가 정신으로 최적 대안 도출(윤리·안전·경제성·신뢰성·효율성·생산성…): 신바람/신명, 도전, 열정, 몰입 필요

2. SDi-DIHT 리더가 되기 위한 요건

앞에서도 누차 강조한 바와 같이 SDi-DIHT 리더십은 리더 스스로 DIHT 리더십을 적용할 수 있는 수준으로, 즉 2층밈(진정한 존재적 삶의 의미의 가치밈, 실존적·통합적 심층 가치의식) 수준으로 의식과 사고의 변화가 생기지 않고서는 적용이 불가능하다. 무엇보다도 리더 스스로 SDi-DIHT 리더십의 이론과 실제를 통달하고 자기 분야에 적용하기 위한 도구 상자와 적용 방법을 마스터해야 할 것이다. 이를 위해서는 먼저 앞의 제2장, 제3장에서 다룬 인간의 나선역동적 사회적 본성, 심층 가치의식, 사회적 실존의식(세계관, 핵심 가치관, 신념, 도덕·윤리 사고방식…)을 나타내는 개인과 조직의 나선 가치밈 짝, 스펙트럼 프로필, 밈 스텍에 대해 그 복합적 결합 상태와 함께 통달하는 수준으로 이해해야 한다. 이에 따라 조직과 구성원의 나선 가치밈의 상태 및 그 변화의 원리, 조건에 대해 알아야 한다. 나아가 이러한 가치의식·가치밈의 자발적 변화를 유도하는 마음챙김 기반 치유·변형/변혁의 나선역동적 리더십의 원리에 대해서도 확실하게 알아야 한다.

그러나 벡과 코완이 제시하는 나선 변화와 나선 달인 리더십의 원리만으로는 안 되고 SDi-DIHT 리더십에서는 리더의 깨어 있는 마음챙김 각성, 자각적 성찰, 통합적·통전적·양자적 사고가 필수적이다. 그리고 21세기 새로운 패러다임에 맞는 리더십을 지혜의 달인 수준에서 적용하기 위해서는 벡과 코완의 나선동역학(Spiral Dynamics)의 나선 달인 리더십을 확장한 제4장의 벡과 윌버의 나선역동적 통합 SDi 리더십 이론을

마스터해야 한다. 그러나 켄 윌버의 통합 패러다임 이론은 기초 과정에서 상세하게 다루기에는 너무 어렵고 전문적인 내용이므로 리더십 심화 과정에서 다루어야 하기 때문에 여기서는 제4장에서 다룬 통합적 나선동역학 SDi의 핵심 개념만 간략하게 다시 요약하여 언급하였다.

① 리더 스스로 2층밈의식으로 변하고 SDi 통달 수준이 되어야(시간이 걸리고, 점진적으로 성숙하다가 양자도약적 변용)

② 모든 구성원과 조직의 복합적·지배적 가치밈 짝, 밈 프로필 상태 알아차림

• PUH/CAO 상태, 복합적(Pair, Triple, Conjugate)지배 밈 짝 알아차림
• 심층 가치의식(사회적 본성, 사회적 실존의식) 스펙트럼의 홀론/홀라키 통달
• 심층 복합 가치밈 수준·상태 알아차림 능력과 함께 인지적 거짓/위장 밈 알아차림 능력

③ SDi적, 통합적·통전적 인간의 사회적 본성, 사회적 실존의식, 심층 가치의식 이해 필수

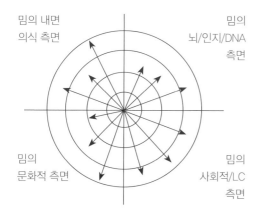

온수준–가치밈(spectrum)
온상한/온분면–가치밈/가치의議의 성장 변화
온라인–인간의식의 온계통

온상태 ── 지배적 가치밈의 스펙트럼 상태
      └─ 병리장애의식 상태

온유형–남/여, 기질, 체질, 성격, 유형, …

※ 인지과학·인지심리학, 발달심리학, 자기심리학, 통합심리학, 성격심리학, 심층심리학 사회심리학, 대상관계론, 자아초월심리학, 에니어그램과 리더십

심층적 인간의식·무의식, 정신이해에 도움이 되고 교양 수준에서 필요하다. 전문가 수준은 아니라도 됨.

※ 심층 가치의식(가치밈)의 복합적 지배적 수준의 밈 짝의 건강·열린 의식에 대한 상태 알아차림이 중요

(여러 상황에서 무의식적 대응 방식을 보고 알아차릴 수 있음, 영화/드라마/문학작품 등에서의 인간의 사회적 심리, (심층, 다중) 가치의식, 실존의식 관련 메시지는 모두 복합적 가치밈의 상태로 해석 가능)

④ 가치밈의 변화 · 고착 · 퇴행

- 가치밈의 변화 ⎡ 6가지 필요조건
  5가지 변화 경로 ⎤ 내적 · 외적 환경,
  7가지 변동성 ⎦ LC 변화에 따른

- 깨어 있지 않는 한 가치밈은 어느 장애적 불건강한 밈 수준에 고착

- 나이가 들면서 인지의 퇴화(노쇠, 치매)와 함께 더욱더 고착되거나 퇴행

⑤ 실제로 가치밈 변화 · 고착 · 퇴행을 일으키는 근본 요인

- 시대적으로는 온난화 자연 재앙, 팬데믹 재앙 상황하에 정치 · 경제 · 사회 · 문화적 상황 악화, 환경 · LC 변화

- 타고난 근기, 업식業識(내면 의식장애, 병리, 심층무의식) · 기질氣質 · 성격性格,

- 병리장애 상태
- 생존의 절박성 ⎤ 정도: 병리/갇힌 상태 ↔ 건강/열린 상태 정도의 수준과 스펙트럼의 차이 다양
- 소유/물질 중독성 ⎦

3. SDi-DIHT 리더십이 초래하는 변화의 위력

SDi-DIHT 리더십의 적용 가이드에 대한 본격적인 논의에 앞서 그 효과와 성공에 대한 확신을 갖는 게 중요하다. 누차 다시 반복해서 말하지만, 21세기 IT 정보화 · 융복합 과학기술의 혁명적 변화가 이끄는 AI · 가상 세계 중심의 양자사회에서 정치 · 경제 · 사회 · 문화… 모든 것이 전 지구적으로 복잡하고 급격하게 변화하는 팬데믹시대적 환경과 함께 인간의 욕구, 심리가 복잡하게 변하면서 모든 부문, 모든 분야의 조직에서의 새 시대에 맞는 리더십에 대한 욕구와 기대가 점점 더 높아지고 있다. 기본적으로 이 시대적 패러다임에 맞는 기존의 리더십 이론이나 담론, 강론도 이미 무수하게 많지만 오늘날 새로운 시대적 패러다임을 강조하는 리더십 이론 · 강론도 계속 쏟아

저 나오고 있다. 그리고 이 시대의 주요한 패러다임들의 한두 가닥을 중심으로 삼고 있는 이 시대에 요구되는 리더의 자질, 덕목에 대한 리더십 이론/담론이 계속 나오고 있다. 그러나 기존의 리더십 이론/강론이나 최근의 리더십 이론들에서 보면, 'What/Why'에 대해 공감이 가거나 자명한 리더십 담론은 많이 있지만 'How to change'까지 포함한 리더십의 확고한 이론적 틀은 찾아보기 어렵다. 또한 그 적용의 타당성을 설명하기 위해 합당한 사례들을 중심으로 한 설명들은 있지만 보편적으로 적용 가능한 'How to' 도구 상자나 적용기법을 제시하는 리더십 이론/강론들은 찾아보기 어려운 것도 사실이다.

반면에 다른 수많은 기존의 리더십들과는 달리, SDi-DIHT 리더십은 앞에서 누차 강조한 바와 같이 조직의 구성원의 창의적 잠재 역량을 최대한으로 이끌어 내는 마음의 '자발적 변화'를 가져오게 하는 노하우를 중심으로 하는 'What · Why · How'의 리더십의 이론과 적용기법으로 구성되어 있다. 이를 위해서는 인간의 본성, 사회적 자아, 사회적 심리, 심층 가치의식, 사회적 실존의식에 대한 나선동역학 SDi와 통합적 나선동역학 SDi에 대해 제대로 알아야 한다. 그리고 이러한 탁월한 이론적 틀/모형을 바탕으로 한 SDi-DIHT 리더십의 원리와 실제, 그리고 실제 적용 방법에 대해서도 알아야 한다. 한마디로, SDi-DIHT 리더십의 진정한 위력은 최근의 리더십 이론/강론에서 거의 찾아볼 수 없는 인간의 사회적 마음 · 심리, 사회적 자아 · 자기의식의 역동적 변화 원리에 대한 확고한 이론과 함께 마음챙김 기반 의식의 치유 · 변용, 자기치유에 의해 2층밈의식으로 양자도약하는 SDi-DIHT 리더의 지혜의 달인의 경지에서 나오는 리더십의 이론과 실제 그리고 적용 도구와 방법에서 나온다.

다시 말해, 최근의 새로운 패러다임을 강조하는 정적靜的 리더십 이론 · 담론에서 찾아볼 수 없는 SDi-DIHT 리더십의 진정한 위력은 21세기 탈포스트모던 정보화 · 융복합 과학기술시대, AC · AI · 가상 세계 중심의 양자사회의 변화/치유변용 패러다임 모두를 포괄하는 통합적 나선동역학 SDi의 역동적 통합 리더십 모형을 이론적 기반으로 하는 데 있다. 그리고 더 나아가, 그 진정한 위력은 마음챙김에 기반한 자기 변화 · 영적 성장과 함께 21세기 IT 정보화 SNS 수평 네트워크사회, 포스트팬데믹 탈포스트모던시대의 AI 중심의 첨단 융복합 과학기술과 양자과학의 혁명적 변화 패러다임에서 나온 나선역동적 변화와 치유변용의 패러다임을 적극적으로 수용하는 통합적·평등적·창조적 지혜의 달인 리더십에서 나온다.

SDi-DIHT 리더십 적용의 일반 지침

　SDi-DIHT 리더십에서는 기존의 리더십 교재와는 달리 전형적 사례를 중심으로 한 적용 지침에 대한 설명이나 적용 예를 보여 주지 않는다. 누차 강조했듯이 기업 경영의 경우만 예를 들더라도 어느 경우든 간에 구체적인 기업 경영에서 부딪치는 문제, 장애, 갈등, 위기 상황은 그 어느 기업에서도 유사한 유형은 있어도 똑같은 상황은 반복될 수 없고, 설사 유형이 같더라도 구체적인 기업의 내적·외적 상황, 여건, 환경 조건이 다르면 그 해결책, 최적 대안, 최적 의사 결정은 항상 다르기 마련이다. 그렇기 때문에 기존의 리더십 교재에서 "당신은 ～ 해야 한다."라고 강조, 조언, 권고, 금언을 얘기하고, 어느 유명한 리더의 미화된 리더십 발휘 케이스나 전형적인 사례를 들어 가며 설명하는 것은 그 리더의 리더로서의 특성, 자질, 덕목에서 공감이 가는 점을 제외하고는 거의 의미가 없다고 해도 과언이 아니다.

　문제는 리더가 다시 반복되지 않는 상황, 내적·외적 환경· 여건에 따라 시시각각 변화하며 격동하는 '순간순간 해결해야 할 수없이 많은 문제·장애·갈등 상황을 이 시대의 리더로서 지혜롭게 대처하기 위해서는, 제2장, 제3장에서 기술한 나선역동적 가치밈의 변화 원리 그리고 리더십의 원리와 적용법을 제대로 알아야 한다는 것이다. 이를 위해서는 무엇보다 우선 리더 자신의 의식이 마음챙김에 의해 자기치유와 지속적인 보다 심화된 마음챙김 명상 수련을 통해 깨어 있는 각성자각의식(탈자동화·탈동일시·탈중심화 마음챙김 기제의식)으로 의식화, 체화의 변화가 일어나서 2층 존재의 수준 이상으로 의식이 열려 있게 되면서 해결해야 할 모든 문제를 통합적·통전적인 비전과 시각으로 볼 수 있어야 하는 것이다. 그리고 SDi-DIHT 리더십은 그 가장 기본 원리인 '구성원의 잠재력을 최대한으로 이끌어 내기 위한 구성원의 '마음(가치밈, 사회적 자기, 심층 가치의식…)의 자발적 변화'를 유도하는 마음챙김 기반 치유 교육·훈련·수련 리더십 기법이기 때문에 이는 기존의 리더십과는 전혀 다르다는 사실을 깨달아야 한다.

그래서 SDi-DIHT 리더십에서는, 먼저 이에 따라 구성원의 의식 긍정·자각 의식 치유기제가 어느 정도 발현되어 의식이 열린 의식으로의 변화가 일어나게 해야 한다. 이렇게 하면서 기존의 리더십과는 전혀 다른 방법으로, 혁신적 조직 변화, 경영 전략, 과업 수행 방법, 의사 결정 과정과 기법, 조직 문화, 조직의 분위기, 근무 여건, 환경의 변화를 가져오게 하는 리더십의 핵심이 무엇인가부터 확실하게 알아야 한다. 그것은 모든 의사 결정과 과업 수행 과정을 리더 중심에서 구성원 중심으로 변화시키고 구성원의 의식·마음의 상태를 스스로 긍정적·적극적·자율적·자발적으로 변화시키는 '변화의 노하우'와 함께 21세기 리더십(구성원 중심·자기·슈퍼·비전·진성·소통·창조·치유변용·봉사/서번트·신뢰·공감·지혜 등의) 새 패러다임의 포괄적·통합적 적용에 있다는 것을 알아차려야 한다.

이를 위해서는, 먼저 나선역동적 가치밈 스펙트럼의 변화의 원리와 SDi-DIHT 리더십 원리부터 마스터해야 한다. 그리고 나서 그것을 성공적으로 적용하기 위한 적용 가이드로서 도구 상자와 단계적 적용 지침을 알아야 한다. 특히 SDi-DIHT 리더십의 구현에 필요한 SDi-DIHT 리더십 적용 지침을 구체적으로 이해하기 위한 '도구 상자'(Tool box)의 내용을 숙지하는 게 중요하다. 그리고 무엇보다도 SDi-DIHT 리더십을 적용하기 위해 일시적인 급격한 '치유변용적' 적용을 시도해서는 안 되고, 기존 조직의 혁신과 함께 구성원 의식의 근본적인 긍정적 열린 의식으로의 전환과 변화를 유도해야 한다. 이를 위해서는 SDi-DIHT 리더십의 단계적인 적용이 필수적이다. 따라서 여기서는 먼저 SDi-DIHT 리더십의 성공적 적용을 위해 숙지해야 할 도구 상자의 내용을 설명 없이 내용만 요약 수록하였다. 왜냐하면 설명이 없어도 이미 앞에서 다 설명했거나 그대로 알 수 있는 내용이 대부분이기 때문이다. 그리고 이어서 다음 절에서 기술하는 다양한 분야의 독특한 조직의 특수한 조직 환경과 여건·조건에 맞는 구체적 적용 도구 상자는 공통의 도구 상자를 바탕으로 나선 달인 리더들이 직접 만들어 내야 하는 것이다. 먼저, 이 도구 상자를 이용한 SDi-DIHT 리더십의 3단계 적용 단계와 단계별 적용법의 공통 일반 지침과 핵심 개념을 아래에 요약·기술하였다.

253

1. SDi-DIHTL 도구 상자

여기에 수록한 내용은 제2장~제4장에서 기술한 SDi-DIHT 리더십 이론과 실제의 효과적·성공적 적용을 위해 이용할 수 있고 반드시 사용해야 될 도구 상자의 핵심 적용 도구들에 대한 주요 내용이다. SDi-DIHT 리더십의 적용은 분야에 따라 독특하고 다양한 다른 효율적 적용 도구들이 있을 수 있지만 여기서는 공통적으로 적용할 수 있는 주요 핵심 도구들만 모아 놓은 것이다. 따라서 다양한 분야 개개의 독특한 조직의 특수한 조직 환경과 여건·조건에 맞는 구체적 적용 도구 상자는 공통 도구 상자를 바탕으로 나선 달인 리더들이 직접 만들어 내야 하는 것이다. 따라서 이 도구 상자는 SDi-DIHT 리더십의 지혜의 달인이 모든 상황에서 리더십을 발휘하기 위해 적용하는 데 필요한 상세·특수 도구 상자를 만드는 데 반드시 필요한 기본 도구들이다. 즉 SDi-DIHT 지혜의 달인 리더가 SDi 리더십 이론을 마스터하고 마음챙김 수행에 의해 스스로 2층밈 이상의 '통합적/통전적·양자적' 사고를 할 수 있는 수준에 이르게 되면 여기에 수록된 내용보다 더 다양하고 풍부하고 효과적인 다양한 방편적 방대한 도구와 적용기법·응용 프로그램들을 얼마든지 그 조직의 상황에 맞게 만들어 낼 수 있다. 여기서는 SDi-DIHT 리더십 도구 상자의 적용 도구로서 중요한 것만 설명 없이 열거하였다. 왜냐하면 대부분이 앞에서 이미 설명한 내용들이거나 자명한 내용들이기 때문이다.

① 조직과 구성원의 가치밈 상태(P·U·H, C·A·O) 평가, 복합적 지배적 밈 상태 평가

② 조직과 구성원의 가치밈 변화의 6가지 조건(필요조건), 조직 상황 변화의 5단계 과정, 조직의 7가지 변동·변화 형태 평가

③ 통합 경영·관리: AQAL Matrix, IOS—통합적 문제 해결, 접근 방법

④ 마음챙김 교육·훈련·수련을 위한 기본 교양·자기계발 독서 활성화 여건·문화 조성

- 인문 교양 독서
  - · 조직 내 도서실 · 교양 도서 배치 ─┐
  - · 대면 · 비대면 독서회 ~스터디 모임
  - · 모든 인문 교양 도서 정보 SNS로 공유/소통
  - · 핵심 교양 도서 윤독 · 독후감 ─┘

  - ┌─ · 자기개발 · 영적 독서
  - · 존재/실존적 각성 · 웰라이프 각성
  - · 깨어 있는 삶 · 성찰적 삶으로의 의식의 변용
  - └─ · 일상 속의 마음챙김 수련 · 영성 수련
    ⋮

- 업무 관련 전문 분야 독서
  - · 워크숍 ─┐
  - · 세미나
  - · 초청 강좌
  - · 전문 학회 · 협회 강좌 참여 ─┘

  - ┌─ · 최신 신간 전문 도서 · 학술지 구입 도서실 정기 구입 비치
  - · 자동화 · 지능화 · 최적화 업무 관련 전문 도서 정기 · 수시 구입 비치
  - └─ · 새로운 패러다임 업무 관련 전문 도서 정기 · 수시 구입 비치
    ⋮

⑤ **수련회 활성화**: 모든 구성원 참여 교육/ 수련 실습−정기적 수련회(마음챙김 기반 기공 · 요가 · 명상 · 참선)

⑥ **동호회 활성화**: 운동, 게임, 요가/기공, 스터디 모임… 여건(공간, 시설, 시간) 마련

⑦ 모든 구성원의 다양한 **자원봉사 프로그램 자발적 참여** 유도

⑧ **수평/평등적 의사 결정 과정**, 방법 실행

- **평상시**: 완전한 자발적 · 자율적 평등 · 소통 · 공감 · 참여 · 공유하는 과업 수행, 의사 결정 시스템

- **비상시**: 비상시 의사 결정 내규(리더 전권 부여, 비대면으로 가급적 소통하며 사후 공유, 모든 주요 의사 결정 리더 주도 결정 위임 규정 매뉴얼) 마련

⑨ 대면/비대면 화상 재교육 기회 제공

- 전문가 역량/자격 재교육

- 첨단 업무 수행기법(AI 지능화, 가상화, 스마트화, 자동화, 최적화, 신뢰성/PRA/PSA…) 재교육

- 첨단 H/W · S/W Tec 숙지 수시 · 정기 재교육

⑩ **전문가 초청**: 특강, 세미나, 워크숍, 포럼, 강좌 **활성화**

⑪ 행복 · 웃음 · 힐링 · 공감 바이러스의 확산을 위한 **다양한 치유 이벤트, 마음챙김 교육 · 훈련 · 수련 활성화**

⑫ 한가족/한마음으로 단합하여 **열정, 몰입**하며 일하는 근무 분위기 조성

⑬ Free Style(형식 배제) 자유로운 근무 분위기(ROWE) 조성

⑭ 상담, 치유, 코칭 전문가를 초청하거나 큰 조직의 경우 가능하면 조직 내에 상시 배치하여 수시로 심신치유를 위한 상담 · 코칭 이용 가능하게

⑮ 조직/개인의 지배적 복합 밈(가치밈, 심층 가치의식) 짝 · 존 상태 진단 평가

- 각 구성원의 지배적 가치밈의 진단 평가에 의한 건강한 잠재 역량 발휘 위한 최적의 인사 배치, 인력/구조 조정 자료화

- 건강한 밈으로 전환, 적재적소 배치: 잠재 역량을 Max하는 인사 경영

⑯ 조직이 대규모면 탁아소/유아원… 등 복지 시설 확대

⑰ 모든 구성원, 각급 리더에게 **자기 리더십 · 슈퍼 리더십과 새로운 리더십 패러다임**(평등 · 소통 · 공감 · 신뢰 · 진성 · 창조 · 비전 · 현려 · 영성 · 지혜 · 행복… 리더십) 적응, T · O · A 리더십 발휘 위한 지속적, 심층적 SDi-DIHT 리더십 교육 기회 제공

⑱ P→U→H, C→A→O: 의식 전환을 위한 보다 완벽한 문화 여건 · 요건 조성

- **P/C의식 상태 구성원의 의식 전환**

  −충격요법: 구조 조정/Lay-off Guide Line → 자율적 정화 유도

  −소크라테스식 대화/지적知的 산파술: 멘토링

- 구성원 간의 대립 · 갈등 해결 멘토링

  −원인 발견~소크라테스식 대화

· 대립 갈등 해결~화쟁·화회 리더십 발휘

　• 마음 열고/벽 허물기 위한 다양한 이벤트

⑲ 눈높이 멘토링/길라잡이 리더십이 중요

　• 구성원의 밈 수준+½ or 1 step ahead 눈높이로 멘토링(2층밈의식의 바탕 위에)

⑳ 21세기 융복합 과학기술 정보화시대, 자연 재앙, 팬데믹 AI·가상 세계 중심의 새로운 개인·사회·국가 세계 환경하에서 합리적 첨단 AI 중심의 디지털 과학적 문제 해결과 동시에 존재적·평등적 공동체 삶의 가치의 중요성을 깨닫게 해 주는 신지식인 전문가 초청 수시·정기 정신교육 활성화

㉑ 과학기술/전문가 윤리교육 강화

㉒ 조직 내 팀장급 이상의 리더들 대상으로 미래 경영, 윤리 경영, 정도 경영, CSR교육 강화

㉓ 일상 속의 ILP(Integral Life Practice), MBSR, IQHLP(Integral Quantum Health Life Practice) 등과 같은 일상 속 통합생활치유수련을 교육·실천하기 위한 여건, 환경 조성, 자발적 참여 유도

257

의식의 자각·각성 (치유, 공부, 수련) [마음/ 정신건강 WELL LIFE]	뇌/신체 건강 (섭식, 운동, 기공) [몸/기氣건강 WELLNESS]
밈 상승/건강밈 문화 [건강밈 상승 변화 문화 조성]	생태사회적 건강 [환경/LC 변화 조성]

2. SDi-DIHT 리더십 적용 단계

지금까지 앞에서 기술해 온 SDi-DIHT 리더십의 이론과 실제, 적용 일반 지침, 도구 상자 등에서 알 수 있는 바와 같이, 이 리더십은 확고한 이론적 틀과 도구 상자를 갖고서 기업 경영은 물론이고 민간·공공의 모든 부문의 모든 분야에 적용 가능한 나선역

동적, 통합적 치유변용/변혁 리더십이다. 따라서 DIHTL은 21세기 새로운 리더십 패러다임 담론들, 즉, 구성원 중심의 자기·행복·신뢰·진성·창조·비전·지혜·영성·화쟁/화회… 리더십들을 모두 포괄하지만 단순한 담론이 아닌 구성원과 조직의 의식 치유·변화의 이론과 실제 방법론과 도구 상자를 갖추고 있는, 문자 그대로 통합적 슈퍼/메타 변화(변용·변혁) 리더십이라 말할 수 있다. 무엇보다도 SDi-DIHT 리더십은 '구성원의 사회적 본성', 사회적 마음(심층 가치의식, 실존의식, 신념, 세계관…)을 마음챙김 기반 치유에 의해 건강하고 열려 있는 상태로의 자발적 변화를 유도함으로써 조직의 목표 달성을 위해 자발적·헌신적으로 자유롭게 일할 수 있게 하는 리더십이다. 그리고 무엇보다 이 리더십은 행복하고 즐거운 마음으로 열정적으로 몰입하고 창의적으로 일하는 자기 리더십을 발휘하게 하면서, 21세기의 모든 리더십 패러다임을 메타적으로 포괄하고 내포하며 통합하며 초월하는 거의 유일한 리더십이라 해도 과언이 아니다.

그러나 SDi-DIHTL을 적용하는 나선 달인, 지혜의 달인 리더십 자체가 어떤 조직에서나 기존의 리더나 구성원들에게는 아직도 생소하기 마련이다. 아무리 SDi-DIHTL을 통달한 2층밈 수준의 리더라도 일거에 SDi-DIHTL을 도입하여 기존 조직의 급격한 혁신과 함께 획기적인 치유 변용/변혁의 바람을 일으키며 조직을 이끌 수 없다는 것은 자명한 사실이다. 그래서 우선 기존의 사고방식에 젖어 있는 리더들은 스스로 SDi-DIHT 리더십의 나선역동적 가치밈과 나선통합(SDi) 리더십 이론을 상당한 수준으로 마스터하는 게 중요하다. 그리고 나서 스스로 자기 자신부터 마음챙김 훈련·수련을 통해 의식이 깨어나면서 2층의식으로 도약하여 통합적 시각과 비전을 가져야 하는 이 지혜의 나선 달인 리더십을 의식화하여 어느 정도 자신감을 갖고 시작하는 게 가장 중요한다. 따라서 일단 리더 스스로 SDi-DIHT 리더십의 도입 적용을 결정하고 나면 첫 번째 1단계 준비 단계의 적용 준비 과정으로서 의식 전환 마음챙김 교육·훈련·수련과 함께 조직 제도의 개혁을 하는 등 충분한 준비를 거치며 호칭 파괴, 평등·소통·자율적 회의 분위기 조성 등 쉬운 것부터 점진적으로 적용해 나가야 한다.

그런 후에 두 번째 2단계의 점진적 적응·전환의 변화 단계로 이행하면서 보다 본격적으로 SDi-DIHTL 도구 상자를 쉬운 것부터 적용해야 한다. 기업의 경우, 점진적으로 그러나 적극적으로 SDi-DIHT 리더십이 모든 구성원의 자기 리더십으로, 그리고 각급 리더의 슈퍼 리더십으로 개화할 수 있는 21세기 기업 경영 정신과 문화를 먼저 정착시켜야 한다. 이 과정에서 마음챙김 교육·훈련·수련에 의해 거의 모든 구성원과 조직의 지배적 밈이 어느 정도 건강한 밈 상태로 전환되어야 한다. 그리고 가능하면 조직의 모든 구성원이 오렌지색 밈 수준의 과학적·합리적 사고와 진정한 공동체적· 생태적·존재적 삶의 가치의 중요성을 깨닫게 되면서 신지식인적 열린 의식을 가진 전문가 정신을 강화해 가야 한다. 이와 함께 점차적으로 단계적·도약적으로 첨단 전문 기법과 기술을 적용할 수 있는 전문가 역량을 동시에 키워 나가도록 OGY(Orange-Green-Yellow) 리더십으로 이끌어 나가야 한다.

그런 과정을 거치고 나서 원숙한 세 번째 3단계의 성숙 변용 단계에 이르게 되면, 이 새로운 리더십이 개화되어 모든 구성원이 최소한 건강한 BOG(Blue-Orange-Green) 리더십이나 OGY 리더십 중심의 SDi-DIHT 리더십 정신을 가진 자기 리더십을 발휘하며 신지식인적 전문가 정신으로 모든 과업을 수행하게 된다. 그리고 CEO 와 각급의 리더들은 진정한 SDi-DIHT 리더십을 발휘하는 슈퍼 리더십/메타 리더십을 발휘하는 SDi-DIHT 지혜의 달인 리더로 변화할 수 있게 된다. 이에 따라 개인이나 기업이나 조직은 21세기 자연 재앙과 팬데믹 AC 상황과 빛의 속도로 변하는 AI·가상 세계 중심의 양자사회의 인간 생태계에서 지속 가능한 생명력을 발현하는 유기체와 같이 모두가 역동적으로 약동하는 생명력이 넘치는 유기체의 경쟁력, 생명력을 발현 하면서 양자도약적 성장을 지속하는 유기체 조직으로 변화된다.

앞에서 강조한 SDi-DIHT 리더십 도구 상자는 SDi-DIHTL의 효과적 적용을 위해 우선적으로 효과적으로 적용해야 할 필수 도구를 담고 있고, 이 리더십의 성공적이고 효과적인 적용을 위해서 가장 중요한 열쇠 도구이다. 하지만 이러한 도구 상자를 효과적으로 사용하려면 리더의 심층 가치의식, 사회적 실존의식이 가급적 2층 가치밈의 존재 수준의 통합적·통전적 사고를 할 수 있어야 비로소 성공적으로 적용할 수 있다. 여기서는 SDi-DIHT 리더십의 적용 단계별 일반 적용 과정에서 필요한 핵심 도구들의 열쇠 개념들을 요약하였다.

(1) 1단계: 도입 준비 단계

① 리더 스스로 SDi-DIHT 리더십의 달인(2층밈, 존재의 층 가치의식, 나선통합, 지혜의 달인)이 되도록 노력해야

② 리더 스스로 확신을 갖고 **점진적·단계적 도입 준비**
- 구성원(임직원)에게 21세기 SDi-DIHTL 리더십 패러다임, 리더십교육 훈련
- 기업의 경우, 21세기 첨단 디지털 융복합 과학기술, AI·가상 세계 중심의 비대면 화상 소통, 양자과학시대의 경영·관리 기법 교육
- **조직 개혁**: 위계적 조직 → 수평 초연결 네트워크 팀 조직으로
  - 내부 업무 수행 시는 계급 호칭 평등적 순화
  - 모든 직무 역량·고과·성과급·연봉… 상호 평가제 도입
  - 리더로의 승진·승급·연봉은 공헌/기여도 역량 기반 객관적 종합 평가 재도입
  - 구성원의 절대 다수 동의하에 민주적, 평등적 사규·내규 제정

③ 리더 스스로 SDi-DIHT 리더십 이론 적용 위한 **도구 상자(Tool Box)**를 마스터하여 SDi-DIHT 지혜의 달인/멘토가 되도록 정진해야

④ 조직의 분위기 쇄신 경영 관리 혁신 선언: 21세기 패러다임 관련 분야 자각, 각성, 변화의 필연성 인식시킴

⑤ **혁신적 조직 개편**: 경직된 수직적 기존 위계 조직은 해체하고 다중 층 초연결 수평 네트워크 조직으로 개혁(조직 내 팀 간, 부서 간 벽 해체, 구성원 개개인의 상시 업무 외 다른 전문성 활용을 위한 역동적 다중 업무 부여, 각종 위원회 위원, 부서 파견 업무, 상설회의 참여 등)

⑥ IT **교육·훈련**, e-비즈니스, SNS·스마트 미디어·앱 활동, 플랫폼 기반 경영·비즈니스, AI·AR·VR·BD·BC 등 **자동화·스마트화**, 비대면 소통 가상세계화 H/W, 응용 S/W, Apps-마스터 소통, **최고급 정보 검색 가공 능력, 직무용 첨단 S/W 사용·개발 능력** 등

⑦ 경영·관리·코칭 최신 기법 숙지
- 디지털, 비대면 화상 소통·가상세계·BD·BC 기반 역동적 시스템 경영의

첨단 기법, 깨달음 경영기법 등

- 자동화 · 지능화/스마트화 · 최적화, 신뢰성/PRA/PSA, 유비쿼터스화 등

(2) 2단계: 점진적 적응 전환 변화 단계

① 쉬운 것부터 적용

- 21세기, SDi-DIHT 리더십에 따른 기업 정신과 문화 정착

- 구성원과 조직의 가치믿의 (독서회, 교육, 세미나, 마음챙김 기반 상담 · 치유교
육 · 훈련 · 수련회 등을 통한) 건강한 상태로의 전환

- 평등적 · 자발적 · 자율적 업무 수행 분위기 조성과 민주적 · 합의적 의사 결
정 제도 적응

- 자유로운 근무 분위기 속에 도전 · 열정 · 몰입하는 조직 문화 정착

- 마음챙김 기반 깨어 있는 신지식인적 전문가 정신으로 창의적 최적대안, 첨
단 H/W, S/W기법 적용

② 첨단 스마트 디지털 ICT 시대의 수평적 · 민주적 소통 참여 경영, 정도 경영, 윤리
경영, 투명 경영 강화 적용

③ 21세기 최첨단 디지털 AI 중심의 스마트화 Soft Tec 경영 관리기법 · 기술 경영
기법, 첨단 R&D 기술 개발 도입 적용 적응: 지능화 · 자동화 · 최적화 · 신뢰성…

④ 진정한 평등 문화 정착

- 완전 평등한 조직/팀으로 모든 업무의 의사 결정, 과업 수행: 대면/비대면 회
의, 끝장 토론, 다수 의견 승복, 소수 의견 존중

- 팀 리더의 비지시적 상담식 코칭, 소크라테스식 지적 산파술 대화(멘토링)

- 끊임없는 평등적 소통
  - 솔직한 대화
  - 진지한 논의
  - 이성적 · 논리적 · 합리적 소통
  - 창의적 대안, 대등한 토론, 전문가적 판단력 존중

- 모든 구성원의 전문가적 역량 계발

  -디지털 AI 중심의 최신 솔루션 기법/SW 이용 문제 해결·과업 수행, 창의
  적 대안, 최적해 도출 능력

  -AC·AI 시대에 깨어 있는 신지식인적 전문가의 신뢰·권위

- 감동·감성·영성 경영

  -벽 허물기(계급 인식 허물기): 대내적 공적 업무 수행 시 호칭 파괴, 평등의
  식 보편화

  -단계적 마음챙김 기반 치유 교육·훈련 수련 통해 대화의 진실성, 개개인
  의 (약점/문제점) 개성 인정하고 배려·격려·관심(개인적 문제, 장점, 강점)

  -행복 바이러스 확산하기: 웃음 바이러스, 미소 바이러스, 한마음 바이러
  스 등

(3) 3단계: 성숙 변용 단계

① 변용 수준 측정(가치밈 진단 평가지, 설문, 대담, 토론회)

- 직무 수행 : 창의성, 첨단성, 도전·열정·몰입 수준
- 의사 결정: 평등성, 자율성, 소통성
- 근무 환경 만족도: 행복, 한마음, 신명/신바람…
- 조직/기업: 유기체적 성장, 경쟁력, 지속 가능성(경영 컨설턴트에 의한 평가)

② 기업/조직의 치유변용 성숙 단계

- 위계 조직은 사라지고 원숙한 초연결 네트워크 팀 조직으로 전환
- 모든 과업 수행, 의사 결정은 CEO를 포함한 모든 임직원/구성원의 평등
  적·자발적·자율적·소통에 의해 이루어짐
- 모든 경영 관리기법은 21세기 최첨단 디지털 역동적 스마트 전문 경영기법
  적용
- 최첨단 기술 경영 및 R&D는 최첨단 스마트·자율화·최적화·신뢰성·유비
  쿼터스 환경으로 정착
- 모든 구성원의 마음챙김 기반 치유변용과 조직의 치유변혁에 따른 성숙한
  정도 경영·윤리 경영·투명 경영·CSR 구현하고 지속 가능한 유기체 경영

실현

③ CEO이면, SDi-DIHT 리더십 준비 단계 거쳐 전면 도입 가능 → 중간 적응 기간의 점진적 전환(단계적 전환/적응 변화 기간 거쳐) → 원숙한 SDi-DIHT 리더십 변용 성숙 → (유기체 조직의) **지속적 성장 변용**을 유도하는 2층 가치밈의식의 나선 달인 리더십으로 정착

④ **조직/구성원 변화의 척도**

- 기氣·기운·분위기: 조직 구성원 거의 모두가 혼유魂癒(혼의 치유)를 통해 신바람·신명神明이 넘치며·활기차게 되고, 마음챙김 기반 자각·각성, 훈련·수련 통해 일하는 보람·만족·행복이 지배적인 게 느껴짐

- 소위 꼴통, 병리장애적으로 갇힌 구성원들도 (치유 여건·요인·문화 조성과 함께) 바이러스 감염되듯 변화 가능, 도저히 치유·적응이 안 되면 조직의 암 제거하듯 합법적 퇴출

⑤ SDi-DIHT 리더십의 적용이 성숙한 단계에 이르게 되면 조직과 구성원의 **유기체로서의 생명력과 경쟁력**이 활성화되어 다음과 같은 변화의 현상이 두드러지게 나타난다.

- 모든 구성원은 모든 과업을 팀워크로 수행하지만 모든 일을 적극적·자발적·주도적으로 수행하는 자기 리더십을 발휘하며 모든 구성원이 한마음으로 일을 즐기며, 신바람 나고 신명 나게 창의적으로 일한다.

- 조직이 활성화되어 내외적 환경의 변화에 따른 장애물과 문제 상황에 직면하면 항상 팀워크로 '최적의 대안' '최적의 솔루션'을 찾아내는 것을 일하는 즐거움으로 받아들인다.

⑥ SDi-DIHT 리더십이 성숙한 변용의 단계에 이르면, 대부분의 구성원이 **전문가로서의 역량, 전문성의 끊임없는 혁신**과 함께 '자기계발' '자기성찰'을 위한 **마음공부, 마음챙김 수련**도 하게 되어 건강한 오렌지색 밈과 함께 건강한 녹색 밈이나 2층밈의식에 눈뜨게 된다. 그중에는 2층밈의식으로 양자도약하는 자기/슈퍼 리더도 나온다.

- 점차로 일은 도전과 열정과 몰입 속에서 일하는 즐거움을 누리며 하게 된

다. 더 이상 자기 삶의 가치가 소유와 탐욕이 아닌 공동체 속에서 평화롭게 공존하며 소통·공감·참여·나눔, 한가족·한마음의 삶, 즉 존재적 의미의 삶, 진정한 웰라이프적 삶에 더 가치를 두게 된다.

- 그래서 자신의 능력 계발을 위해 노력하지만, 자기 능력의 상대적 한계, 분수를 알고 자신이 잘하는 분야에만 열정을 갖고 몰입하고, 자신의 기여도에 따른 '보수'에 만족하며 일 외의 여가·취미 생활, 웰빙, 웰라이프 추구에 삶의 희열을 느낀다.

- 이렇게 되면 리더는 어느 조직 위계의 리더든 간에 구성원 개개인의 지배적 밈 수준, 개성, 기량, 능력, 역량을 꿰뚫어 알고서 그들을 적재적소에 배치하여 자신의 '장기'를 최대한 발휘하도록 유도하고 멘토링하고 코칭하는 데 더 관심을 갖게 된다.

⑦ SDi-DIHT 리더십이 **성숙한 변용의 단계**에 이르게 되면 조직과 구성원들의 모든 수준의 밈의식은 다음과 같이 건강하고 열린 상태로 변화한다.

- **베이지색 밈**: 기본 욕구(의·식·주·성의)에 대한 욕구의 절제, 이상심리의 치유에 의한 정상화

- **자주색 밈**: 이 세계와 모든 세상사가 초자연적 정령, 조상령, 신 등에 의해 조종된다는 두려움이나 운명·사주팔자·점복·주술에 대한 맹목적 믿음에서 벗어나고 조직의 한가족, 한마음의식 강화

- **적색 밈**: 힘과 권력을 추종하거나 충동적이지 않고 도전적이고 용기 있는 희생·헌신·감투 정신이 강해짐

- **청색 밈**: 제도·법·규범, 윤리적 삶을 존중하고 조직과 종교·정치·경제·사회전반에 대한 건전한 이념, 진리에 대한 바른 신념의 강화

- **오렌지색 밈**: 첨단 과학기술 활용, 전문가 역량 계발에 힘쓰며 공정·신뢰의 경쟁력을 추구

- **녹색 밈**: 전 지구적 지역적 공동체의 소통·공감·참여·평화·자유·평등의 삶과 친환경 생태적 삶의 중요성 각성

3. SDi-DIHT 리더십의 효과적 적용을 위한 일반 지침

1) 상황에 따른 SDi-DIHT 리더십 적용 가이드

여기서는 앞에서 설명한 SDi-DIHT 리더십의 도구 상자와 이를 이용한 단계적 적용을 보다 효과적으로 하기 위한 일반 지침/가이드로서 다양한 도구의 효과적 적용 방법을 좀 더 구체적 지침으로 보여 주고 있다.

(1) 문제·상황의 인식

① 포스트팬데믹 AC 상황하에 국가적, 국제적 정치·경제·금융·무역·원자재 상황의 격동성, 불확실성, 불안전성의 인식이 중요

② 국내 대부분의 정치·경제·사회, 기업·산업, 교육, 문화 등 모든 분야가 아직도 20세기 조직·제도·의식의 경직 상태를 유지 지속하는 속에 21세기 초고도 디지털 정보화시대, AI 중심의 스마트 미디어, 가상현실세계 체제로의 시대적 격변 상황 대처에 혼란, 혼돈의 와중임

③ 전 근대·근대·탈근대 가치관의 혼재 속에, 좌/우, 보수/진보, 종교 간, 계층 간의 대립 갈등, 신자유주의 정치·경제·사회 이념이 여전히 지배

④ 계층 간, 세대 간, 종교 간, 집단 간 갈등과 대립이 지속되고 있지만, AC시대가 되면서 보통 인간들의 심층 내면의 이기적 밈식識 본능 수준으로 퇴행하면서 아직도 극복 변화 성장의 조짐이 안 보임

⑤ 여전히 이념 간 남남갈등, 남북 간 불신 갈등의 심화로 국내 정치·경제·사회적 불안전성, 불확실성의 증가

(2) (기업 경영 리더십의 경우) 위기 상황-Critical State

① 조직의 불안정, 급변하는 외적 환경 요인(시장 상실/위축, 구조 조정, 정치·경제·사회 불안 → 경기 침체…): 베타(β) 단계

265

② 조직의 내부 갈등 분열 위기(경영 실패), 외부 환경 악화: 감마(γ) 단계

③ 조직의 침체, 사업 침체, 부실 경영, 적자 경영, 장기 불황으로 비전이 없어지고 시장 상실 등, 무사안일한 대처 초래 시: 감마(γ)화 과정

④ 비윤리적 경영/관리, 윤리적 해이, 도덕적 파탄 시: 베타/감마 단계로의 잠재적 이동 위기 증가

⑤ 안정된 조직, 경영이지만 무사안일, 무기력하고 현상 유지에 만족 시: 베타 진입 단계

⑥ 신생 조직의 새로운 사업의 역동적, 상승적 틈새시장 개척으로 불안정성 상존: 델타(δ) 단계

(3) 새로운 알파(New α) 단계, 지속 가능한 성장 단계로 진입하기 위한 리더의 대처 · 변화 유도 방법(SDi-DIHT 리더십 도구 상자 이용)

① 문제의 원인 찾아 진단 · 해결 · 변화 방안 강구 과정 필요

- 조직 · 개개인의 밈 상태, 복합적 PUH/CAO 상태 파악
- 조직 혁신: 수직적 · 위계적 · 관료적 경직된 조직
  → 수평적/평등적/자율적 네트워크 조직(유연한 조직)화
- 조직 파괴와 침체를 야기하는 병적, 갇힌 상태 밈 짝, 밈 스텍 발견 시, 강력한 조정 · 재배치, (자발적) 의식 혁신 유도, 부적응자에게는 구조 조정/퇴출 기준 제시(합법적, 합의적 내규 근거)
- 병리적/꼴통/갇힌 밈 개인들 → 변화 조건(비전 제시 후, 변화만 하면 같이 간다는 조건) 제시, 아니면 조직을 파괴하는 암적 밈으로 퇴출(합의적 · 합법적 내규 내에서)

② 강력한 비전 제시, 공감 이끌어 냄

- 투명 경영, 정도 경영, 윤리 경영 전제하에
- 평등 · 소통 · 참여 분위기 조성→공개 토론, 아이디어 모색, 성찰적 문제 해결 모색(장애물, 문제 원인 발견 시 실용 가능한 첨단 과학기술 응용, 창의적 문제 해법 모색 등)

266

- 극복할 수 있다는 신념, 확신을 심어 주고 각성 긍정 마인드 확산
- 인적 구성은 조직의 특성, 가치밈 상태/ 수준 따라 적재적소에 재배치, 첨단 직무 능력 향상교육, 자기계발을 위한 동기 유발 인센티브 마음챙김 훈련·수련
- 각 부서별, 팀별로 문제 해결을 위한 최적 대안/방안의 평등적·참여적·자율적 모색 유도

(4) 침체되고 불안정한 조직/유기체 활성화 방법(도구 상자 이용)

① '하나'의식, 가족의식, 한마음의식으로 조직 단합

② 투명 경영·정도 경영·윤리 경영·CSR 경영, 인간 중심 스마트(AI화·자동화·최적화) 창조적 신지식인 경영에 대한 강력한 실천의지 보임

③ 비윤리 연루자는 지금까지는 용서, 앞으로는 **퇴출**: 강력한 윤리 강령 규정화

④ 행복 경영·신바람 경영, 계급(호칭) 파괴, 신바람 유도, ROWE… ~하자!~WE CAN DO, I CAN DO 정신!

⑤ 열정·몰입·신바람, 치유·변용·변혁 여건·요건 조성(분위기 혁신, 쇄신): 도구 상자 이용

- 운동, 휴식, 요가/기공/명상 여건 가능한 시설 공간 마련
- 독서·학습 분위기 여건 조성
- 인문 교양, 영적 독서
- 현대과학 사상, 통합사상 독서 → 통합독서회, 스터디 모임
- 첨단 전문 분야 독서
- 필독 도서 비치, 독서실·도서관 마련
- BMS(몸·마음·영혼) 치유·테라피 전문가 영입, 마음공부·마음 수련·영성 수련 전문가 초청 강연/세미나/교육/ 수련
- 현안 문제에 대하여 누구나 대등한 참여 평등·소통을 통한 토론, 창의적 아이디어 및 최적 대안 도출

(5) **유기체적 조직 활성화 방법: 일시적, 가변적 안정화, 침체·와해 불안 극복 →**
지속적, 항상성 갖는 성장 변화/치유변용 유도

① 조직, 구성원들의 지배적 가치밈 짝, 복합 가치밈 상태 파악(PUH, CAO)

② 변화 여건, 문화 요건 조성(도구 상자 이용)

③ 개인의 지배적 가치밈, 적성에 따른 인사 재배치

- 기존의 위계적 경직된 조직 해체(상시 업무, 기획 업무, 분석 결과 업무, 생산 관
리 업무, 대외 활동 업무…), 전문가들의 초연결 네트워크 조직화와 함께

④ 지속적 의식 훈련, 첨단 직무 재교육 훈련, 신지식인 전문가 정신교육

⑤ 평등·소통·자율·참여적 공개 토론·대책 회의: 최적 대안 도출

⑥ 역동적 첨단 경영 관리기법, 디지털 신기술·스마트 분석 평가기법 활용·적용
능력 함양교육

(6) **조직 경영/관리의 정상 상황과 비상/위기 상황(ɣ트랩) 구분하여 SDi-DIHT**
리더십 적용

① **정상 상황(α, β 상황):** 평등적·자율적·자발적 참여 속에 모든 문제, 현안 문제
의 최적 대안 창의적 해결 유도

② **비상시/전시/위기 시(ɣ Trap 상황)**

- 비상시 의사 결정 위해 전권 위임 비상 리더십 필요

- 그런 중에도 스마트 모바일 기기, SNS를 이용한 조직 구성원의 최대한 비대
면 참여, 이해 유도

- 비상 위기 사후, 조직의 전 구성원에게 조치 상황 설명, 이해시킴

③ **평상시나 정상 시에 비상시**(국제·국가·사회·정치·경제·금융… 위기 상황 돌발
상황, 천재지변 전쟁) 대비 체제 수립

- 비상 계획(비상 작전·운영·행동·지휘… 체계) 수립

  : 비상 전략 기획안 만들어 내규화

- 전체 구성원의 자발적·수평적·평등적·자율적 자유, 민주적 소통, 공감에
따라 합의한 전권·권력 위임

④ 기업·조직의 정상 상태, 불안정 상태, 비상 위기 상태, 재도약 시기에 따라 SDi-DIHT 리더십 원리는 같으나 상황에 따른 강도, 성향 달라져야
- 멘토링/임파워링, 코칭/길라잡이에서 전권/권한 위임까지 달라짐
- 그러나 모든 경우, 평등적·자발적·자율적·민주적·자유스러운 소통과 공감을 바탕으로 해야

2) SDi-DIHT 리더십 적용 전제조건

(1) 리더의 (2층밈의식으로의) 의식 변화, 새로운 리더십 패러다임에 대한 확신
① 진정한 정도·윤리·투명 경영 관리의 정신 없이는 적용 불가능

(2) 리더의 위치: 조직 내 지위에 따라
① 조직 내 중간 리더(팀장/부서장)급 리더인 경우
- 자기 책임·권한 내의 조직·구성원의 변화를 서서히 유도, 점진적 도입
- 구성원들에게 새 시대, 새로운 패러다임 교육, 자발적 각성자각 유도
- 평등·자율·자발적 참여, 소통적 의사 결정과 팀 과업 수행으로 점진적 적응 전환
② 조직 내 새로운 리더(승진, 새로운 임무/책임자)로 된 경우
- 분위기 혁신, 기존의 위계적·계급적 업무 체계, 리더 독단적 의사 결정 체계 해체, 수평적·합의적 의사 결정 시스템으로 전환
③ 전체 조직의 CEO 리더이거나 새로운 CEO 리더로 된 경우
- 기존의 경직된 조직 시스템의 근본적 해체(팀 간, 부서 간 벽 해체), 수평적 초연결 네트워크 체제로 전환, 호칭 파괴, 위계적 계급 파괴
- 전 구성원, 각급 리더들 모두에게 새로운 리더십 패러다임교육, 의식 전환 훈련, 리더십교육(자기 리더십, 슈퍼 리더십을 위한 SDi-DIHT 리더십)
- 단계적 도입 전환 기획: 도입 준비 단계 → 적응 전환 변화 단계 → 성숙 변용 단계

(3) 가치밈의 심층 가치의식화(사회적 자기의식화) 과정

① 가치밈 → 관념화/사고의 틀 → 심층의식으로 → 가슴으로
　지식화　　　사고방식　　　　　구조화　　　　　　느끼는 체화
　　　　　　　　　　　　　　　　(마음챙김 기반 각　　　(合一化)
　　　　　　　　　　　　　　　　성·자각·성찰 훈
　　　　　　　　　　　　　　　　련·수련, 自己化)

(수행적 삶)

(깨어 있는 삶)

② 문화적 인지 지능으로서의 가치밈:

무의식화된 밈식識화 → 무의식 구조화 →사회적 자기화

3) SDi-DIHT 리더십의 효과적 적용 위한 핵심 도구 요약

(1) 스스로 2층밈 나선 달인이 되어 나선 가치밈 스펙트럼을 통달해야

① 스스로 2층 가치밈[황색(YELLOW)·청록색(TURQUOISE)] 의식이 관념화를 넘어 자각의식화, 체화되어야(1층밈의식의 부정적 습기習氣는 남아 있으나 자기치유 가능)

② AQAL(4Q/8L) 가치밈식의 나선 스펙트럼을 통달해야

(2) 구체적 변화 동기 부여, 자율적 변화 유도, 강력한 비전 제시하는 신뢰·개방성·권위, T. O. A(Trust / Trustfulness, Openness, Authority) 리더십 되어야

① 예절 바름(Politeness)은 리더의 덕목이 아닌 21C 수평적 네트워크시대, 디지털 양자정보사회에서 누구에게나 필요한 사회생활의 기본 덕목

② 21C 리더에게는 신뢰가 가장 중요, 신뢰해야 믿고 따르고, 변하게 됨

③ 신뢰/믿음성(Trust, Trustfulness)과 함께

- 개방성: 열린 의식
- 권위: (조직 관리/경영) 책임지는 권위(Responsible Authority), (치유·영성·교육) 전문가 권위(Expert Authority)

(3) 눈높이(vMEME 수준) **+α**(1/2 or 1 스텝 앞선 가치밈) **리더십이 필요**

  ① 비지시적 상담, 상의, 토의: 수평적, 소통·참여 리더십 필요

  ② 동일 vMEME 수준에서, 1/2 or 1스텝 앞선 가치밈 대화, 지배적 밈 전환 리더십

   • 닫힌 상태 수준 → 사로잡힌 상태 수준

   • 사로잡힌 상태 수준 → 열린 상태 수준

   • 열린 가치 및 수준 → 한 수준 위의 밈으로 상승

  ③ 설득형 리더십보다 비지시적 상담 코칭 소크라테스식 지적 산파술 대화로 스스로 깨닫게 하고 변화를 유도하는 대화 리더십 필요

   • 스스로 깨닫게 하는 멘토, 도우미/길라잡이로서

   • 수평적, 비지시적 허심탄회한 소크라테스식 대화

  ④ 갈등·대립·분쟁 해결을 위한 원효의 화쟁·화회·회통의 통전統全 리더십 필요

(4) 구성원의 가치밈 변화 유도가 쉬운 여건, 문화 공간 조성

  ① 인문·교양, 통합(현대과학·신과학 사상, 동서양의 전통 지혜 인문학 현대 사상) 독서회, 스터디 모임, 토론회, 워크숍… 여건, 공간, 분위기 조성

  ② 웰라이프WellLife(WellBeing + WellDying), 웰니스Wellness를 위한 문화 공간(노래방, 댄스교실, 공연…) 마련

  ③ 스포츠(헬스, 실내골프, 탁구, 당구, 스쿼시…) 시설 마련

  ④ 명사, 전문가 초청 현대과학 사상 인문 교양, 웰라이프, 웰니스, 리더십… 특강

  ⑤ 마음공부, 마음챙김 수련(ILP, IHLP), 요가·기공 수련, 참선·명상 수련, 영성 수련 훈련을 위한 여건, 공간, 분위기 조성

(5) 구성원 스스로 상담, 치유, 수련에 적극적 참여를 유도하기 위해 가급적 조직/기업 내에 명상/참선실, 건강 관리, 심리치료, 심신치유 전문 상담실, 정신건강·명상 지도 전문가 초빙교육 등의 제도 운영이 바람직

271

4) 마음(가치밈, 심층 가치의식)의 변화 유도 방법

① 감성 경영 – 감동/감성 리더십의 실천
- 리더·구성원 사이의 진솔한, 열린 마음 대화
- 구성원의 개인적 문제, 강점/약점 알아서 배려, 격려
- 마음의 벽 허물기(회식, 게임, 운동, 이벤트…), 행복·웃음 바이러스 전파하기
- 긍정적 사고 전환, 한마음·한가족, 행복한 삶터·일터 느낌을 갖게 하는 근무 여건 작업 환경, 직장 문화 조성

② 자발적 변화 유도 프로그램
- 과학 사상 인문학(교양 도서, 영적 도서) 독서: 독서실, 도서 돌려 보기/독후감 토론, 스터디 모임…
- 전문가 초청 특강: 과학 인문, 교양, 영성, 마음공부, 마음챙김 치유·수련
- 근무 시간 중, 요가/기공/명상 시간, 운동/게임 시간… 허용
- 일상속의 수련 마음공부, 마음챙김 치유기제 훈련, 마음챙김치유수련(MBSR, ILP, IQHLP) 생활화 유도, 관련 프로그램 활성화

③ 구성원들의 지배적인 복합적(AQAL) 마음/가치밈의 상태(PUH/CAO)를 파악하고, 변화의 6조건, 변화의 5단계 경로, 변동성의 7가지 유형을 알고서 원하는 방향으로 조직의 변화 여건, 요건 조성

④ 사람들의 마음을 움직일 수 있는 능력 필요: 나선 가치밈 달인으로서 사람들의 마음 상태를 잘 알고 눈높이로 진심으로 소통하며 자발적 변화 유도

⑤ 진정한 수평적·평등적 소통에 의한 자발적·자율적 업무/과업 수행, 조직 문화 조성
- 모든 업무/과업 수행 과정, 의사 결정은 완전히 평등한 소통에 의해 대면/비대면 회의, 끝장 토론, 열린 논의·토론, 워크숍을 통해 창의적 아이디어 도출, 합리적 다수 의견을 따르나 소수 의견도 고려하는 합의 도출
- 평등적 소통의 조건: 솔직하고 진지한 대화, 논의, 이성적 행동, 반대 의견 존중·경청, 전문가적 판단력, 창의적 아이디어, 최적 문제 해결 추구 능력, 신

5) SDi−DIHT 리더십 적용의 선결 과제

① 무엇보다도 어느 분야의 무슨 목적의 조직/단체/모임의 리더십(기업, 공공 조직, 사회단체, 문화/예술 단체의 경영·관리 지도 리더십, 상담·치유, 치유교육, 의식코칭 리더십, 교육·관리 지도 리더십)이거나 간에, **모든 조직과 단체는 모두가 인간 생태계의 살아 있는 유기체 조직**이므로 모든 유기체로서 생체 조직을 건강하게 활성화시키고 성장 진화시키는 일이 가장 우선적인 리더십 과제이다.

② 이렇게 하려면 유기체로서의 조직과 구성원들에게 장애가 있거나 그들이 불건강하거나 그런 의식에 갇혀 있거나 사로잡혀 있는 경우, **유기체적 조직과 구성원을 건강하게 성장을 향해 열린 상태로 변화시키고 생존력·경쟁력의 발현을 극대화시키고**, 조직의 목표를 향한 유기체적 모든 구성원의 **변화·치유변용, 조직의 변혁이 스스로 자발적으로 일어나도록** 유도해야 한다.

③ SDi−DIHT 리더십에서는 무엇보다 먼저 인간의 나선역동적, BPSC적 심층 가치의식의 가치밈 스펙트럼과 사회심리적 실존 특성에 대한 리더의 나선 달인적 이해가 가능해야 한다.

④ 리더 스스로 이기적 자아의 본능·소유 중심의 삶에서 벗어나 의미·존재 중심으로, 나아가 실존적·자아초월적 삶과의 조화와 균형을 이루는 인간으로 변화하기 위한 **마음공부와 마음챙김 수련, 통합생활 수련 ILP**(Intergal Life Practice)를 생활 속에서 실천해야 한다.

⑤ 이를 바탕으로 **나선밈 스펙트럼 구조 전체에 통달한 나선 변화의 달인**, 더 나아가 SDi−DIHT 지혜의 달인이 되어 자기 전문 분야의 전문가로서 역동적 통합치유변용 SDi−DIHT 리더십을 실제로 적용할 수 있는 능력을 갖추도록 해야 한다.

요약하면, 전문가 리더들은 자신이 먼저 마음챙김 기반 훈련·명상 수련, 통합생활 수련을 통해 스스로 존재적 삶, 영성이 개화된 삶으로의 변화를 성취한 후에, 역동적

273

이고 통합적으로 조직과 구성원들 스스로의 변화와 치유변용이 일어나도록 유도해야 한다는 사실을 깨달아야 한다. 이를 위해서는 21세기 AI·스마트 가상현실세계 중심의 IT 정보화 고도 융복합 과학기술이 변화를 주도하는 양자사회에서의 변화·치유변용·변혁의 패러다임에 맞는 리더십이 필요하다. 그리고 21세기 모든 리더십 패러다임(자기·슈퍼·창조·비전·봉사·현려·지혜·신뢰·감성·행복…) 등을 모두 통합적으로 포괄하는, 각 전문 분야의 다양한 SDi-DIHT 리더십의 실무 적용기법을 이 장에서 보여 준 SDi-DIHT 리더십의 도구 상자와 단계적 일반 적용 지침과 가이드를 바탕으로 더욱 발전시켜 나가야 한다.

IV

조직 리더와 치유 전문가를 위한
SDi-DIHT 리더십 적용의 기본 지침

앞에서도 누차 언급했듯이, SDi-DIHT 리더십은 구성원 개개인의 자기 리더십을 비롯하여 슈퍼/메타 리더십, 창조·치유 변용·변혁 리더십, 비전·현려·지혜 리더십, 봉사·헌신·행복 리더십 등 모든 리더십의 속성을 내포하고 포괄하는 거의 유일한 리더십이다. 이 리더십은 구성원 개개인의 나선역동적 마음(사회적 자기, 심층 가치의식, 세계관)을 자율적·적극적·자발적·열정적으로 변화(변혁)시킨다. 이에 따른 가치밈의식의 상태를 점차적으로 건강하고 밝고 열린 의식 수준으로 전환시키는, 그리고 양자도약에 의해 어느 순간 존재적 수준의 2층 가치밈의식으로 변용·변혁시키는 리더십이다. 나아가 SDi-DIHT 리더십은 조직을 생명력·생존 경쟁력이 약동하는 유기체적 조직으로 변화시키고 모든 유기체의 세포와도 같은 구성원들을 건강하게 치유 변용·성장시켜 조직의 유기체적 성장과 지속 가능성, 생명력, 경쟁력을 발현시키는 리더십이다.

무엇보다도 이 리더십은 나선역동적 통합 변용/변혁 리더십의 SDi 이론을 바탕으로 실무에 적용할 도구와 방법을 모두 갖추고 있는, 그래서 모든 조직의 CEO에서 상담치유·치유교육 전문가, 조직의 각급 리더들이 누구나 지혜로운 리더십의 달인이 되게 하는 거의 유일한 리더십이라 해도 과언이 아니다. 따라서 SDi-DIHT 리더십은 기업 경영 조직 관리 리더십뿐만 아니라 정치·경제·사회·교육·문화 등 모든 전문 부문, 모든 상담·치료·심신치유·코칭·명상·영성 수련 분야의 전문가·지도자들을 위한 메타 리더십인 것이다. 즉, 모든 분야에 다 적용 가능한 리더십 이론 및 실제 적용 도구와 기법을 모두 갖추고 있는 자기·슈퍼 리더십이고 창조적, 비전 논리적, 현려·지혜의 리더십이다. 그래서 지금까지는 이 리더십의 적용 방법, 도구들을 주요 분야의 리더십으로서 적용하는 데 있어서 일반적인 주요 적용 가이드에 대해 기술하였다. 여기서는 그중에 조직의 리더와 치유 전문가들을 위한 리더십의 특성을 고려하여 SDi-DIHT 리더십 도구들의 적용 주요 핵심 지침만 각각 구분하여 좀 더 구체적으로 요약하였다.

1. 기업 경영·조직 리더를 위한 SDi-DIHT 리더십 적용의 기본 지침

21세기 디지털 정보화시대, 특히 포스트팬데믹 AC·AI 시대에 전 지구적으로 정치·경제·금융·무역·자원·과학기술의 치열한 경쟁하에 기업 경영은 어느 다른 민간·공공의 조직, 사회단체보다도 내부 환경, 외부 환경(국제 금융·무역 환경, 정치·경제, 시장 환경, 재해 환경…)에 민감하게 영향을 받기 때문에 뜻하지 않은 암초와 장애물에 부딪혀 좌초되기 쉽다. 때문에 기업 경영 CEO나 각급 리더들의 리더십은 정치가의 거시적 정치 리더십과는 다른 차원에서 가장 복잡하고 가장 어려운 리더십이다. 그래서 거의 모든 리더십 도서나 교재들이 기업 경영 리더십을 대상으로 하고 있는 이유도 그런 연유에서 이해할 수 있다. SDi-DIHT 리더십은 기업 경영 리더십 위주의 다른 리더십 이론이나 담론·강론들과는 달리 전 부문, 전 분야적 메타 리더십 이론 및 실제이지만, 오늘날 당연히 가장 기본이 되는 기업 경영 리더십에서 그 위력의 빛을 가장 잘 발휘할 수 있는 리더십 이론 및 실제이다.

여기서는 지금까지 예를 들어 구체적으로 설명한 SDi-DIHT 리더십 적용 도구 및 방법들이 모두 기업 경영 리더십에 대한 적용 도구 및 방법을 구체적으로 설명한 것이기 때문에 기업 경영의 각급 리더들의 이해를 위해 여기에 요약한 것 중에는 앞의 내용과 중복하여 반복 강조하거나 요약 설명하는 부분이 많은 것을 이해해야 한다. 그러나 여기서 강조하는 기업 경영 SDi-DIHT 리더십은 어디까지나 오늘날 21세기 첨단 AI 중심의 스마트 미디어 컨버전스 융복합 기술의 H/W·S/W 기술을 바탕으로 한 새로운 기업 경영 패러다임과 첨단 친환경·친인간 산업 기술 경쟁력, 격변하는 AC·AI 환경하의 최신의 역동적 스마트 기업 경영기법, 윤리·정도·투명 경영을 전제로 하고 있다는 점을 먼저 이해해야 한다. 또한 기업의 모든 구성원과 팀장을 비롯한 각급 리더와 CEO를 위한 기업 경영의 SDi-DIHT 달인 리더십을 그 핵심으로 하고 있다는 점도 이해해야 한다. 그리고 당연한 말이지만, 지금까지 보여 준 바와 같이 SDi-DIHT 리더십을 기업 경영에 효과적이고 성공적으로 도입 적용하려면, 급격한 치유변용이 아닌 심신치유상담사와 치유교육·훈련·수련 전문 리더들의 활용과 조언에 따른 3단계 적용을 기본으로 하여 점진적으로 도입 적용해야 함을 유념해야 한다.

(1) 기업 경영을 위한 SDi-DIHT 리더십 적용의 기본 조건

① 전제조건

- 대내의 공적 업무 시 **호칭/계급 파괴, 위계적·구조적 조직 해체 → 초연결 다중 네트워크 조직**(유기체 조직)화

  −홀론/홀라키적 유기체 조직으로 전환

- 리더 스스로 가급적 2층밈의식을 가진 SDi 나선 달인이 되어야, 그리고 21세기 통합적 치유 변용·변혁 리더십 패러다임 도입의 확신이 있어야(단순 지식, 관념이 아닌 세계관·신념·가치관·정신이 어느 정도 의식화·체화体化되어야)

- 자신이 리더로 있는 조직 안에서부터 조용한 혁명으로 시작

  −한마음·한가족·평등 문화(건강한 자주색 밈 경영) 정착

  −평등·자율·소통… 팀워크로 의사 결정, 문제 해결(건강한 녹색 밈 경영)

  −신명, 신바람, 마음의 벽 허물기(마음 열기), 도전·열정·몰입·행복 바이

러스 확산을 위한 문화, 분위기 혁신 주도(혼을 살리는 BOG 밈 짝 경영)

- 리더 자신과 구성원 모두 전문가적 역량을 갖추어야(건강한 오렌지색 밈 경영)
- 정도 경영 · 윤리 경영 · 투명 경영 · 관리가 기본 전제(정직성, 도덕성, 신뢰: 각급 리더, 구성원의 기본 덕성, 자질)
- 비윤리적이고 조직에 암적인 존재(조직 파괴자), 꼴통(CAVE)은 **전환시키거나** 적응을 못 하면 못 견디고 **자동 도태되도록**(구성원에 의한 민주적 · 합법적 · 자율 합의적 결정 내규에 근거한 퇴출)
  - −떠나는 자에 대한 배려 있어야
- 지금까지 비윤리적, 무사안일, (조직에) 유해한 구성원도 SDi-DIHTL을 적용 후에는 **옛날 허물 포용**, 스스로 현재의 자신의 밈 수준을 건강하고 **열린 의식** 으로 **전환 · 개혁 · 치유변용** 시에는 **포용**

② 혁신적 첨단 디지털 스마트 경영 관리기법 도입
- 최신 21세기 기업 경영 패러다임 도입
  - −나선 달인 경영, 역동적 경영 시스템
- AI 중심의 첨단 과학기술 H/W, S/W: 디지털 스마트 기술 경쟁력 확보
- 자동화 · 스마트화, 지능화, 최적화, 유비쿼터스화, 신뢰성/PRA/PSA

(2) 21C, 통합신시대(초고도 과학기술혁명, 첨단 IT 지식 기반 전뇌 산업사회, 불확실성의 양자사회)의 기업 경영 패러다임

① 3대 과학기술혁명의 가속화, 모든 분야 기술의 융합 컨버전스로 전 지구적 기술 경쟁력이 기업의 생존 좌우

② 21세기 IT 정보화시대의 전 지구적 첨단 스마트 모바일 기기, 인터넷 SNS 사회 환경하에, 친환경 · 녹색경제 · 경영 패러다임하에 투명 경영 · 정도 경영 · 윤리 경영 · CSR 경영 불가피

③ 이러한 21C 제4차 산업혁명 시대의 기업 경영 패러다임은 **통합적 나선동역학 기반 SDi-DIHT 경영 리더십**으로의 단계점 진화를 불가피하게 만듦
- 1단계: 녹색 기반 오렌지색 밈(GREEN-based-ORANGE) 경영

- **2단계**: 황색 기반 녹색·오렌지색 밈(YELLOW-based GREEN·ORANGE) 경영
- **3단계**: 청록색 기반 황색·녹색 밈(TURQUOISE-based YELLO W·GREEN) 경영

(3) 기업 경영 SDi-DIHT 리더십 적용을 위한 기본 조건

① 모든 부서(기획, 생산, 마케팅, R&D, 재무, 홍보, 인사…)는 경영 목표에 부합하는 건강한 가치밈화 유도

② 모든 팀장, 부서장은 최소한 GREEN 마인드를 가진 가치밈 달인 리더 되어야

③ CEO는 21C 패러다임에 맞는 역동적 깨달음 경영을 위한 나선 달인 리더십 가져야

④ 구성원과 조직의 가치밈 상승 유도를 위한 역동적 유연한 유기체적 기업 문화 환경을 조성해야

(4) 기업 경영을 위한 SDi-DIHT 리더십 지혜의 나선 달인 경영 지침

① 기업 경영의 급변하는 내외적 환경이 야기하는 ɣ-Trap에서 성공적으로 벗어나는 최적 전략 추구하는 전문가 정신

- 문제의 최적 해결 방안, 최적 대안 제시 지혜
- 의견 상충/이해 갈등 해결
- 비윤리적 외압/유착… 해결
- 혁신적 QC, QA 시스템(RE/PRA/PSA…)
- 수평적·소통적 BrainStorming, VE Workshop…

② 기존 리더십에서의 리더의 특성/덕목, 동기 부여, 설득, 비전 제시만으로는 한계

- 모든 수준의 건강하지 않은 상태에 사로잡히거나 병리적 상태에 갇힌 구성원의 가치밈 상태, 조직의 가치밈의 퇴행적 경사 변동성 상태를 변화시키지 못함

③ SDi-DIHT 지혜의 달인적 기업 경영 CEO와 각급의 리더는 무엇보다 각 조직의 가치밈 간의 갈등·퇴행, 건강하지 못한 사로잡힌 상태나 병리적 갇힌 상태로의 퇴행을 막고, 상승적 변화를 가져오게 하는 가치밈이 상승하는 기업 문화

조성, 지원을 최우선으로 해야

- 가치밈의 상승은, 지식·역량, 정보, 창의성, 소통·공감, 열정·몰입·도전, 협력·협의, 다중 상생을 실현하는 문화 조성 및 지원에 의해 가능
- 바람직한 SDi-DIHT 리더십 기업 문화
  - 소통형 수평 네트워크식 의사 결정 실천
  - 다양한 레저, 스포츠 문화 시설 제공
  - 독서실, 독서/스터디 모임 장려
  - 명상, 기공, 참선실 제공
  - 마음챙김 기반 심신 치유, 심리치료, 상담실 제공

(5) 살아 있는 유기체 경영 리더십

① 모든 직원/구성원이 살아 있는 역동적 삶의 기쁨을 누리고, 행복·보람·의미· 가치를 다 같이 느낄 수 있는 살아 있는 유기체적 경영이 핵심

② 나선의 모든 가치밈이 건강한 상태로 전환하도록 유도하는 여건·요건 조성

- 베이지색 밈: 생존·웰빙에 필요한 욕구 충족 수준 보장
- 자주색 밈: 가족애 경영, 모든 근로자, 임직원은 한가족 의식 유도
- 적색 밈: 목표 달성을 향해 공정한 경쟁력, 사기 충천, 'CAN DO' 정신, 도 전·용기, 열정·몰입
- 청색 밈: 기업의 경영 이념(정도 경영, 투명 경영, 윤리 경영, CSR)의 확신
- 오렌지색 밈: 구성원 모두 직위, 직능에 필요한 첨단 정보·지식 공유, 창의 적·과학적·합리적 솔루션 능력 함양
- 녹색 밈: 평등·소통·공감, 사회 환원, 참여·나눔·봉사, 공존 공영 정신 함양
- 황색 밈: 모든 문제에 대한 유연한 통합 비전적·시스템적 시각 심화

(6) 기업 경영 리더십의 핵심

① 리더는 조직의 구성원 각자가 자기(Self)리더가 되도록 격려, 유도, 멘토링, 길 라잡이의 슈퍼(메타)리더로서 구심적 역할을 하며 구성원 각자가 건강하고

열린 의식으로 변화하도록 여건·요건·문화·분위기 조성

② 임원급 이상은 가급적 나선 달인(2층 가치밈의식) 수준이 바람직하고 디지털시대 신지식인적 전문가 정신은 필수적, 그래서 슈퍼/메타 리더십 발휘할 수 있는 통합적/통전적 유연한 사고를 가져야

③ 과업 수행은 최고의 수준으로, 첨단 이론과 기법을 적용하여 언제나 최적 대안 제시, 분석·평가 가능하고, 목표·방향·비전 제시 가능해야

④ 구성원, 조직의 지배적 가치밈 스택을 파악하여 인재를 적재적소에 배치하고, 건강하고 열린 의식으로 전환시켜 잠재 능력을 최대한 발휘하도록 유도

- 누가 어떤 일에 가장 **적합한 가치밈**과 기질, **적성** 가지고 있나?
- 누가 어떤 가치밈들에 왜, 어떻게 불건강하거나 **병리적으로 고착**되어 갇혀 있나? (치유 전문가에 의한 진단 평가 필요)
- 구성원들의 **사로잡히거나 갇힌 가치밈** 상태를 어떻게 **열린 상태**로 전환시킬 수 있나? (치유 전문가에 의한 치유 교육, 훈련 마음챙김 기반 생활 수련 필요)

(7) 기업 경영 SDi-DIHT 리더십의 OGY 리더 스타일

① SDi-DIHT 리더십 통합모형에서 1층 상위의 심층 가치의식은 Orange, Green, Yellow이다. 이들 세 가지 의식/정신 가운데 어떤 부분이 강하게 나타나느냐 따라 리더 스타일이 다르게 나타난다.

② SDi-DIHT 리더십이 최상으로 발현되는 리더 스타일을 세 가지 정신이 통합적으로 나타날때 OGY리더라고 부른다.

Orange:	**Green:**	**Yellow:**
과학적·합리적·창조적 전문가(신지식인) 정신	친환경, 지속 가능 사회의 소통. 평등·참여·상생 정신	유연함, 포용력 등 통합적인 강한 비전으로 치유, 코칭, 멘토링 하며 이끌어 가는 정신

③ 모든 분야의 최고 CEO는 OGY 리더이지만 수준별, 분야별 각급 리더의 스타일 차이(다음 표는 일부 예임)

중간 리더 스타일	대상	대표/CEO 스타일	대상
Ogy	기획 생산, R&D 부서 팀장	ogY	비영리적 공공 조직의 CEO, 기관장
oGy	인사, 대외 홍보 분야, 고객이나 대국민/시민 봉사 서비스 분야 팀장	OgY	기획, 생산, R&D 부서의 최고 경영자
OGy	친환경, 지속 가능한 제품의 기획·기술 개발·마케팅 팀장	oGY	인사·홍보·마케팅 분야의 최고 경영자들, 공공 조직의 기관장, 정치가, 지도자

2. 치유 전문가를 위한 SDi-DIHT 리더십 적용의 기본 지침

지금까지 앞에서 보여 준 바와 같이, SDi-DIHT 리더십은 21세기 첨단 디지털융복합 과학기술혁명이 점점 더 가속화되고 있는 격변하는 불확실성의 시대, 양자사회에서 지속 가능한 경쟁력, 성장 잠재력을 구현하는 유기체적인 기업 경영이나 조직 관리를 위한 지혜의 달인 리더십을 실현하기 위해(인간의식의 변화에 대한 역동적 나선동역학의 심층 가치의식·가치밈) 이론 마음챙김 기반 의식의 변화를 유도하는 적용 도구·지침을 제시하고 있는 거의 유일한 리더십이라 해도 과언이 아니다. 뿐만 아니라, 다른 한편으로 SDi-DIHT 리더십은 기존의 리더십 이론이나 담론·강론에서는 거의 찾아볼 수 없는 개인의 상담·치유·치유교육·의식코칭 전문가들을 위한 리더십 이론을 갖춘 유일한 리더십이기도 하다. 왜냐하면 이 분야의 전문가들은 다른 어느 분야보다 인간의 심리, 인간의 마음, 의식, 자아의 발달병리나 장애 문제를 더 잘 이해하고서 내담자나 수련생들의 심신치유·심리치료·의식치유를 위한 상담·치유·치료·코칭을 하는 전문가들이기 때문이다.

그리고 이 책의 제4장까지의 내용의 핵심을 다시 강조하자면, SDi-DIHT 리더십에서는 인간의 사회적 본성, 사회적 자아, 사회적 실존의식의 성장·발달, 변화·변용 모형인 벡과 코완의 '나선동역학'의 나선 가치밈 스펙트럼 구조와 이 시대를 대표하는 통합심리학, 의식심리학, 통합영성, 통합수련의 최고 석학인 켄 윌버의 AQAL 통합 패러다임을 상보적으로 통합한 통합적 나선동역학 SDi를 이론적 틀의 기본으로 하고 있기 때문이다. 다시 말하자면, 인간의 본성, 마음, 자기·자아, 실존의식을 심층적으로 이해하고 개개인의 발달의 수준·상태·유형·라인을 통합적으로 알 수 있는 이론과 적용 도구를 가진 거의 유일한 리더십 이론 및 실제이기 때문이다. 따라서 SDi-DIHT 리더십은 심신치유·심리치료·의식치유를 위한 상담·치유·코칭 리더십으로서 가장 이상적인 리더십이다. 물론 상담·교육·코칭 리더십을 위한 SDi-DIHT 리더십에서는 기업 경영·조직 관리 분야 DIHT 리더십보다 훨씬 더 전문적으로 내담자·치유대상자·심신 수련생·치유교육 전공생들의 자발적 의식 상태의 변화와 성장을 유도하는 2층밈의식의 현려·지혜의 달인 리더십이 그 핵심 내용으로 되어 있다. 여기서는 이 책에서 지금까지 다룬 SDi-DIHT 리더십의 일반 리더십과의 차이와 적용 기본 지침만 열쇠말을 중심으로 강조하였다.

(1) 치유 전문 통합치유변용 리더십의 적용이 필요한 상담·치유·수련 지도 분야

① 개인의 심신치유, 심리치료, 의식치유상담 지도

② 집단 심리치료, 심신치유 상담 지도

③ 집단/단체(심신치유/수련 센터, 심신치유교육원, 영성·명상 수련 센터)의 심신치유, 영성·명상 수련 지도, 교육 훈련 지도

④ 통합적 마음공부·마음 수련, 영성·명상 수련 지도

(2) 치유 전문 통합치유변용 SDi-DIHT 리더십 적용 기본 지침

① 나선 가치밈 프로필의 자연스러운 변화를 유도하기 위한 비지시적, 눈높이 (+) 상담, 통합적 치유·치료, 통합적 마음공부 학습, 마음챙김 훈련, 마음챙김 수련(개인, 그룹 대상) 지도/코칭/멘토링이 중요

※ 통합상담심리학, 통합심리치료학, 통합심신치유학, 심신치유상담학, 통합영성, 통합심리학, 자아초월심리학, 자아초월정신의학, 통합명상치유학 등은 통합심신 치유·명상치유·영성 코칭/멘토링의 이론적 기본 바탕임

② 가치밈 수준, OAC 상태, 건강한/불건강한/병리적 상태에 따른 맞춤식 통합적 치료치유 상담, 훈련, 수련 코칭/멘토링 지도가 필수적

③ 치유기제 발현에 의한 자발적 변화 유도의 가장 중요한 근본 의식치유는 가치 밈 수준별 인지밈 자각 훈련, 마음챙김 기반 깨어 있는 의식 교육·훈련·수련 코칭·지도가 중요

- **베이지색 밈**: 가족의식(친족, 가족 정체성) 중요성 일깨움
- **자주색 밈**: 자기정체성 일깨움. 미신·무속·주술·팔자 맹목 의존심의 허구 성 일깨움
- **적색 밈**: 보편적 진리의 존재 일깨움. 건전한 페르소나적 자기 일깨움
- **청색 밈**: 이분법적·맹목적·문자적 진리의 허구 일깨움. 과학적·합리적 사 고 중요성 일깨움
- **오렌지색 밈**: 소유적 삶, 극한 경쟁에 간힌 삶의 허무, 존재적 삶의 의미 깨 달음. 성숙한 세계 중심적 자아정체성 일깨움
- **녹색 밈**: MGM(Mean Green Meme)·엘리트의식 절대평등주의·심층 생태의 식의 문제를 깨닫고, 통합적·보편적 상대주의를 일깨움. 실존적(존재적) 삶 과 자아실현의 중요성 일깨움

(3) 치유 전문 통합치유변용 SDi-DIHT 리더십 위한 통합심신치유 지침: 『통합 심신치유학』이론·실제·치유기제 편 참조

(4) 치유 전문 통합치유변용 SDi-DIHT 리더십의 특성

① 기존 리더십과의 차이

- 통합심신치유, 의식치유·명상치유의 치유자, 영성 코칭·멘토링 전문가/지 도자로서의 리더십
- 정치 지도자, 종교 지도자, 관리자/경영인, 조직/단체 지도자들이 목표 달 성(Goal-Oriened)을 위해 구성원에게 동기 부여하여 목표를 향해 리더의 독 특한 능력과 일반 리더십 기법에 의해 이끌어 가는 리더십과는 전혀 다름

- 심신치유 · 의식치유 · 명상치유의 상담치유나 치유교육, 코칭 · 영성 멘토링 지도는 성과 지향이나 목표 지향이 아닌 내담자/수련생/교육생에게 심신의 자기치유력, 영적 성장을 발현시키는 치료적 치유법/수련법을 상담/코칭/지도/멘토링하고, 의식의 성장 · 변화, 영적 성장 · 영성 개화를 유도하는 치유/멘토링/코칭 리더십이므로 근본적으로 차이가 있음

- 심신치유, 심리치료, 명상치유, 영성 수련 전문가로서의 역량을 갖춘 나선 달인으로서 SDi-DIHT 지혜의 달인적 변화 유도의 뛰어난 전문가적 역량과 인품에 대한 신뢰와 존경이 치유 · 의식 코칭 SDi 나선 달인 리더십의 기본 바탕

- 치유 센터, 명상 센터, 영성 수련원, 교육기관의 리더에게는 일반 리더십의 리더의 자질도 중요하고 조직 관리/경영 SDi-DIHT 리더십도 필수적

- 인간의 심신치유, 심리치유는 복잡계적이고 역동적인 인간의 뇌신경계의 인지과정, 무의식에 대한 심층 심리(심心 · 의意 · 식識)와 사회적 실존심리(가치초믬/거대믬)의 이해, 그리고 이를 바탕으로 한 자기치유력의 발현과 의식 · 영성의 성장 진화를 유도하는 DIHT 리더십이 중요

② 치유변용 · SDi-DIHT 리더십과 기존 리더십의 공통점

- 기존의 산업화시대의 서구적 리더십 이론 · 담론의 에센스 중에 21세기에도 필요한 리더십 담론, 즉 예컨대 스티븐 코비의 『성공하는 리더의 8가지 습관』이나 하워드 가드너의 『5가지 미래 마인드』나, 존 맥스웰의 『리더십 법칙/원리』 중에 이 시대의 리더십의 원리, 원칙, 덕목, 자질에 적합한 것은 치유 리더십에도 공통으로 필요한 자질, 덕목임

- 심신치유/심리치료 상담실, 심신치유 센터, 심신치유 · 명상/영성 수련원이나 심신 치유 · 수련 지도자 양성 교육기관의 지도자나 리더는 조직 경영 관리의 리더로서 조직 경영 관리 SDi-DIHT 지혜의 달인 리더십과 함께 21세기 기존의 리더십 패러다임의 에센스도 열린 의식으로 깨우쳐야 함

③ 치유 · 의식 코칭 리더십으로서 기존 리더십의 한계 인식 필요

- 기존의 리더십은 기업, 공공기관, 사회단체의 조직 성능의 극대화나 목표로 하는 성과 달성을 지향하는 지도, 경영, 관리를 위한 리더 중심의 정적靜的인

리더십 이론, 그리고 리더로서의 특성, 자질, 덕목, 요건, 지침… 등에 대한 리더십 담론·강론 위주로 되어 있다.

- 따라서 기존의 리더십 이론은 복잡하고 역동적인 인간 본성의 이해를 바탕으로 다양한 심신의 병리장애, 성격·기질, 의식 수준과 근기를 가진 보통 사람들을 스스로의 자기치유력, 영적 성장을 통해 변화시키는 치유·변용 리더십과는 전혀 다르므로 기존의 리더십은 실질적인 **치유·변용을 위한 이론적 틀 및 적용 도구로는 적용 불가**

- 기존의 리더십 담론 중에는 인간심리의 이해를 중시하는 심리학에 바탕을 둔 이론은 있지만, 거의 다 인간심리·병리·장애에 대한 전문가적 이해 수준이 있는 게 아니므로 심신치료치유, 심리치료치유에 대한 전문가적 역량이 필요한 **심신치유교육, 의식·명상 치유 수련, 영성 수련 지도 전문가 리더십에 적용할 수 있는 전문 리더십 이론은 없음**

- 역동적 인간 본성과 인간의 **심층심리, 심층 가치의식, 사회적 심리를 SDi 기반으로 이해**하고 자기치유력과 자발적 의식의 성장 변화를 이끌어 내기 위한 'SDi-DIHT 리더십'과 같은, 인간의 생물적·심리적·사회적·문화적 BPSC 심층 가치 체계, 실존의식의 수준에 대한 이해와 변화 원리의 이론적 틀과 도구를 가진 역동적인 기존의 리더십 이론이나 적용 도구는 거의 없음

(5) 치유 전문 통합치유변용 SDi-DIHT 리더십 적용 시 유의 사항

① 치유 전문가로서 통합치유 리더는 가치믺의식의 O·A·C(건강한·불건강한·병리적) 상태를 명확하게 파악하기 위해 치유대상자의 가치믺을 지배하는 심신장애(업장), 방어기제, 성격·기질·체질 유형 등에 대해 복합적으로 진단 평가하고서 이를 바탕으로 치유 상담·교육·지도해야

② 지도자/상담자/리더의 가치믺 수준, 영성·도덕성·성품·인품의 수준, 기氣(오라) 상태가 중요하고, 그에 따른 존경심과 신뢰가 중요

③ 통합 치유·치료를 위해서는 치유 전문가에 의한 주요 **전통적 심신치유·치료법**을 알아야 하고, 특히 **마음챙김 명상치유수련**(MBSR, MBCT, IM·ILP·IQHLP…)

동양 전통(기공, 요가, 명상, 참선) 치유수련법 등, 다양한 명상치유수련법을 치유대상자들에게 지도할 수 있도록 해야

④ 그렇다고 심신치유, 치유상담/전문가들이 모든 치유요법·치유기법에 대해 만능이어야 한다는 것은 아니다. 하지만 치유현장에서 치유대상자의 치유교육에 적절하고 치유상담 진단 평가에 따른 통합심신치유의 실제와 적절한 치유기제(『통합심신치유학: 치유기제 편』 참조)는 적용할 수 있어야 한다. 그렇지만 치유이론, 치유요법, 치유기법 위주로만 치유해서는 안 된다. 심지어 일부 치유전문가같이 이론과 실습 기법을 강의 지도하지만 오히려 자신이 정신·심리장애가 있고 자신을 밈적으로 황색 밈, 청록색 밈으로 포장하거나 위장하기도 한다. 하지만 이들같이 실은 닫힌 자주색, 적색, 청색이나 오렌지색 밈에 있으면서 내담자/ 훈련생/교육생에게 아무리 유창하게 이론과 적용기법을 설명하고 실습, 지도해 봐야 진정한 치유 리더십이 나오지 않는다.(내담자, 치유대상자 교육생들에게 신뢰와 존경의 기氣가 전달되지 않고 '공감', '교감'이 안 됨)

⑤ 진정한 치유전문가 리더가 되려면, 먼저 스스로 2층밈의식 수준이 되도록 마음공부·수행·수련을 통해 치유 변용/변혁 SDi-DIHT 리더십의 지혜의 달인 리더가 되어야 하고, 그것이 그 사람의 기氣로 흐르고 언행에서 흘러나와야 함

⑥ 결국 머리로 모든 치유·이론 기법을 터득하고 지도한다고 해서 올바른 통합치유코칭 SDi-DIHT 리더가 될 수 있는 것은 아님

⑦ 진정한 치유코칭 SDi-DIHT 지혜의 달인/현자 리더가 되려면 스스로 2~3층밈 수준으로 되어 모든 가치밈 수준과 AQAL 통합의식·치유를 통하고 나서, 혜안으로 내담자/수련생들이 어느 수준이고 어디에 걸려 있고 무슨 복합적 밈이 지배적인가를 알아차리고, 밈 변화의 원리와 단계별 도구 상자를 이용하여 적용함으로써 건강하고 열린 의식으로의 나선 변화를 유도해야 함

(6) 치유 전문 통합치유변용 SDi-DIHT 리더십의 적용을 위한 전제조건

① 통합심신치유, 의식치유, 의식·영성코칭 SDi-DIHT 지혜의 달인/현자가 되려면

- 심리학(표층 발달심리학, 심층심리학, 정신분석, 분석심리학, 자아초월심리학…), 유식학唯識學, 심리치료, 심신치유 이론을 어느 정도 전문가 수준으로 이해하고서

- 복잡계적이고 역동적인 인간의 사회적 본성의 이해와 의식·가치믐의 변화를 유도하기 위한 사회심리학적, 인간의 사회적 실존의식(가치의식, 세계관, 신념…)의 변화를 이끌어 내는 SDi 기반 SDi-DIHT 리더십 지혜의 달인/현자가 되어야

- 리더 스스로 일상 속에 통합수련(ILP, IHTP…)을 통한 명상, 참선, 수련, 수행으로 2층믐(황색, 청록색 믐), 3층믐(산호색/자아초월적) 수준의 치유코칭 달인/현자가 되어야

② 통합심신치유·영성·명상 수련을 지도/코칭하려면 켄 윌버의 AQAL Matrix 통합 이론과 통합심리학, 통합심리치료, 통합영성, 통합생활 수련(ILP)을 어느 정도 전문가 수준으로 이해해야

③ 켄 윌버의 통합심리학/의식심리학의 AQAL 통합 패러다임과 나선동역학을 결합한 통합적 나선동역학(SDi)에 기반한 SDi-DIHT 리더십을 통달한 전문 리더가 되는 것이 중요

④ 통합심신치유 상담·치유교육 리더가 되려면 통합심신치유학의 이론·실제·치유기제를 전문가 수준으로 이해해야

3. 치유교육 전문가를 위한 SDi-DIHT 리더십 적용의 기본 지침

최근에 포스트코로나 팬데믹 AC시대로 전환되면서, 더욱더 AI 중심의 융복합 과학기술 스마트 미디어 시대에 적합한 새로운 리더십 패러다임을 강조하는 거의 모든 기존의 또는 최근의 리더십 이론, 강론, 담론들은 이 시대의 새로운 리더십에 따른 리더가 갖추어야 할 특성이나 자질 요건, 원리, 덕목, 이념… 들을 강조하는 것들이 대부분

이다. 그러나 이러한 담론들의 근본 문제는, 암암리에 대부분의 리더가 건강한 오렌지색 밈 수준의 과학적·합리적·논리적·이성적 사고를 할 수 있거나 어느 정도 열려 있는 사람들이라고 보거나 전제하거나 가정하는 데 있다. 그래서 기존의 리더십은 기존의 리더들이 성공할 수 있는 리더로서 갖추어야 할 자질, 덕성을 계발하기 위해 그들의 사고·행동·신념의 변화를 촉구하는 가치밈 존(zone) 변화 리더십이 거의 대부분이라고 말할 수 있다. 그러나 문제는 대부분의 리더나 구성원들의 심층 가치의식, 사회적 실존의식, 사회적 자아/마음이 하위적 가치밈인 자주색의 무리의식에 갇히거나 적색 밈의 불법·탈법을 휘두르는 권력 쟁취의식에 빠지거나, 청색 밈의 근본주의적 이분법적 이념이나 신념에 사로잡히거나 오렌지색 밈의 개인주의적·합리적 사고가 불건강한 하위적 밈들과 결합되어 있는 경우가 허다하다는 데 있다. 때문에 기존의 리더십 이론·담론·강론 중에는 들어서 옳거나 좋은 말, 금언 같은 것으로 일시적 공감이나 감동을 받을지 모르나 열린 의식을 가진 깨어 있는 사람들을 제외하고는 시간이 지나면 거의 대부분 원래의 자기 모습으로 돌아가 버리게 마련이다.

따라서 모든 치유교육 리더는 옳고 좋은 뛰어난 리더십 이론·담론·강론에 따라 하는 게 아니라 치유대상자들의 '마음' '의식'의 상태를 건강하고 열린 상태로 전환 변화시키기 위한 치유 교육·훈련과 함께 마음챙김 기반 치유수련과 의식 성장과 영적 성장 변용의 유도 방법도 함께 교육할 수 있어야 한다. 그래야만 치유교육 리더십이 치유대상자 그룹·집단, 치유교육 훈련 수련생에게 살아 있는, 진정한 치유와 변화·변용을 유도하는 리더십이 될 수 있는 것이다. 결론적으로 이러한 방향으로의 모든 심신치유교육 리더십을 위한 SDi-DIHT 리더십의 효과적인 적용의 기본 지침은 다음과 같이 요약할 수 있다.

① 통합적 나선동역학 기반 SDi-DIHT 치유 리더십 이론 및 그 적용 지침을 핵심으로 하되, 오늘날 성인 치유교육에 적합한 기존의 리더십의 핵심 원리 원칙도 함께 수용함

② 어떤 분야의 어떤 대상(기업 구성원의 치유 교육·훈련·수련, 청소년, 시민, 사회단체, 공공 부문 공직자 대상 치유교육 등), 어떤 목적(치유실습, 마음챙김 교육·훈련·

수련, 명상 수련, 영성 수련)이든 간에 치유자가 치유교육 리더십을 나선 달인 리더십으로 실현하기 위해서는 인간의 역동적 본성인 사회적 실존의식, 심층 가치의식(가치밈 스펙트럼)의 확고한 이해를 바탕으로 개인·조직·기업·사회의 치유대상 심층 가치의식의 나선 변화(Spiral Change)를 유도해야

- 치유교육 현장에서 치유교육자가 나선 달인 **치유 리더십**을 적용하려면 **치유자의 가치밈(vMEME) 의식 수준은 2층밈 수준 이상**이 되어야
- 나선 변화 달인, 지혜의 달인 SDi-DIHT 리더가 될 수 있도록 나선 가치밈 스펙트럼 구조에 통달해야

③ SDi-DIHT 리더십 도구 상자의 내용을 바탕으로 **치유교육 대상과 치유교육 목적에 맞는 최적의 실질적 치유 리더십 도구를 선별**하여 상황에 적합하게 적용해야

- 21C 초고도 융복합 과학기술시대, IT 수평 초연결 네트워크시대, 불확실성의 **양자사회**, 전뇌사회의 패러다임(평등·소통·평화·배려·나눔·연대… 통합·통섭·융합·통전)과 양자사고에 맞는 **양자도약적·창의적·도전적 열린 전문가 정신**을 유도하는 SDi-DIHT 치유 리더십 도구를 적용해야
- 치유교육 대상과 치유교육 목적에 따라 눈높이, 비지시적·자발적 나선의식의 변화를 유도해야
- T. O. A(신뢰, 개방성/열린 의식, 권위)를 바탕으로 목표 **가치밈** 또는 2층밈 수준으로 현 단계 **가치밈**에 대한 +α 수준의 눈높이 리더십에 의해 치유교육 대상자들의 의식을 물질·소유 중심의 삶에서 의미·존재 중심의 삶으로의 단계적 **나선 변화** 상승을 유도해야

4. 나가는 말

이 책에서 중요시해 온 그레이브스, 벡과 코완의 나선동역학 SD를 바탕으로 한 역동적 변혁 리더십과 마음챙김 기반 리더십 자체는 이미 별개로 널리 알려져 있는 리더십 이론이다.

그러나 저자가 이 책에서 지금까지 역점을 두고 새로이 제시해 온─나선동역학의 가치밈을 서양 심층심리학적·동양 심리학적 심층가치의식으로 심화시킨 가치밈식識(의식·무의식·심층무의식)과 윌버의 통합심리학을 상보적으로 통합한 통합적 나선동역학 SDi와 가치밈의식의 치유와 변용을 중심으로 하는─마음챙김 기반 역동적 통합 치유변용 SDi-DIHT 리더십은 지금까지의 강론·담론 위주의 리더십과는 전혀 다르다. 이 리더십은 오늘날과 같은 인류 문명과 의식의 혼돈의 전환기에 의식의 치유와 의식의 변용에 의해 깨어나야 할 신인류에게 반드시 필요한 새로운 역동적 리더십 패러다임이다.

이 책에서 수없이 여러 번 강조한 바와 같이 그 이유는 자명하다. 오늘날 기후 온난화로 인한 자연 재앙의 급증과 AC 팬데믹 위기에 직면한 격동의 환란의 시기에, 역설적으로 동시에 AI와 가상세계 중심의 초고도 융복합 스마트 5G ICT-SNS 디지털 정보화시대로 급격하게 진입하고 있다. 그러나 아직도 소수의 지성과 깨어 있는 리더들을 제외하고는 전 지구적으로 대다수의 권력자·가진 자들이 주도하고 추동하는 인류의 가치 추구적 사회적 본성은, 낮은 하위의 병리적 PRb나 rBo 가치밈 짝의 이기적 탐욕의 소유 중독이나 집단/종족/인종 중심의 이분법적 이념·혐오 중독이나 개인주의적 무한 성취 물질 중독에서 벗어나지 못하고 있기 때문이다. 아직도 하위의 병리적 가치밈에서 벗어나지 못하게 하는 근본 원인은, 권력자나 가진 자들의 카르텔이 승자 독식하는 전통적·위계적 정치, 사화, 경제 체제를 21세기 수평적·평등적 초연결 정보화사회가 되어서도 고착시키고 지속하려 들고 교묘하게 획책하고 억압하고 있기 때문이다.

더구나 지난 20세기 고도 산업화시대부터 90% 이상의 물질적·경제적 부를 독점해 온 1%의 가진 자·권력자 중심의 지배 계층과 그 호위 세력인 상위 20% 계층들의 정치·사회·경제 지배 체제가 21세기 고도 디지털 가상세계 중심의 정보화시대에 와서도, 역설적으로 새로운 IT·SNS 정보화 산업계의 공룡들이 주도하면서, 더욱더 심화되고 있다는 데 문제가 있는 것이다. 심지어 오늘날 AC 팬데믹 코로노믹스(Coronomics)시대가 되어서도 이들이 기존의 가진 자들보다 더 쉽게 더 많이 부를 독점하고 권력자들도 이들과 은밀하게 제휴 거래하는 상호 의존 관계 속에 초고도 디지털 스마트 경제 체제로 급격하게 전환하다 보니 더욱 더 가진 자·권력자들의 소유 중독이 심화되는 병리적 PRBO 하위 가치밈 존의 혼돈의 늪에서 벗어나지 못하고 있다. 그 결과, 빈익빈 부익부가 더욱 심화되면서 80%의 중하위 계층의 사회경제적 신분은 더욱 아래로 하락하면서 하위 계층은 빈곤과 생존의 벼랑 끝으로 점점 더 추락하고 있는 게 현실이다. 무엇보다 디지털 정보화시대의 심각한 문제는, 가상 디지털 정치·경제·사회 체제로 전환하면서 가진 자·권력자들이 개인 삶의 모든 개인 신상·활동을 비대면·온라인의 선기능과 효율을 앞세워 24시간 모두 가상세계에서 감시하고 그래서 통제·감시되는 완벽한 감시사회로 전환되고 있다는 것이다. 여기에다 가진 자·권력자들이 자신들의 지배 체제를 더욱 강화하고 공고하게 지속시키기 위해 인종 간, 종교 간, 계층 간 갈등을 포털과 SNS 디지털 매체를 통해 교묘하게 추동하고 있다.

또 다른 측면의 문제는, 매일 스마트폰·스마트 미디어에 중독되어 유튜브같이 상업적 목적으로 쏟아져 나오는 자극적으로 조작되고 편향된 정보와 뉴스로 인해 건전한 사고 판단력이 점점 더 마비되면서, 더욱더 극단적 분열과 혐오와 적대감을 부추기고 있다는 것이다. 특히 디지털 중독이 된 청소년 세대와 인지가 퇴화·퇴행된 노년층에서 하위의 병리적 PRB 가치밈으로의 고착 퇴행이 심각한 병리적 사회현상으로 나타나고 있다. 이와 같은 정치·경제·사회·문화 전반의 상업주의에 편승한 뉴스·정보·SNS 미디어로 인한 정치·사회의 이분법적 혐오·적대·범죄 행위가 이 정보화시대의 어두운 그림자로 날로 심각해지면서 사회적 병리 현상을 더욱더 심화시키고 있다. 앞으로 올 초고도 디지털 정보화시대의 이러한 심각한 디스토피아적 파멸 위기야말로 신인류가 봉착하고 있는 근본 문제들 중의 하나이다.

따라서 이와 같은 초고도 디지털 정보화시대의 역설적 문제 상황에서 신인류의 집단지성 리더들이 AI 중심의 불확실성의 양자문명 시대에 인류가 직면한 문제를 해결하려면 인간의 역동적·병리적 심층 가치의식에 대한 통찰이 필요하다. 이러한 인간에 대한 통찰들을 바탕으로 소수를 제외한 대다수의 신인류가 소유 중독의 미몽迷夢에서 깨어나려면, 일상 속에서 마음챙김 수행을 하는 명상 인류로 진화하여 2층밈 존재적 수준으로의 가치밈의식의 양자도약적 변용이 일어나지 않으면 안 된다. 따라서 이와 같은 절박한 시대적 상황에서 이 SDi-DIHT 리더십은 모든 개인과 조직의 구성원의 치유와 변용을 통해 깨어나게 하는 메타 리더십 이론과 그 실제 적용 지침에 대한 최초의 원형적 시론試論인 것이다. 그러므로 이 책은 구체적 적용 사례에 바탕을 둔 특정 분야의 리더십과는 다를 수밖에 없다. 왜냐하면 격변하는 AC시대에 AI 중심의 초고도 스마트 미디어 가상 융복합 과학기술이 매일 쏟아져 나오는 상황에서 이 책에서 제시하는 SDi-DIHT 리더십은, 앞으로 모든 분야의 리더들이 각 분야에서 실제로 적용해 가면서 구체적인 적용 사례를 통해 보다 더 깊고 넓게 연구하여 보완하고 발전시켜나갈 기본 이론과 적용 지침의 원형적 틀을 제공하는 메타 리더십 이론과 기본 적용 지침을 제시하고 있기 때문이다.

아직도 얼마나 더 오래갈지는 모르나, 하위의 PRB의 탐욕적 소유 중독 밈에 갇힌 1%의 가진 자·권력자들과 20% 호위 세력들이 앞으로 AC·AI 시대의 코로노믹스를 더욱더 빈익빈 부익부의 가진 자 중심으로 교묘하게 이용하려고 획책할 것은 분명하다. 그러나 초고도 디지털 스마트 초연결 네트워크 정보화사회의 수평적·평등적 SNS 가상세계 중심의 문화는 곧 '감시사회'의 망을 넘어 온 세계 민중의 의식이 깨어나는 시기가 곧 도래하게 만들 것이다. 21세기는 이러한 불확실성 속에 파멸이 아닌 인류의 공존을 향한 디지털 가상 양자문명시대의 전개 과정이 될 것이다. 따라서 이 시대의 신인류의 의식은 언젠가는 소유지상주의의 PRBO 가치밈 프로필이 아닌 지구촌 인류 공동체의 존재 중심의 삶을 지향하는 BOGY 밈 프로필로의 상승 변용이 불가피하고 필연적인 것이다. 머지않아 각 분야의 선단의 지성들의 가치밈의식이 존재의 층, 통합적 실존의 층인 2층밈의식으로 도약해야 하고, 이는 개개인의 치유·변용과 집단·사회의 치유·변혁에 의해서만 가능한 것이다. 이에 따라 각 분야의 모든 리더들이 SDi-DIHT 리더십을 바탕으로 나선역동적, 복잡계적 인간의 사회적 본성의 심층 가치 추구적 본성을 통찰하게 될 것이다. 이렇게 되면, 인지적 자각 각성과 자기자애와 실존적 자기인 혼魂의 치유, 그리고 이를 위한 마음챙김 교육·훈련·(명상)수련에 의한 모든 하위의 병리적/불건강한 가치밈 수준의 치유와 2층밈의식으로의 변용이 이 시대와 앞으로 올 초고도 양자문명시대의 신인류의 유일한 길임을 깨닫게 될 것이다.

요컨대, 앞으로 각 분야의 리더들은 스스로 자기치유에 의해 2층 존재의 가치밈 수준으로 의식의 양자도약적 변용이 일어나고, 이에 따라 자기와 조직 내 구성원의 의식의 치유와 변용이 일어나야 함을 깨닫게 될 것이다. 따라서 어떤 개인이나 조직이거나 간에 상담치유 전문가, 치유교육 전문가의 SDi-DIHT 마음 챙김기반 의식 치유·변용과 자기 치유에 의해 공동체의 공존적 삶의 가치와 존재적, 영적 삶의 가치에 눈을 뜨게 되면 신인류는 지금의 혼돈적 광기와 고통에서 벗어나서 새천년의 고도 양자과학문명의 길로 나아갈 수 있을 것이다.

결론적으로, 이 책에서 저자가 제시하는 SDi-DIHT 리더십이 앞으로 개인과 조직의 구성원 그리고 사회 각 분야 치유와 변용/변혁을 위한 원형적 메타 리더십으로서의 견인차 역할을 할 수 있는 데 도움이 되기를 기대하는 바이다.

나선동역학 · 마음챙김 기반
역동적 통합치유변용 리더십

김광웅(2009). 창조! 리더십: 미래사회 리더의 조건. 서울: 생각의 나무.

안희영, 조효남(2020). 통합심신치유학: 실제 편. 서울: 학지사.

조효남(2010). 역동적 통합변혁 리더십. 서울: 도서출판 휴머니즘.

조효남(2010). 현대과학기술윤리. 서울: 구미서관

조효남(2019). 상보적 통합-켄 윌버 사상의 온전한 이해와 비판, 그리고 응용. 서울: 학지사.

조효남(2020). 통합심신치유학: 치유기제 편. 서울: 학지사.

조효남, 안희영(2020). 통합심신치유학: 이론 편. 서울: 학지사.

Brach, T. (2014). 삶에서 깨어나기: 길들여진 삶에서 벗어나 온전한 나로 (*True refuge: finding peace and freedom in your own awakened heart*). (윤서인 역). 서울: 불광출판사.

Covey, S. R. (1994). 성공하는 사람들의 7가지 습관 (*THE 7HABITS OF HIGHLY EFFECTIVE PEOPLE*). (김경섭 역). 경기: 김영사.

Covey, S. R. (2005). 성공하는 사람들의 8번째 습관 (*8th habit: from effectiveness to greatness*). (김경섭 역). 경기: 김영사.

Dourado, P. (2008). 리더십 에센스 (*Leadership Essence*). (정성묵 역). 서울: 해냄.

Gardner, H. (2008). 미래마인드 (*FIVE MIND FOR THE FUTURE*). (김한영 역). 서울: 재인.

Gardner, H. (2010). 체인징 마인드 (*Changing Minds*). (이현우 역). 서울: 재인.

Goleman, D., Beard, A., Congleton, C., Hölzel, B. K., Lazar, S. W., Hougaard, R., Carter, J., David, S., Keltner, D., & Gonzalez, M. (2018). 마음챙김: 내 마음의 주인으로 산다는 것

(Mindfulness-HBR Emotional Intelligence Series). (김효원 역). 경기: 21세기북스.

Goss, T. (1997). 변형 리더십 (*THE LAST WORD ON POWER*). (민종수 역). 경기: 넥서스.

Hougaard, R., Carter, J., & Coutts, G. (2018). 1초의 여유가 멀티태스킹 8시간을 이긴다 (*One second ahead: enhance your performance at work with mindfulness*). (안희영, 김병전 역). 서울: 불광출판사.

Marturano, J. (2015). 생각의 판을 뒤집어라 (*Finding the space to lead*). (안희영, 김병전 역). 서울: 불광출판사.

Maslow, A. H. (2011). 인간욕구를 경영하라 (*Maslow on management*). (왕수민 역, 최호영 감수). 서울: 리더스북.

Maxwell, J. C. (2005). 리더십 21가지 법칙 (*The 21 Irrefutable Laws of Leadership*). (홍성화 역). 경기: 청우.

Maxwell, J. C. (2009). 리더십 골드 (*LEADERSHIP GOLD*). (강주헌 역). 서울: 다산북스.

Ressler, G., & Thompson, T. (2010). 로우 (*Results–Only Work Environment*). (심현식 역). 서울: 민음사.

Senge, P. M. (2014). 학습하는 조직 (*Fifth discipline : the art and practice of the learning organization*). (강혜정 역). 서울: 에이지21.

Tjosvold, D. W., & Tjosvold, M. M. (2007). 리더십의 심리학(*Psychology for Leaders*). (조민호 역). 서울: 가산출판.

Townsend, J. (2010). 통합의 리더십 (*Leadership Beyond Reason*). (최규택 역). 경기: 뉴라이프.

Wilber, K. et al. (2007). 감각과 영혼의 만남 (*Marriage of sense and soul*). (조효남 역). 서울: 범양사.

Wilber, K. et al. (2014). 켄 윌버의 ILP (*Intrlgral Life inactice*). (안희영, 조효남 역). 서울: 학지사.

Wilber, K. et al. (2015). 모든 것의 역사 (*A Brief History of everything*). (조효남 역). 경기: 김영사.

Wilber, K. et al. (2017). 의식의 변용 (*Transformations of Consciousness*). (조효남, 안희영 역). 서울: 학지사.

Yoshihito, N. (2008). 리더의 심리학. (이지현 역). 경기: 21세기 북스.

인명

내용

299

나선동역학 · 마음챙김 기반
역동적 통합치유변용 리더십

저자 소개 •──────────────────────────

조효남(Cho Hyo Nam)

육군사관학교를 졸업(1967)한 후 미국 미시간 주립대학교에서 구조공학석사·박사학위를 취득(1972)하였고, 육군사관학교 교수를 역임(1973~1987)한 후 1988년부터 한양대학교 건설환경시스템공학과 교수로 재직(1988~2008)하였다. 한양대학교 공대학장과 대만국립과학기술대학교 초빙석좌교수를 역임하였으며, 2000년 이래 10년 이상 한국트랜스퍼스널(자아초월)학회 공동회장을 역임하였다. 한국전산구조공학회 회장, 한국강구조공학회 회장, 한국공학한림원 정회원, 한국건강연대 공동상임대표, 미래사회와종교성연구원 이사, 한국정신과학학회 회장 등을 역임하였다. 현재는 서울불교대학원대학교 심신통합치유학과 석좌교수·심신치유교육학 전공 주임교수, 한양대학교 명예교수이고, 한국정신과학학회 고문, 한국심신치유학회 고문, 한국요가문화협회 고문 등으로 활동하고 있다.

대학 때부터 철학·심리학·종교에 심취하였고 지난 40년 이상 도가기공명상 수련과 불교참선 수련을 해 왔다. 1990년대 중반부터 켄 윌버의 통합사상을 국내에 최초로 소개하였고, 그의 주요 저서를 국내에 최초로 번역 소개하면서 한국트랜스퍼스널학회를 창립한 후 공동회장으로서 자아초월심리학과 켄 윌버의 통합사상 보급에 주력하여 왔다. 지난 20여 년간 자아초월심리학, 켄 윌버의 통합사상, 신과학, 나선동역학, 과학기술윤리, 현대기학氣學, 정신과학, 양자심신치유, 통합심신치유학 등에 대해 '과학사상'과 '한국정신과학학회'를 비롯한 여러 학술단체에서 학술 발표와 심화강의·기조강연을 해 왔으며, 오랫동안 한양대학교와 고려대학교에서 공학윤리와 과학기술윤리를 강의해 왔다. 지난 12년간 서울불교대학원대학교에서 통합이론, 통합영성과 치유, 통합생활 수련, 치유·건강기공수련, 심신치유집중수련, 양자·파동치유학, 에너지치유학, 양자심신치유, 통합심신치유학, 심신치유실제, 심신치유기제, 심신치유리더십 등을 강의해 오고 있다.

저서로 『통합심신치유학: 실제』(학지사, 2020), 『통합심신치유학: 이론』(학지사, 2020), 『통합심신치유학: 치유기제』(학지사, 2020), 『상보적 통합: 켄 윌버 통합 사상의 온전한 이해와 비판 그리고 응용』(학지사, 2019), 『역동적 통합변혁리더십』(휴머니즘, 2010), 『현대과학기술윤리』(구미서관, 2010) 등이 있고, 역서로 켄 윌버의 『감각과 영혼의 만남』(범양사, 2007), 『모든 것의 역사』(김영사, 2015), 『켄 윌버의 ILP』(공역, 학지사, 2014), 『의식의 변용』(학지사, 2017) 등이 있다.

나선동역학·마음챙김 기반
역동적 통합치유변용 리더십
-이론 및 적용 가이드-
Spiral Dynamics & Mindfulness-based
DIHT(Dynamic Integral Healing-Transformation) Leadership
Theory and Application-Guide

2021년 2월 25일 1판 1쇄 인쇄
2021년 3월 5일 1판 1쇄 발행

지은이 • 조효남
펴낸이 • 김진환
펴낸곳 • ㈜ 학지사
　　　　　04031 서울특별시 마포구 양화로 15길 20 마인드월드빌딩
대표전화 • 02-330-5114　　팩스 • 02-324-2345
등록번호 • 제313-2006-000265호

홈페이지 • http://www.hakjisa.co.kr
페이스북 • https://www.facebook.com/hakjisa

ISBN 978-89-997-2364-3　93180

정가 22,000원

출판 · 교육 · 미디어기업 **학지사**

간호보건의학출판 **학지사메디컬** www.hakjisamd.co.kr
심리검사연구소 **인싸이트** www.inpsyt.co.kr
학술논문서비스 **뉴논문** www.newnonmun.com
원격교육연수원 **카운피아** www.counpia.com